中国区域生态经济理论与实践　董锁成　主编

张家口市京张文化体育旅游产业带发展模式与机制

李　宇　李泽红　夏　冰　孙东琪　金雪婷 等　著

科学出版社
北　京

内 容 简 介

本书服务于国家京津冀协同发展和京张联合承办2022年冬奥会战略需求，基于地理学、社会学、经济学、生态学学科交叉，首次从京张文化体育旅游产业协同发展新视角，归纳总结了国内外文化体育旅游产业发展和研究前沿成果，深入进行了奥运会举办地的协同发展及经验借鉴、京张文化体育旅游产业带发展模式与驱动机制培育、京张文化体育旅游产业带产业集群建设、京张文化体育旅游产业带品牌培育、张家口市京张文化体育旅游产业提升等专题内容研究；建立了张家口市文化旅游资源概查、户外旅游资源概查以及文化体育旅游公众需求评价问卷调查数据集，可为京张文化体育旅游产业科学研究和京津冀旅游协同发展提供科学数据支撑和政府科学决策提供理论参考。

本书可供人文地理、旅游地理、社会学、城市规划、自然资源学、区域生态经济学、生态学等相关研究背景的科研院所、高等学校的专业师生和工程技术人员，以及国家、省、市相关部门参考。

图书在版编目(CIP)数据

张家口市京张文化体育旅游产业带发展模式与机制 / 李宇等著 .
—北京：科学出版社，2018. 1
（中国区域生态经济理论与实践 / 董锁成主编）
ISBN 978-7-03-054983-9

Ⅰ. ①张… Ⅱ. ①李… Ⅲ. ①文化产业-协调发展-研究-华北地区 ②体育产业-协调发展-研究-华北地区 ③旅游产业-协调发展-研究-华北地区 Ⅳ. ①F127. 2

中国版本图书馆 CIP 数据核字（2017）第262088号

责任编辑：周 杰 / 责任校对：彭 涛
责任印制：徐晓晨 / 封面设计：铭轩堂

科学出版社出版
北京东黄城根北街16号
邮政编码：100717
http://www.sciencep.com

北京虎彩文化传播有限公司印刷
科学出版社发行 各地新华书店经销
*
2018年1月第 一 版 开本：787×1092 1/16
2021年1月第三次印刷 印张：10 3/4
字数：254 000

定价：98.00 元

（如有印装质量问题，我社负责调换）

《张家口市京张文化体育旅游产业带发展模式与机制》

专家组顾问

陆 大 道 中国科学院院士，中国科学院地理科学与资源研究所研究员、博士生导师，国家经济地理和区域经济学科带头人，北京市“十三五”规划编制专家咨询委员会副主任，国家“十一五”和“十二五”规划专家委员会委员，国家发展和改革委员会京津冀都市圈区域规划专家组组长和长江三角洲区域规划专家组组长，国务院振兴东北办公室东北地区振兴规划专家组组长

欧阳中石 首都师范大学教授、博士生导师，著名书法家、文化专家

葛 全 胜 中国科学院地理科学与资源研究所所长、首席研究员、博士生导师、国家二级教授，著名旅游专家和全球气候变化研究专家

Wolfgang Georg Arlt 德国基尔大学教授，中国出境游研究所所长，世界旅游组织高级专家

顾 灏 宁 北京2022年冬奥会和冬残奥会组织委员会市场开发部副部长，体育产业经济专家

姜 一 海 黑龙江省滑雪协会副会长，全国旅游滑雪场评定标准专家组副组长曾任黑龙江省旅游局办公室主任、黑龙江省文化厅纪检组组长，冰雪体育文化专家

贾 旭 东 中国社会科学院哲学研究所文化研究中心副主任、研究员、博士生导师，文化创意和旅游专家

林 显 鹏 北京体育大学管理学院副院长、体育产业研究中心主任、教授、博士生导师，体育产业专家

首席科学家

董 锁 成 中国科学院地理科学与资源研究所首席研究员、博士生导师、国家二级教授，旅游规划和区域生态经济专家，中国科学院地理科学与资源研究所旅游研究与规划设计中心副主任、区域生态经济研究与规划中心主任，中国生态经济学会副理事长兼区域生态经济专业委员会主任

专家组组长

李 宇 中国科学院地理科学与资源研究所副研究员、资源经济研究室副主任，中国科学院大学岗位教授、硕士生导师，中国生态经济学会理事兼区域生态经济专业委员会秘书长，中国自然资源学会资源经济研究

专业委员会副秘书长，国家冰雪运动发展规划、冰雪场地设施规划编制专家组成员

专家组副组长

魏 庆 华　中国科学院地理科学与资源研究所高级客座访问学者，张家口市申办冬奥会工作委员会高级顾问，北京 2022 年冬奥会申办委员会积极贡献专家，国家冰雪设施规划专家组成员，著名滑雪旅游专家

李 泽 红　中国科学院地理科学与资源研究所副研究员、博士、硕士生导师，资源经济与循环经济专家

李 富 佳　中国科学院地理科学与资源研究所副研究员、博士后，旅游管理专家

赵 敏 燕　中国科学院地理科学与资源研究所研究助理、博士后，国家林业局生态旅游解说培训专家，西南林业大学副教授，生态旅游专家

专家组主要成员

彭　　琥　中国科学院地理科学与资源研究所高级客座访问学者，交通运输部科学研究院研究员、博士后，交通规划专家

吴 丽 云　中国旅游规划研究院副研究员、博士，旅游产业规划专家

吴 观 庭　中雪众源（北京）投资咨询有限责任公司总经理，山地度假区和滑雪规划专家

田　　冰　河北师范大学副教授，博士，旅游生态环境专家

李 淑 艳　北京林业大学副教授，博士，旅游管理专家

程　　昊　中国科学院地理科学与资源研究所博士后，注册城市规划师，风景园林和城市规划专家

高　　晶　中国科学院地理科学与资源研究所博士后，生态专家

段　　炼　西南林业大学生态旅游学院讲师，探险旅游专家

夏　　冰　中国科学院地理科学与资源研究所博士生，西北师范大学讲师，旅游规划方向

郑　　吉　中国科学院地理科学与资源研究所研究助理，博士生，低碳交通方向

徐　　晨　中国科学院大学博士生，绿色建筑方向

金 雪 婷　中国科学院地理科学与资源研究所研究助理，硕士生，低碳消费方向

李　　玎　中国科学院地理科学与资源研究所研究助理，硕士生，旅游资源方向

杨　　洋　中国科学院地理科学与资源研究所研究助理，博士生，区域生态经济方向

陈　　枫　中国科学院地理科学与资源研究所研究助理，硕士生，乡村旅游方向

前　言

河北张家口市面临京张联合举办2022年冬奥会的国际发展机遇，国际体育赛事承办将与国际区域产业发展标准相衔接，从而带动文化产业、体育产业、旅游产业的全面提升，培育以冬奥经济为突破点的文化体育旅游产业带，对于京张地区在2022年冬奥会“奥运前-奥运中-奥运后”过程中的可持续发展具有重要意义。

区域协同发展是国际上人文地理学、区域经济学的重要发展方向和研究热点。按照事件旅游效应的理论，2022年冬奥会给张家口的旅游发展带来了千载难逢的发展机遇。冬奥会作为国际重大事件将对主办城市产生时间效应、经济效应、区域效应的综合影响。本研究以京张协同发展和2022年冬奥运经济为核心，通过总结和借鉴历届冬奥会协同发展经验，提出京张文化体育旅游产业带绿色、共享、开放、廉洁、协同发展模式。

本研究在国际经验基础上，①将京张文化体育旅游产业带发展模式归纳为近中期复合式点-轴系统开发模式、远期网络开发集聚模式、多类型企业集聚模式三种模式，京张文化体育旅游产业带驱动机制体现在培育四大内生驱动力和利用五大外生驱动力方面。②针对京张文化体育旅游产业带发展现状和存在问题，注重空间尺度的产业布局优化，提出构建产业集群体系、培育重点产业，逐步推进国际化无障碍京张跨省旅游黄金廊道发展模式。③研究基于张家口市京张文化体育旅游产业带发展SWOT分析，比较京张文化体育旅游产业带发展的区域竞争力，制订京张文化体育旅游产业带品牌形象定位、品牌设计、内部建设、外部推广、品牌管理等培育方案，提出打造“快旅慢游”旅游交通网，以“大智移云”建设为引领做好“互联网+旅游”，积极打造“重点景区+特色小镇+重点专业村”等提升旅游产业带品牌培育的发展思路。

本研究为张家口市旅游发展委员会委托研究课题“张家口市京张文化体育旅游产业研究”、国家科技基础资源调查专项“中蒙俄国际经济走廊城市化与基础设施科学考察”课题（课题批准号：2017FY101303）资助成果。在调研和编写过程中，中国科学院院士、中国科学院地理科学与资源研究所陆大道研究员、中国科学院地理科学与资源研究所所长葛全胜研究员、北京2022年冬奥会和冬残奥会组织委员会市场开发部副部长顾灏宁、黑龙江省滑雪协会副会长姜一海教授、中国社会科学院哲学所文化研究中心副主任贾旭东研究员、中国科学院地理科学与资源研究所董锁成研究员、中科院地理资源研究所高级客座访问学者同时也是北京2022年冬奥会申办委员会积极贡献专家魏庆华、北京体育大学管理学院副院长林显鹏教授给予了悉心指导和大力支持。北京市旅游发展委员会、北京市体育局、张家口市委、市政府领导、张家口市旅游发展委员会和张家口市市直相关部门、张家口市各县区领导和旅游局等相关部门为该研究的顺利开展给予了全方位的支持。参加本书工作的有中国科学院地理科学与资源研究所李宇副研究员、李泽红副研究员、孙东琪助理研究员、赵敏燕博士后、夏冰博士生（西北师范大学讲师）、陈枫硕士生、金雪婷硕士生、李玎硕士生、中国科学院大学博士生徐晨以及北京林业大学李淑艳副教授、西南林业大学段炼讲师。李宇负责专著总体框架设计，第一章由李宇、徐晨、李淑艳执笔，第二章由李泽红、陈枫执笔，第三章由李宇、金雪婷、李淑艳执笔，第四章由李宇、夏冰、李淑艳执笔，第五章由孙东琪执笔，张家口市文化旅游资源由夏冰整理，张家口市户外体育旅游资源由锻炼整理、张家口市文化体育旅游公众需求评价调查问卷由赵敏燕、李玎负责。本书在撰写过程中借鉴和引用了其他科研工作者的研究方法、结论，在此一并表示衷心感谢。

李　宇

2017 年 9 月 17 日

目　录

第 1 章　奥运会举办地的协同发展及经验借鉴研究 …… 1
1.1　各国冬奥会、奥运会协同发展概况——场馆的选择 …… 1
1.2　几大典型奥运会举办过协同发展评价与分析 …… 4
1.3　全球经验对京张文化体育旅游产业带动协同发展的启示与借鉴 …… 9
第 2 章　京张文化体育旅游产业带发展模式与驱动机制培育研究 …… 11
2.1　产业集聚带发展研究的理论基础 …… 11
2.2　产业集聚模式及相关理论 …… 14
2.3　产业集聚带发展驱动机制相关理论 …… 16
2.4　京张文化体育旅游产业带发展模式 …… 19
2.5　京张文化体育旅游产业带驱动机制研究 …… 21
第 3 章　京张文化体育旅游产业带产业集群建设研究 …… 23
3.1　产业集群建设理论研究 …… 23
3.2　京张文化体育旅游产业带发展现状和存在问题 …… 23
3.3　发展机遇 …… 26
3.4　京张文化体育旅游产业带产业集群发展思路 …… 27
3.5　京张文化体育旅游产业带产业集群体系构建 …… 28
3.6　京张文化体育旅游产业带产业集群空间布局 …… 28
3.7　京张文化体育旅游产业带重点产业 …… 30
3.8　重点任务 …… 39
3.9　国际冰雪旅游国家文体旅游发展经验案例借鉴 …… 40
3.10　实施保障 …… 42
第 4 章　京张文化体育旅游产业带品牌培育研究 …… 45
4.1　研究背景与意义 …… 45
4.2　旅游地品牌建设的理论基础 …… 46
4.3　京张文化体育旅游产业带品牌建设现状 …… 49
4.4　京张文化体育旅游产业带品牌培育基本条件与环境分析 …… 50
4.5　京张文化体育旅游产业带品牌培育方案 …… 53
第 5 章　张家口市京张文化体育旅游产业提升研究 …… 62
5.1　自我审视：京张文化体育旅游产业发展的 SWOT 分析 …… 62

5.2　区域比较：京张文化体育旅游产业带发展的区域竞争力比较 …………………… 76
5.3　案例借鉴：国内外城市文化体育旅游产业发展的成功经验借鉴与启示 ……… 82
5.4　战略思考：京张文化体育旅游产业竞争力和区域地位提升战略路径 ………… 89
参考文献 ………………………………………………………………………………… 92
附录1　张家口市文化旅游资源概查 ……………………………………………… 95
附录2　张家口市户外体育旅游资源概查 ………………………………………… 147
附录3　张家口市文化体育旅游公众需求评价调查问卷 ………………………… 150

第1章　奥运会举办地的协同发展及经验借鉴研究

1.1　各国冬奥会、奥运会协同发展概况——场馆的选择

由于自然环境条件及地形的限制，大部分国家的冬奥会都会涉及临近区域、城市的冬季项目场馆或场地的选取。比较典型的近几届冬奥会的竞技场馆的选址及项目概况等信息如下。

1.1.1　2002年盐湖城冬奥会竞技场馆概况

2002年盐湖城冬奥会各竞技场馆的容纳观众规模在3500～31 200人，竞技项目包括滑雪、冰球、滑冰、冰壶等，具体指标数据详见表1-1。

表1-1　2002年盐湖城冬奥会竞技场馆概况

场馆	所在地	竞技项目
Snowbasin Ski Area	Huntsville	速降、超大回转及综合滑雪比赛
Deer Valley Resort	Park City	障碍滑雪、自由式滑雪、滑雪技巧赛事
Park City Mountain Resort	Park City	阿尔卑斯巨型障碍滑雪赛、单板滑雪赛事
Soldier Hollow	Wasatch Mountain State Park in Midway	冬季两项、越野滑雪
Utah Olympic Park	Canyou Creek 分水岭上游东部	钢架雪车
Olympic Village	University of Utah campus	—
E Center	West Valley City	冰球
The Peaks Ice Arena	Provo	冰球
Salt Lake Ice Center	Salt Lake	花样滑冰、短道速滑
Utah Olympic Oval	Kearns	短道速滑
The Ice Sheet at Ogden	Ogden	冰壶

1.1.2　2006年都灵冬奥会竞技场馆概况

2006年都灵冬奥会各竞技场馆的容纳观众规模在3000～27 500人，竞技项目包括滑雪、冰球、滑冰、冰壶等，具体指标数据详见表1-2。

表 1-2　2006 年都灵冬奥会竞技场馆概况

场馆	所在地	竞技项目
都灵奥林匹克体育场（Torino Olympic）	都灵	开幕式、闭幕式
埃斯波斯兹奥尼体育馆（Esposizioni）	都灵埃斯波西兹奥尼会展中心	冰球
奥林匹克帕拉竞技冰球馆（Olympic Palasport）	都灵南部的圣塔-里塔区	冰球
奥沃尔-林格托体育馆（Oval Lingotto）	都灵	速度滑冰
帕拉维拉体育馆（Palavela）	都灵	花样滑冰、短道速滑
巴尔多内恰滑雪场（Bardonecchia）	阿尔塔-瓦尔-迪-苏萨	高山滑雪、单板滑雪
塞斯特雷-伯加塔滑雪场（Sestriere sub-area Borgata）	距离都灵 100km，位于两个奥运谷（瓦尔-奇索内和瓦尔-迪-苏萨）之间	高山滑雪
皮内罗洛-帕拉吉亚西奥体育馆（Pinerolo Palaghiaccio）	皮内罗洛	冰壶
普拉格拉托体育场（Pragelato）	阿尔博吉亚山脚下的瓦尔-奇索尼（海拔 1518m）	北欧两项、跳台滑雪
普拉格拉托-普兰体育场（Pragelato Plan）	阿尔博吉亚山脚下的瓦尔-奇索尼（海拔 1518m）	北欧两项、越野滑雪
塞萨纳-圣西卡里奥滑雪场（Cesana San Sicario）	塞萨纳-托里内斯地区	冬季两项
塞萨纳-帕里奥体育场（Cesana Pariol）	塞萨纳-帕里奥地区	雪车、俯式冰橇、无舵雪橇
圣西卡里奥-弗雷特夫滑雪场（San Sicario Fraiteve）	索雷尔-波乌夫地区的山区	高山滑雪
塞斯特雷-科勒滑雪场（Sestriere sub-area Colle）	两个奥运谷（瓦尔-奇索内和瓦尔-迪-苏萨）之间	高山滑雪
萨奥兹-杜尔克斯滑雪场（Sauze d'Oulx Jouvenceaux）	海拔 1509m 的瓦尔-迪-苏萨	自由式滑雪

1.1.3　2010 年温哥华冬奥会竞技场馆概况

2006 年温哥华冬奥会各竞技场馆的容纳观众规模在 5600～55 000 人，竞技项目包括滑雪、冰球、滑冰、冰壶等，具体指标数据详见表 1-3。

表 1-3　2010 年温哥华冬奥会竞技场馆概况

场馆	所在地	竞技项目
温哥华奥林匹克中心（Vancouver Olympic Centre）	温哥华集会中心	冰壶
太平洋体育馆（Pacific Coliseum）	温哥华黑斯廷斯公园	花样滑冰、短道速滑
哥伦比亚大学雷鸟竞技场（UBC Thunderbird Arena）	温哥华哥伦比亚大学	冰球
加拿大冰球馆（Canada Hockey Place）	温哥华	冰球

续表

场馆	所在地	竞技项目
惠斯勒河畔滑雪场（Whistler Creekside）	惠斯勒河畔	高山滑雪
哥伦比亚体育馆（BC Place）	温哥华	开幕式、闭幕式
里士满奥林匹克馆（Richmond Olympic Oval）	里士满市西北角	速度滑冰
惠斯勒奥林匹克公园（Whistler Olympic Park）	惠斯勒市	冬季两项、越野滑雪、北欧两项、跳台滑雪
惠斯勒滑雪中心（The Whistler Sliding Centre）	温哥华以北 125km 的蒙斯溪（Fitzsimmons Creek）峡谷	有舵雪橇、无舵雪橇、俯式冰橇
塞普莱斯山滑雪场（Cypress Mountain）	温哥华西部城区的塞普拉斯省立公园（Cypress Provincial Park）内	自由式滑雪、单板滑雪
温哥华奥运村（Vancouver Olympic Village）	温哥华市福斯溪（False Creek）的东南角	—

1.1.4　2014 年俄罗斯索契冬奥会竞技场馆概况

2014 年俄罗斯索契冬奥会各竞技场馆的容纳观众规模在 3000～40 000 人，竞技项目包括滑雪、冰球、滑冰、冰壶等，具体指标数据详见表 1-4。

表 1-4　2014 年俄罗斯索契冬奥会竞技场馆概况

场馆	所在地	竞技项目
菲施特奥林匹克体育场（Fisht Olympic Stadium）	索契奥林匹克公园	开幕式、闭幕式、颁奖仪式
波绍伊体育馆（Bolshoy Ice Dome）	索契	冰球
沙伊巴竞技场（Shayba Arena）	索契奥林匹克公园	冰球
冰立方冰壶中心（Ice Cube Curling Center）	沿海集群	冰壶
冰山滑冰宫（Iceberg Skating Palace）	沿海集群	花样滑冰、短道速滑
阿德勒竞技场（Adler Arena Skating Center）	奥林匹克公园	速度滑冰
罗萨-胡特滑雪中心（Rosa Khutor Alpine Center）	罗萨-胡特高原西部的罗萨-胡特极限公园	高山滑雪
高尔基俄罗斯跳台滑雪中心（RusSki Gorki Jumping Center）	ESTO 萨多克的 Aibga 岭北坡村	跳台滑雪、北欧两项
山崎奥林匹克滑行中心（Sanki Olympic Sliding Center）	Alpika 服务山滑雪场	雪橇、雪车、钢架雪车
罗萨-胡特极限公园（Rosa Khutor Extreme Park）	罗萨-胡特高原西部	自由式滑雪、单板滑雪

1.1.5　雅典奥运会竞技场馆概况

雅典奥运会举办场馆主要为雅典奥林匹克体育场、体操和篮球馆、雅典室内自行车场、尼凯亚奥林匹克举重馆、奥林匹克综合网球中心、和平和友谊体育场、手球与跆拳道场管、莱奥西亚柔道馆、潘科里特里奥体育场，其举办地包括雅典北郊马罗西、希腊南部的克里特岛、法里罗海滨区等地。

1.1.6 北京奥运会新建与协办竞技场馆概况

北京奥运会各竞技场馆的容纳观众规模在5000～60 000人，竞技项目包括游泳、射击、篮球、羽毛球等，具体指标数据详见表1-5。

表1-5 北京奥运会新建与协办竞技场馆概况

场馆		所在地	竞技项目
新建场馆	国家体育场	北京市	开幕式、闭幕式、田径、男子足球
	国家游泳中心	北京市	游泳、跳水、花样游泳
	国家体育馆	北京市	体操、蹦床、手球
	北京射击馆	北京市	射击
	五棵松体育馆	北京市	篮球
	老山自行车馆	北京市	场地自行车
	奥林匹克水上公园	北京市顺义区	赛艇、皮划艇（静水、激流回旋）、公开水域游泳
	中国农业大学体育馆	北京市	摔跤
新建场馆	北京大学体育馆	北京市	乒乓球
	北京科技大学体育馆	北京市	柔道、跆拳道
	北京工业大学体育馆	北京市	羽毛球、艺术体操
	奥林匹克森林公园网球场	北京市	网球
协办场馆	香港奥运马术比赛场	香港	沙田、上水
	上海体育场	上海	足球
	青岛奥林匹克帆船中心	青岛	帆船帆板
	天津奥林匹克中心体育场	天津	足球
	沈阳奥林匹克体育中心	沈阳	足球
	秦皇岛奥林匹克体育中心	秦皇岛	足球

1.2 几大典型奥运会举办过协同发展评价与分析

1.2.1 奥运会协同举办优势

1. 国家与举办城市的整体形象的提升

奥运会作为世界超大型事件，对举办国诸多方面都有着积极而深刻的影响，如改善城市基础设施、完善城市功能，大幅度提高入境旅游人数、带动相关产业发展、刺激外汇收入，提高本国政治地位等。

2. 奥运会结束后，举办地也将面对后续的奥运效应

由于运动项目需求，多届冬奥会、奥运会、世界杯等全球性运动盛会都需要多地区协同举办。例如，俄罗斯索契冬奥会的比赛场馆便分布于索契奥林匹克公园、高加索自然保护区边界、ESTO 萨多克的 Aibga 岭北坡村、罗萨–胡特高原西部等地。赛后，部分场馆将会拆卸并在其他城市重建，部分场馆则被永久保留，用于滑雪运动以及高水平国际大赛的举办。北京 2008 年奥运会分别在北京、青岛、天津、上海、秦皇岛、沈阳和香港举行。其中，上海、天津、秦皇岛和沈阳为足球项目提供场馆，香港则举行马术比赛，青岛以其优良的环境优势承担了帆船帆板项目的比赛。举办地与协同举办地均建设以奥林匹克为主题的公园，在赛后继续举办世界性运动盛会以及其他活动，并促进当地旅游业的发展。奥运会举办城市被确定后会立即成为全世界的关注热点，如澳大利亚的入境旅游在 1998 ~ 2004 年以平均每年 14.04% 的速度增长，即使是在赛后，虽然受到“9・11”事件影响，但仍持续增长。

奥运会的入境旅游效应受多方面因素的影响，如主办城市申办奥运会的目的、主办城市的旅游吸引力、主办地的旅游业发展阶段、主办城市的地理位置和环境、奥运会周期所处的旅游发展大环境以及整个世界经济大环境等。

1.2.2　雅典奥运会协同发展评价与分析

1. 雅典奥运会协同发展评价

雅典奥运会举办对希腊的旅游业并没有起到推动作用。

2. 造成奥运会负效应的原因

(1) 国际大环境的影响

雅典奥运会所处的国际大环境带来了诸多不利，这主要反映在两个方面。一是世界经济的疲软以及欧元兑美元的升值，使得外国游客特别是欧美游客减少，而美元兑欧元的持续贬值又使得美国人不愿意到欧洲旅游。二是安全隐患带来负面影响。近年来，世界上接连发生多起恐怖袭击事件，人们担心恐怖分子将雅典奥运会作为袭击对象。2004 年 5 月初雅典南部卡利西亚区发生了爆炸事件，更让人们对雅典奥运会的安全问题感到担忧。此外，世界各地媒体对奥运安全问题的炒作，也使许多游客望而却步。

(2) 奥运与旅游的“捆绑”计划实施得太迟

希腊政府没有充分利用举办奥运会的有利时机进行旅游促销活动，没有把城市的变化宣传出去，未充分利用大好机会。希腊政府对旅游业重视不够，上届政府没有设置旅游部，既不制订系统而有力度的旅游促销方案，也不投入资金开发新项目。直至奥运会开幕前夕，为了刺激奥运门票的销售，争取更多的外国游客，希腊旅游部门在最后时刻进行了有力的促销和宣传活动。希腊政府也拨出专款，用于向全球推介雅典奥运会、宣传希腊旅游业。然而正如奥林匹克委员会组织委员会（简称奥运会组委会）的有关人员所指出的，希腊政府在两年前就应该开始促销活动。

（3）旅游费用上涨

希腊旅游企业协会主席斯特夫洛斯·安德烈亚季斯指出，游客已经被希腊作为昂贵目的地的形象吓跑了。据报道，2004年一季度，希腊房租平均增幅高达50%～100%，有的甚至提高了8倍。例如，雅典皇家奥林匹克宾馆2月每间房子每日价格是125美元，到6月已涨至400美元。几乎所有旅行社的旅游指南手册上每条线路标注的价格都注明“此价格8月无效”。这样一来令不少游人望而却步。据希腊有关媒体报道，希腊2004年一季度的酒店订房率比上年同期下降了21%。这种状况迫使国家旅游局不得不出面制止，但也无济于事。

（4）入境手续烦琐

希腊政府出于安全考虑，对入境客人要求持有双签证，即赴欧洲国家的申根签证和希腊政府单独发的签证两证俱全，手续烦琐令众多游客望而却步。

1.2.3　悉尼奥运会协同发展评价与分析

1. 悉尼奥运会协同发展评价

2000年悉尼奥运会被萨马兰奇称为“最好的一届”奥运会，这是对悉尼奥运会从筹备到举办这一过程的崇高评价。奥运会后5年时间里，悉尼对奥运资源的再规划、再整合、再利用为以后的国际盛会举办提供了宝贵的借鉴。

2. 悉尼奥运会

（1）制定旅游战略

以往的奥运举办城市和国家也都做了一些与奥运相关的旅游推广。但是，明确将旅游发展作为目标利益的只有悉尼奥运会，制定奥运旅游战略也是独此一家。澳大利亚旅游预测委员会（TFC）通过研究历届奥运会对旅游的影响，对悉尼奥运会对旅游的影响进行了预测，并形成名为“2000年奥运会澳大利亚旅游业的潜在影响”预测报告。澳大利亚旅游委员会在这份预测报告的基础上，制定了奥运旅游战略。

（2）“澳大利亚品牌”的品牌推广

在悉尼奥运会申办成功之后，澳大利亚将国内的世界级知名动物（袋鼠、考拉）与旅游景区景点和土著民族文化优化整合，策划出了“澳大利亚品牌”（Brand Australia）战略，即将整个国家作为一个整体旅游目的地对外促销，将澳大利亚的国名作为旅游品牌通过媒体向国外推销，结果大大扩大了澳大利亚的国际知名度和影响力，吸引了大量国际旅游者到澳大利亚旅游。澳大利亚品牌体现了澳大利亚壮观的自然环境、澳大利亚人的独特性格以及澳大利亚生活方式和文化中的自由精神。澳大利亚品牌成为所有的澳大利亚公司进行旅游产品推广时的王牌。

（3）实行全球媒体关系战略

作为澳大利亚国际旅游市场推广者之一的ATC澳大利亚旅游委员会（Austrian Tourism Commission），实施了全球媒体关系战略（global media relations strategy），与世界各地的媒体广为合作。ATC的媒体计划主要包括两个方面：一是与电视广播权拥有者的合作。通过与世界各地的广播电台、电视台合作，ATC目标对准奥运期间、全世界3600万个播放时段、37 亿听众和观众为澳大利亚做整体宣传。有数据表明，1997～2000 年，ATC 创造了价值 38 亿澳元的关于澳大利亚的报道。二是“到访记者计划”（VJP 计划）。“到访记者计划”是由 ATC 和各州、领地及行业伙伴联合进行的一项媒体推广活动。ATC 为这一计划寻找记者并协助安排日程，联系赞助，追踪、评估、散发有关公共关系资料。在奥运筹办与举办期，ATC 大约邀请了 5000 名记者到澳大利亚采访，其产生的宣传价值也从 1996 年的 6.7 亿澳元增加到 2000 年的 30 亿澳元。

（4）为旅游业设计行业市场活动策划

ATC 同国际奥林匹克委员会（简称奥委会）的门票销售代理进行合作，推出前奥运和后奥运旅游包价线路。在美国出售的第一批包价线路——“四口之家澳大利亚豪华三周游”，其销售总额高达 10 万美元。这对奥运会组委会、销售代理和旅游业都是非常可观的数字。1999 年年末，ATC 开始推出“2000 年澳大利亚——欢乐与运动”主题年活动。仅在亚洲为宣传这一主题就耗费了 400 万澳元。这一口号被广泛用于 ATC 的广告中。在 2000 年全年的促销活动中，推出一系列特别线路和包价，以吸引更多的国际游客。

1.2.4　2006 年都灵冬奥会协同发展评价与分析

1. 都灵冬奥会协同发展评价

都灵冬奥会组委会最大限度利用了“奥运会知识管理”项目和国际奥委会在运动、环境和可持续发展上提供的指导，在冬奥会可持续性管理上的表现达到了历史新高度。

2. 都灵冬奥会可持续发展管理分析

（1）环境认证

都灵冬奥会组委会开发的环境管理系统第一次在奥运会上获得 ISO 14001 环境管理认证和欧盟生态管理与审核计划的注册。

（2）创建“都灵气候遗产项目”

该项目分析了运动会期间包括交通基础设施、接待设施、废弃物等可持续事件管理的各方面，通过投资造林、能源效率和可再生能源项目来抵消奥运会期间温室气体排放，同时整体评估温室气体排放量，并通过国际碳排放交易市场进行补偿。

（3）制定环境标准

奥运会组委会针对供应链的所有关键环节制订了环境保护规范，在招标过程中，赞助商和供应商被要求在环境质量与保护方面签署此规范，执行这一规范的公司才能在赛后使用 2006 年都灵冬奥会组委会的环境标志。

（4）水资源管理

在造雪、储雪设施和绿化方面，奥运会组委会优化了水的使用。通过规划 20 个水库最佳的汇水点以及管理取水次数，减轻了取水过程对居民用水、农业用水，工业用水 1/3 的影响，同时这项计划在奥运会结束后仍用作对当地水系统的改进。

（5）环境改造补偿

奥运会组委会对当地环境改造中产生的植被破坏进行了补偿。补偿工作包括河岸防护、重新造林、环境工程技术的应用、堤坝建设、固定不稳定山坡等。

（6）加强国际合作

2006年冬奥会之前，都灵冬奥会组委会与联合国环境规划署结成战略联盟，在奥运会及奥运遗产相关的环保项目的实施中合作。双方通过奥林匹克运动项目将合作经验传递给其他国家的体育部门。

1.2.5 2010年温哥华冬奥会协同发展评价与分析

1. 温哥华冬奥会协同发展评价

温哥华注重提升企业、社区和个人运用可持续解决方案的意识，并鼓励针对解决区域性和全球性可持续发展问题的行动，这使得2010年冬奥会的可持续性管理工作呈现出极佳的完备性和普及性。

2. 温哥华冬奥会协同发展分析

（1）环保建筑设计

温哥华是第一个奥运会比赛建筑全部满足LEED① 银级以上标准的城市。其奥运村由老工业区改造而成，获得了由美国绿色建筑委员会颁发的LEED体系铂金奖，建筑通过能源利用系统、水资源管理系统以及车库废气管理系统等高效环保手段实现节能40% 以上。温哥华会议中心建有加拿大最大的生态屋顶，楼顶有为6万只蜜蜂提供聚居场所的蜂巢，并植有19种约40万株本土绿植，其基础设施中建有海洋生物栖息地，海水淡化系统及污水处理系统与绿色环保屋顶相结合，在奥运会期间帮助减少了近70%的淡水流失。里士满奥林匹克椭圆速滑馆通过回收利用木料，帮助重建因受虫害感染而经济受困的社区，这一做法不仅展示了当地木材的优良性，还减少了不必要的浪费。

（2）减少污染排放

温哥华冬奥会组委会规定冬奥会相关组织及人员都需要参与组委会的“零排放”战略，其具体措施包括：给社区组织捐赠二手材料、改良回收废弃物、把奥运村内每日剩余食物捐赠给社区食物银行等。温哥华冬奥会组委会从垃圾填埋场中转移了奥运项目七年所产生的77%的固体垃圾，其中63%成功被回收再利用。为实现二氧化碳零排放量，温哥华冬奥会组委会提出“智能出行”计划，同时要求所有场馆集体减少能源使用量，采用创新性的能源管理方法，如制冷设备废旧热能回收，清洁水电、清洁柴油发电机的使用等。温哥华冬奥会组委会首次创立“消碳合作伙伴”赞助类别，通过与绿色能源机构合作，在全球范围内开展低碳项目建设，由此抵消冬奥会建设及筹办中总计26.8万t的碳排放。

（3）生物多样性保护

温哥华冬奥会组委会对奥运相关环境改造导致的生态破坏予以充分补偿，如温哥华西部滑雪场的一小块湿地被规划用于建造雪场，为此当地12种重要植物被移栽到其他湿地；温哥华高山滑雪赛场的珍稀动物——有尾青蛙连同蝌蚪，都被人工移到了上游40m的地方，以保证当地溪流的生态平衡。

---

① LEED（Leadership in Energy and Environmental Design），即“能源与环境设计先锋奖”，是美国绿色建筑协会（USGBC）设立并于1998年开始推行的绿色建筑的评价认证工具。

（4）环保教育与宣传

温哥华冬奥会上，通过展示“可持续发展之旅”的动画视频、碳排放及补偿交易故事，以及为记者准备低碳宣传小游戏，生动诠释了可持续发展的内涵。同时，温哥华冬奥会组委会设计了冬奥会可持续标志，授予在可持续性管理上表现出色的合作伙伴。组织方也对奥运工作者进行可持续发展意识的教育和实践培训。另外，温哥华冬奥会组委会还设计了“数字版文化奥林匹克运动会”（CODE），通过网络直播展现城市中易被忽视的社区环保故事。

1.3　全球经验对京张文化体育旅游产业带动协同发展的启示与借鉴

1.3.1　绿色办奥

场馆和基础设施建设是筹办工作的重中之重，周期长、任务重、要求高，要加快工作进度，充分考虑赛事需求和赛后利用，充分利用现有场馆设施，注重利用先进科技手段，注重实用、保护生态，坚持节约原则，不搞铺张奢华，不搞重复建设。

1.3.2　共享办奥

要把筹办冬奥会、残奥会作为推动京津冀协同发展的重要抓手，下大气力推动体制创新、机制创新、管理创新和政策创新，推动交通、环境、产业等领域协同发展先行先试，重点突破，以点带面，为全面实施京津冀协同发展战略起到引领作用。

1.3.3　开放办奥

要充分利用我国丰富的文化艺术资源，以体育为主题，以文化为内容，策划组织形式多样、生动活泼的文化宣传活动，广泛吸引社会各界积极参与。要广泛开展对外人文交流，讲好中国故事，传播好中国声音。要主动同国际体育组织合作，听取场馆建设、赛事组织、人才培养等方面的建议，积累办赛经验。

1.3.4　廉洁办奥

要建立各项规章制度，严格预算管理，控制办奥成本，强化过程监督，让 2022 年冬奥会、冬残奥会像冰雪一样纯洁干净。

1.3.5　重视可持续发展

（1）设立专职部门强化可持续发展管理职责

设立专门职能部门，强化可持续发展管理职责。我国在冬奥会申办阶段的管理组织机构为 2014 年成立的北京 2022 年冬季奥林匹克运动会申办委员会，其下设环境保护部门，主要职责为加强冬奥会相关环保宣传、提升公众环保意识、推进北京和周边地区污染治理等。这对冬奥会可持续发展管理有一定意义，但国际奥委会对可持续发展内涵的定义要远大于环境保护，经济和社会的全面发展也是可持续发展管理的重要议题。例如，2010 年温哥华冬奥会组委会专门成立了可持续发展管理部门，旨在通过冬奥会让温哥华在经济、社会、环境各方面取得可持续的发展，该部门在冬奥会筹办期间及赛后有效引领了温哥华奥运相关可持续发展项目，对整个冬奥会的可持续发展管理做出了极大的贡献。

设立专门的冬奥会可持续发展管理部门，构建组委会内部可持续发展相关问题的沟通协调、互助和监督机制，明确可持续发展管理工作标准，加强对可持续发展管理工作的认知和执行力。同时增强冬奥会组委会与国内外其他可持续发展相关组织机构开展交流与合作，引入外部资源和管理经验，为我国冬奥会可持续发展管理工作开辟更宽广的领域。

（2）开展可持续标准认证，提升管理规范性

在筹办冬奥会过程中，应积极寻求 ISO（国际标准化组织）、LEED、BREEAM（英国建筑研究院环境评估方法）等国际奥委会认可的可持续发展管理认证，借鉴已有经验，在规范的可持续发展管理工作流程和框架指导下对我国冬奥会筹备工作开展全盘规划。目前应重点在赛场及周边环境规划、建筑设计与设施改造、水资源利用、主办地环境保护等方面打好工作基础。

（3）提高雪场运营管理水平，兼顾经济与生态效益

对冬奥会雪上运动举办场地的未来发展，应结合京张地区特色，设计多元化的四季经营项目。应优先发展休闲旅游业，依靠京津冀经济圈打造集冰雪旅游、生态休闲、养老地产为一体的产业集群，同时学习国外经验，充分挖掘冬季运动场地设施的多功能用途，场地建设时提前考虑后期改造需求。同时需在充分认识冬季运动场地的特殊性前提下，制订冬奥会雪场生态环境修复和保护工作计划，确保资源能可持续利用。在冬奥会遗产开发过程中，要尤其注意经济效益与生态效益的平衡。

（4）充分发挥高新科技作用，拓宽新科技应用范围

《北京 2022 年冬季奥林匹克运动会和残奥会申办报告》中提出，到 2022 年北京将广泛使用清洁能源，开发节能环保技术，推广节能环保产品，通过提升燃煤质量减少碳排放，同时通过优化公交线路和交通管理体系实现绿色出行。2008 年北京奥运会曾通过高新科技，很好地实现了赛时奥运村及部分奥运场馆的节能减排任务，然而这些科技并未能深刻影响整个北京地区的可持续发展水平。2022 年北京冬奥会的筹备应更加注重环保科技、能源科技等高新技术在全社会范围的应用，并显著提升主办城市及周边地区在可持续发展过程中的科技含量。

冬奥会的筹办应充分发挥北京地区的科研资源优势，推动可持续发展管理研究在交通物流、新材料、新能源等不同学科中开展，借冬奥会之机，普及智能出行、智能化绿色建筑、环保材料、新能源汽车等项目，促进更多高新科技在可持续发展领域的应用。依靠科技之手，未来冬奥会的可持续发展管理投入将具备更为丰富的内涵和更易于落地实现的主张，其管理成果也将更为直观和有效。

第 2 章　京张文化体育旅游产业带发展模式与驱动机制培育研究

2.1　产业集聚带发展研究的理论基础

关于产业集聚带形成和发展研究的理论基础主要包括区位论、空间结构理论、产业集聚理论等，它们共同构成产业集聚带的基础理论体系。

2.1.1　区位论

区位论是研究经济行为的空间选择及空间内经济活动的组合理论，简单地说就是研究经济活动最优的空间理论。具有代表性的区位理论主要包括农业区位论、工业区位论、中心地理论（中心地方论）等。1826 年，德国经济学家杜能的《孤立国》问世，标志着农业区位理论的产生。1909 年，德国经济学家韦伯在《论工业区位》中首次系统地论述了工业区位理论。1933 年，德国城市地理学家克里斯塔勒在《德国南部的中心地原理》中系统地阐明了中心地的数量、规模和分布模式，建立起了中心地理论。总体而言，区位论的布局思想主要有级差地租、成本最低和中心地选择。

2.1.2　空间结构理论

空间结构理论是综合的整体性的区位理论。将古典区位理论发展为空间结构理论做出重要贡献的有 20 世纪 50 年代美国学者达恩和德国学者奥托伦巴，他们都分别提出过空间经济结构的概念。国外与产业带相关的空间结构理论主要包括区域增长极理论、空间生长轴理论、核心–外围理论、区域经济梯度推移理论等。国内理论界对空间结构的研究是以陆大道的“点–轴系统”理论等为开端的。

1. 区域增长极理论

增长极理论最初由法国经济学家佩鲁（Perroux）提出。佩鲁认为，经济增长首先出现在具有创新能力的行业，而不是同时出现在所有的部门。这些具有创新能力的行业常常聚集于经济空间的某些点上，于是就形成了增长极。所谓增长极就是具有空间聚集特点的推动型经济单位的集合体。经济的增长率先发生在增长极上，然后通过各种方式向外扩散，对整个经济发展产生影响（图 2-1）。

许多区域经济学者将这种理论引入地理空间，用它来解释和预测区域经济的结构和布局。后来法国经济学家布代维尔（Boudeville）将增长极理论引入区域经济理论中，之后

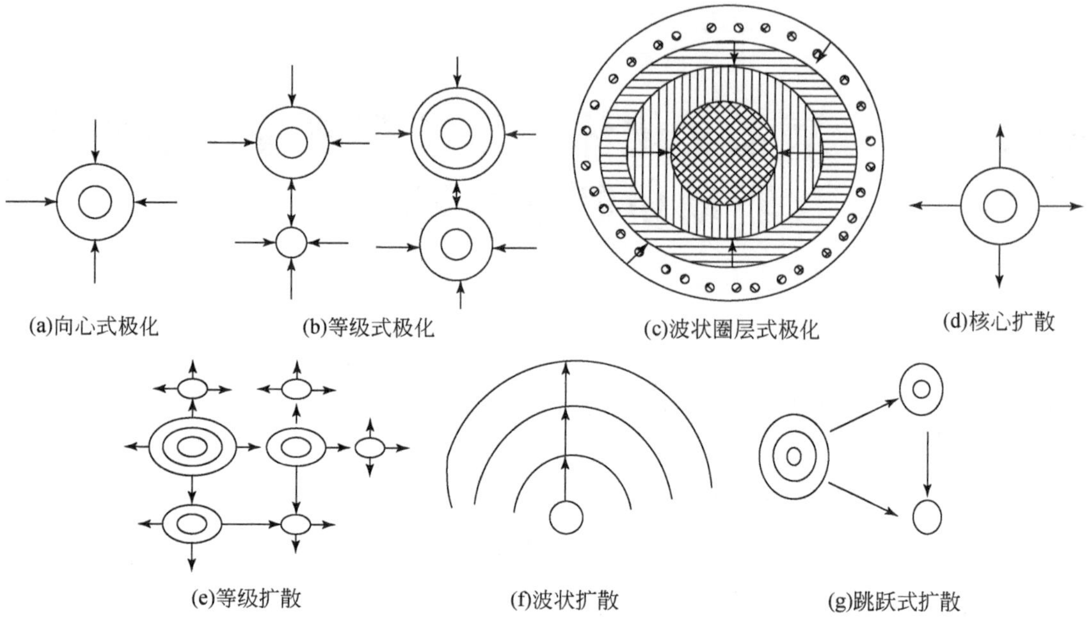

图 2-1　空间极化和扩散模式示意图

美国经济学家弗里德曼（Frishman）、瑞典经济学家缪尔达尔（Myrdal）、美国经济学家赫希曼（Hischman）分别不同程度地进一步丰富和发展了这一理论，使区域增长极理论的发展成为区域开发工作中的流行观点。区域增长极是指具有推动型的主导产业和创新行业及其关联产业在地理空间上集聚而形成的经济中心。增长极具有如下几个特点：①在产业发展方面，增长极通过与周围地区的经济技术联系而成为区域产业发展的组织核心；②在空间方面，增长极通过与周围地区的空间关系而成为支配经济活动分配与组织的重心；③在物质形态方面，增长极就是区域中的中心城市。而且，由于区域的大小不一样，相应地，增长极也有规模等级之分。增长极通过支配效应、乘数效应、极化与扩散效应而对区域经济活动产生组织作用。

支配效应：增长极具有技术、经济方面的先进性，能够通过与周围地区的要素流动关系和商品供求关系对周围地区的经济活动产生支配作用。换句话说，周围地区的经济活动随增长极的变化而发生相应的变动。

乘数效应：增长极的发展对周围地区的经济发展产生示范、组织和带动作用，从而加强与周围地区的经济联系。在这个过程中，受循环积累因果机制的影响，增长极对周围地区经济发展的作用会不断得到强化和加大，影响范围和程度随之增大。

极化与扩散效应：极化效应是指增长极的推动性产业吸引和拉动周围地区的要素和经济活动不断趋向增长极，从而加快增长及自身的成长。扩散效应是指增长极向周围地区输出要素和经济活动，从而刺激和推动周围地区的经济发展。增长极的极化效应和扩散效应的综合影响称为溢出效应。如果极化效应大于扩散效应，则溢出效应为负值，结果有利于增长极的发展。反之，如果极化效应大于扩散效应，则溢出效应为正值，结果对周围地区的经济发展有利。

2. 空间生长轴理论

以德国学者沃纳·松巴特（Werner Sombart）为代表的在 20 世纪 60 年代初提出的生长轴理论，直接把交通运输与区域经济发展结合起来，并强调交通干线建设对经济活动的引导和促进作用。该理论认为，随着连接中心城市的重要交通干线（铁路、公路）的建设将形成新的有利区位，方便了人口的流动，降低了运输费用，从而降低了产品成本。新的交通干线对产业和劳动力具有吸引力，形成有利的投资环境，使产业和人口向交通干线集聚，产生新的工业区和居民点。以交通线为“主轴”将逐渐形成一条产业带，交通干线就是产业带形成的发展轴。

3. “点–轴系统”理论

“点–轴系统”理论由我国著名地理学家陆大道提出，该理论是增长极理论的延伸。在区域发展过程中，大部分社会经济要素在“点”上集聚，并由线状基础设施联系在一起而形成“轴”。这里的“点”指各级居民点和中心城市，“轴”指由交通、通信干线和能源、水源通道连接起来的“基础设施束”，它对附近区域有很强的经济吸引力和凝聚力。轴线上集中的社会经济设施通过产品、信息、技术、人员、金融等，对附近区域起到扩散作用。扩散的物质要素和非物质要素作用于附近区域，与区域生产力要素相结合，形成新的生产力，推动社会经济的发展。在区域发展中，在“基础设施束”上一定会形成产业聚集带；由于不同地区地理基础及社会经济发展特点的差异，“点–轴”空间结构形成过程具有不同的内在动力、形式及不同的等级和规模。在不同社会经济发展阶段（水平）情况下，社会经济形成的空间结构也具有不同的特征，这种特征体现为集聚与分散程度及社会经济客体间的相互作用等（图 2-2）。

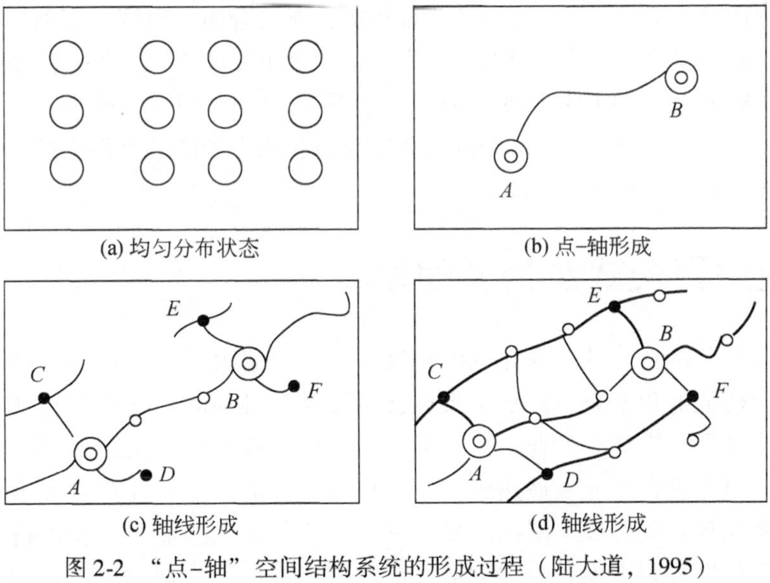

图 2-2　“点–轴”空间结构系统的形成过程（陆大道，1995）

随着区域社会经济的进一步发展，“点–轴”必然发展到“点–轴–集聚区”。这里的“集聚区”也是“点”，是规模和对外作用力更大的“点”。

4. 网络开发理论

网络开发理论，是点-轴开发理论的延伸。该理论认为，在经济发展到一定阶段后，一个地区形成了增长极（各类中心城镇）和增长轴（交通沿线），增长极和增长轴的影响范围不断扩大，在较大的区域内形成商品、资金、技术、信息、劳动力等生产要素的流动网及交通、通信网。在此基础上，网络开发理论强调加强增长极与整个区域之间生产要素交流的广度和密度，促进区域经济一体化，特别是城乡一体化。同时，通过网络的外延，加强与区外其他区域经济网络的联系，在更大的空间范围内，将更多的生产要素进行合理配置和优化组合，促进更大区域内经济的发展（图 2-3）。

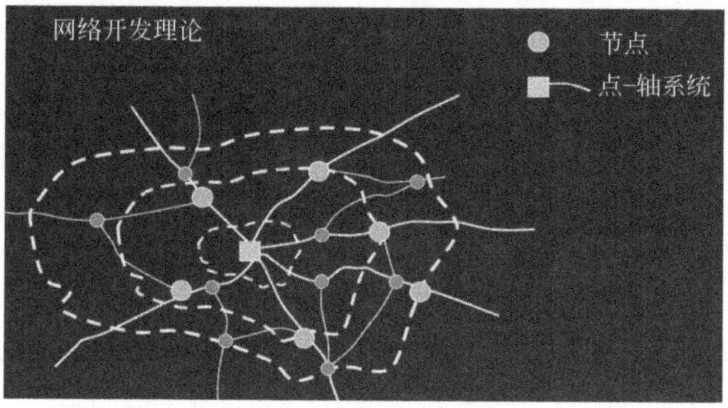

图 2-3　网状开发模式示意图

2.1.3　产业集聚理论

产业地理聚集或产业族群（clusters），是指某一特定产业的企业大量聚集于某一特定地区，形成了一个稳定、持续且有不寻常竞争优势的企业集合体。经济学家阿尔弗雷德·马歇尔是较早关注产业集聚这一经济现象的，他提出了两个重要的概念，即“内部经济”和“外部经济”。波特认为，产业地理聚集是提高产业竞争力的基本因素，族群的因素支配着当今的世界经济地图，它是每个国家国民经济、区域经济、州内经济甚至都市经济的一个显著特征，在经济发达国家尤其如此。

2.2　产业集聚模式及相关理论

产业集聚内涵包括：①从产业布局的角度看，产业集聚是一种地理空间分布不均衡的表现；②从产业构成的角度看，产业集聚往往围绕某一种核心产业或主导产业形成，关联产业或配套产业必须适应核心产业；③产业集聚可以发挥规模经济、外部经济等带来的经济效益的提高，但必须在产业发展达到一定规模以后才能实现；④产业集聚中各个企业之间相互联系，企业与企业形成多层次的复杂网络；⑤创新是产业集聚获得持续竞争优势的最终来源，产业集聚有利于创新，而创新又能够进一步促进产业集聚的发展；⑥产业集聚的发展要求必须有相关配套的组织机构，如地方政府、协会、中介机构、职业培训和研究机构等，并且实现相互分工与协作。

1996 年，马库森（Markusen）曾经撰文对产业集聚按照空间形态进行分类。综合现有文献，产业集聚可以划分为以下几种类型：马歇尔产业集聚（空间集聚型模式——“第三意大利”）、轴辐式产业集聚（日本丰田模式）、大企业集聚、企业集群等。

2.2.1　马歇尔产业集聚区模式

马歇尔在《经济学原理》中描述的产业集聚在现实生活中已经很少了。其特点是：产品供应链属于共同一个产业，供应链的分离程度较低，大多具有传统的手工业特点，定制化程度高，生产标准化程度低，大规模生产的特征少。区域内企业数量很多，主要集中在手工艺品、陶瓷、雕刻等生产批量小、定制化程度高的行业。现在称谓的马歇尔产业集聚，其内涵更主要是指“第三意大利”那种集聚区，主要特征是自发组织、劳动密集程度高、工艺简单可分、社会网络发达、信息传播顺畅等。

2.2.2　轴辐式产业集聚模式

轴辐式产业集聚往往依托于某个特大型企业，以这个特大型企业为轴心，其他相关企业集聚在这个企业周围，为其提供生产前、生产中或生产后服务，它们联合在一起，形成一个独立的社区。主要特点如下：①有一个大型企业构成集聚的核心，带动周围的中小企业发展；②核心企业凭借强大的技术支持和品牌优势，掌握整个系统的运转，并给周边企业以指导；③整个集聚的运作以核心企业的生产流程为主线；④众多小企业能够提供比集聚外企业更低运费、更符合要求的配套产品。典型代表有日本丰田汽车产业集聚模式。它又有两种类型，一种是资源型轴辐式，另一种是生产加工型轴辐式。前者如中国大同的煤业，后者如中国攀枝花的钢铁冶炼业，它们都在当地形成了大型联合企业，或者称之为地域生产综合体。

2.2.3　大企业集聚模式

大企业集聚是指在地理空间上由两个或两个以上的核心企业，其他企业围绕核心企业形成联合体。在区域内部，大企业之间形成寡头垄断，各个寡头生产的产品相同或相似。大企业集聚与轴福式集聚的主要差异在于核心产业由若干企业构成，形成了寡头市场结构，在区域范围内，市场也成为重要的资源配置手段。

2.2.4　企业集群模式

企业集群可以分为两种，一种是企业主导型，另一种是市场主导型。

前者是指在一个区域有大量的企业，各个企业生产同一类产品，形成当地的支柱产业或主导产业。各个企业之间通过市场机制，既存在较强的竞争，也存在生产或市场方面的合作。但在原材料供应、产品设计、生产和销售方面，各个企业仍然在内部形成完整的供应链，虽然它们属于同一个行业，但企业之间是一种垄断竞争关系。由于是相同供应链的集聚，它们最终形成规模经济效应或外部经济效应。

后者是指同一个地区围绕同一个产业存在多个企业，企业之间具有较强的依赖关系。它们之间或者是原材料的供求关系，或者是零部件的生产与装配关系，或者是产品的经销关系，相互之间形成了严密的分工，企业与企业之间规模不一，相互独立，通过长期的市场交易关系形成稳定的联系。市场主导型企业集群的特点是：供应链集聚程度高，并且供应应链分离得比较彻底，专业化分工程度高，协作密切，供应链和各生产单元的高度集聚，产生较高的集聚效益，产业集聚的特征最为显著。

2.3 产业集聚带发展驱动机制相关理论

产业集聚带的形成是区域经济发展的一个显著特征。在产业带形成初期，企业区位行为受环境条件的影响，而表现为向某一优势区位集中，进而发展成若干产业集中区，企业在运营过程中又由中心向外沿轴线扩散，这两种空间过程既相互推动又相互制约，便形成了产业带。产业带是一条带状的链条产业集中区域，是相关或相同的产业的基地，在此区域内可以形成产业集聚效应，更好地壮大产业。在产业带里资源会更有效地利用和配置。

2.3.1 产业集聚带五大基本要素

地理区位、自然资源、线状基础设施（束）、产业体系、城镇群构成产业集聚带形成和发展的五大基本要素。其中地理区位是产业带形成的自然因素，自然资源是产业带存在的场所和发展的物质基础，线状基础设施（束）是产业带形成发育的前提条件，产业体系是产业带发展和演进的主体，城镇群是产业带的依托和增长内核。

2.3.2 产业集聚带的生成机制

动力是指驱动产业集聚形成和发展的一切有利因素，在产业集聚生命周期中表现为生成动力和发展动力，研究产业集聚动力机制是促进产业经济发展的核心问题，一直是理论界和产业界所关注的热点。

国外早期研究多集中于对产业集聚生成动力的认识和描述。例如，马歇尔的外部经济理论、韦伯的工业区位论，以及克鲁格曼的边际报酬递增理论等，都归纳出不同产业集聚的生成动力。但是对生成动力的分析往往随着具体案例的不同而不同，具有不稳定性和偶然性。随着产业集聚研究的不断深化，人们开始从生成动力的辨识、属性和作用分析专项发展动力的产生、动力之间的关系和作用机制。代表性的成果有：Brenner（2001）将产业集聚的发展总结为7种动力机制的共同作用，即人力资本的积累、非正式接触引起的信息流动、公司间相互依赖、公司间合作、当地资本市场、公众舆论和当地政策，其中前6种机制属于集聚的内生动力机制，当地政策是集聚的激发动力机制。积聚的成长以内生动力机制为基础。激发动力机制对内生动力机制起指导和辅助作用。Meyer Stamer（2003）从微观、中观、宏观和兆观四个层次建立产业集聚动力的系统竞争力模型。其中微观层次的竞争力主要来源于地域分工、知识共享、交易、创新、协同等机制的作用；中观层次的竞争力主要来源于协同机制、政府行为机制、外部竞争机制的作用；宏观层次的竞争力主要来源于激发动力机制的作用，如政府行为；兆观层次的竞争力主要来源于区域品牌机制、外部竞争机制的作用。

自20世纪90年代开始，我国开始在借鉴西方集聚理论基础上，结合中国实际，研究促进产业集聚发展的动力机制。代表性的研究主要有以下3个方面。

1）从有所侧重的角度开展的研究。盖文启等（1999）认为产业集聚一般主要由市场自发形成但政府可以通过各项措施来调控、影响和促进产业集聚的发展。符正平（2002）认为网络效应在企业集聚形成过程中起关键作用，地方公共产品的有效供给是积聚形成和发展的重要条件。李植斌（2003）认为独特的区域“文化基因”、特定性知识沉淀和产业氛围是浙江产业集聚形成的核心原因，并进一步分析了如何发展原发性的产业集聚。雷如桥等（2005）认为社会网络的强弱关系大大影响产业集聚的发展，并从正式的经济网络和非正式的社会网络两个方面分析极具创新网络的形成演化机理。吕文栋等（2005）认为地方企业家行为引起的外部效应和所创建的产业联盟对地方产业集聚具有推动作用。刘爱雄（2006）从根植性、共生协同、知识创造和技术创新 4 个方面来解释产业集聚的内生动力机制，从市场驱动、科技环境支撑和政府决策支撑 3 个方面来解释产业集聚的外生动力机制。马建会（2007）认为集聚网络和集聚创新是产业集聚持续成长最为关键的动力因素。

2）从相对全面的角度开展的研究。王缉慈（2001）、陈剑锋等（2002）认为，世界范围内，各地产业集聚存在着诸如意大利式、卫星式、轴轮式等不同种类的产业集聚，各类产业集聚的动力机制是有差别的，需要具体来分析。陈继祥（2005）在研究中将产业集聚动力机制的概念归纳为具体的动力要素，这些动力要素组成产业集聚形成的力量结构体系及其运行规则，其综合作用支撑和驱动产业集聚的生成与演化。王云平（2006）认为，从理论上看，产业集聚发展的动力机制来自分享外部经济、降低交易成本、促进企业创新 3 个方面。从对产业集聚形成的作用途径看，包括市场力量自发形成、政府投资、政府和市场共同作用 3 种途径。

3）新方法的尝试与探索。刘军国（2001）构建了报酬递增的微观机制模型，论证了报酬递增和分工不断深化使得产业集聚具有不断自我完善的机制。魏守华（2002）将社会资本的地域分工、外部经济、合作效率、技术创新与扩散，以及它们之间的相互作用关系，用图例的方式来描述产业集聚的动力机制。陈雪梅（2003）借助生物学中描述不同种群共生现象的逻辑斯蒂模型来描述产业集聚现象的动态演化过程，将企业的内生和外生变化简化为产出信号，通过对企业产出变化的刻画来解释集聚的发展机制。黄建康（2005）构建了以当地文化为基础，与全球知识技术、生产和贸易网络连接的学习型、开放性、国际化的创新型网络资本系统的概念与模型，用来论述产业集聚的动力机制。

综合以上，产业集聚带的生产动力和发展机制主要包括以下四个方面。

1. 外部规模经济

英国著名经济学家马歇尔在 100 多年以前，关注到具有分工性质的工业在特定地区的集聚现象，马歇尔将这一“特定地区”称为“产业区”。产业区内集聚了大量规模经济较低、专业化程度较高、联系十分密切且种类相似的中小型企业。马歇尔把地方性工业在产业取得集聚归结为企业追求外部规模经济，即企业层面的规模报酬不变、社会层面的规模报酬递增，并且指出这种外部经济给集聚企业带来了技术的外溢，提供一个专业技术工人共享的劳动市场，提供共享的中间投入品三方面的好处。

2. 节约运费和交易成本

韦伯在《工业区位论》中阐述了微观企业由于相互协作、动力使用、成组分布而在选址决策中趋向于集聚。他把区位因子分为地方因子和集聚因子，地方因子是工业固定于一定地点（如趋于使运费最小或劳动成本最小的区位），集聚因子使工业趋于集中或分散（如相互分工协作或地价上涨等）。韦伯认为合理的工业区位应这样确定：在地方因子决定了工业企业的区位后，相互关联的企业为了节约运费和交易成本而进行区域集聚的区位调整。韦伯将产业集聚归因于企业决策者将集聚所得的利益与因迁移而追加的运输和劳动成本进行大小比较的后果，他将社会集聚和意外集聚（外部经济）看作是次要因素而在分析计算时没具体考虑。

3. 规模报酬递增与要素流动

20 世纪 90 年代以克鲁格曼为代表的新经济地理学理论为产业集聚的产生提供了很好的解释。克鲁格曼以规模报酬递增、不完全竞争的市场结构为假设前提，基于迪克西特–斯蒂格利茨垄断竞争模型，认为产业集聚是由企业的规模报酬递增、运输成本和生产要素移动通过市场传导的相互作用而产生的。他偏重密切的经济联系导致集聚而非比较优势，并且认为技术外溢是集聚的次要因素，因为低技术产业也能形成集聚。在迪克西特–斯蒂格利茨垄断竞争模型中，运输成本以萨缪尔森的“冰山”形式而内生。

对于消费者行为，克鲁格曼认为产业集聚并不是在任何情况下都能产生的。当贸易成本很低接近自由贸易时，各个区位的因素价格趋于均等化，因素价格差异不可持续，集聚不可能发生；当贸易成本很高时，各个区位只服务于当地的最终消费者；只有在中等水平的贸易成本，互为投入–产出联系的厂商之间的前后相联系效应最强。有较大制造业部门或拥有较多产业份额的国家能提供较多种类的中间产品，而中间产品种类较多的区域有较低的价格指数，使该区域的厂商有较低的生产成本，这种前向联系效应是外部厂商更有吸引力进入该区域；而一个区域内的厂商越多，对中间投入品的需求也越大，这种后向联系效应就为既是中间投入的生产者、又是消费者的厂商提供巨大的当地市场。这种前后向联系产生强大的向心力，集聚才得以发生。

4. 创新推动

依靠大学、科研院所、企业研发机构的知识外溢以及研究成果的转化过程来推动高新技术产业集聚发展，主要是以下因素促成：产学研密切协作的技术创新机制、创业人才集聚机制、鼓励创业的文化氛围、风险投资机制、政府的支持等。典型代表为美国硅谷高新技术产业集聚。

2.3.3 产业集聚带发展的内生动力机制

内生集聚是产业凭借本地区独特的专业化条件和工商业传统，依靠民间微观经济主体的自发创新，在内生型民间积累的推动下生成的。其形成动因主要是当地文化与资源、地理位置、企业间合作、当地资本市场、当地人力资源积累、公众参与等多方面。已有学者对我国长江三角洲产业集聚带的形成动因分析表明，我国长三角地区产业集聚带的形成更多依靠内生动力机制，其形成动因主要包括专业化市场的形成、内源性民间资本的积累、企业家的创新和地方政府的作用。

2.3.4 产业集聚带发展的外生动力机制

外生集聚，即嵌入型产业集聚是依靠优越的地理位置、优惠的投资政策、丰富的土地资源和充足廉价的劳动力与跨国企业的技术、管理等优势联合，在发展型地方政府、创造性模仿和企业家精神作用下崛起的以外商投资为主的产业集聚。其形成动因主要是市场驱动、政府决策支持、大事件推动、区域品牌、外部竞争等多方面。已有学者对我国珠江三角洲产业集聚带的形成动因分析表明，我国珠江三角洲地区产业集聚带的形成更多依靠外生动力机制，其形成动因主要包括优越的制度和政策环境、相对成熟的市场、良好的产业转型机遇、对外开放优势等。

2.4　京张文化体育旅游产业带发展模式

2.4.1　近中期复合式点–轴系统开发模式

沿高速铁路、高等级公路等主要交通干线，打造两条以上相对平行的复合式“点–轴”系统所构成的具有一定纵深配置的文化体育旅游产业密集带，到 2020 年集成形成“两核三轴”产业带格局。

“点”：双核模式，打造张家口市中心城区文化体育旅游产业中心、崇礼冬奥会冰雪山地旅游产业中心。

“轴”：打造“一主两副”三条发展轴线，即京张经典文化旅游产业发展主轴（京张高铁、京藏高速、京新高速）、京张冰雪山地运动体育旅游产业发展副轴（张承高速、京张高铁崇礼支线、延崇一级路）、京张始祖民俗文化旅游产业发展副轴（张石高速、京蔚旅游公路、张涿高速、京昆高速）。

产业带地理区位：沿京张文化体育旅游产业发展主轴（京张高铁、京藏高速、京新高速）向南北两侧梯度推移。

产业带资源依托：冰雪旅游资源、山地户外运动资源、冬奥会体育场馆资源、历史文化资源、温泉资源、草原旅游资源。

产业带线状基础设施：京张高铁、京张高速、京新高速、张承高速、张石高速、延崇一级路、京蔚旅游公路、张涿高速、京昆高速。

产业带产业体系：旅游产业、体育产业和文化产业融合发展。

产业带城镇群：京张 200km 城镇密集带。

2.4.2　远期网络开发集聚模式

依托张家口文化体育旅游资源的遍在性、京张交通基础设施的网络化、城镇群和美丽乡村建设，推进“一主两副”产业带相互衔接、归并和融合，推进京张城镇同城化发展和城乡一体化发展，加强对外联络，推进区域经济一体化。2025 ~ 2030 年，着力打造“五横三纵”网络开发格局，推进全域旅游（图 2-4）。

“五横”：“一主四副”东西走向发展轴线，即京张经典文化旅游产业发展主轴线（京张高铁、京藏高速、京新高速）、京张冰雪山地运动体育旅游产业发展副轴线（张承高速、京张高铁崇礼支线、延崇一级路）、南部京张始祖民俗文化旅游产业发展副轴线（张石高速、京蔚旅游公路、张涿高速、京昆高速）、北部草原文化旅游发展副轴线（张承高速、二秦高速张家口段）、中部始祖文化与温泉旅游副轴线（宣大高速、G112）。

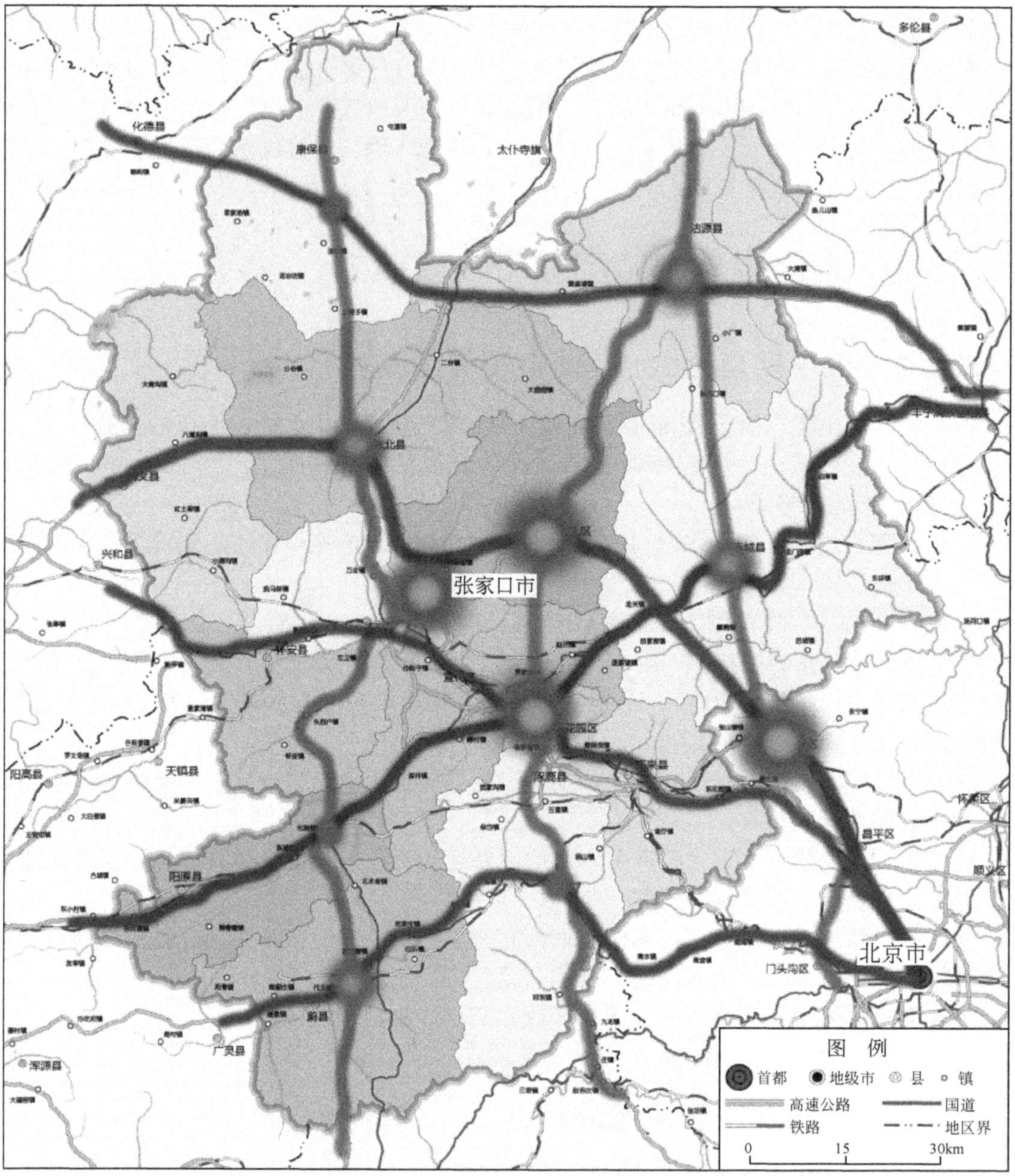

图 2-4　远期网状开发空间结构

“三纵”：“东中西” 南北走向发展轴线，即东部温泉度假旅游发展轴线（延庆—大海陀—赤城—沽源走向）、中线冰雪草原文化旅游轴线（沽源—崇礼—下花园—涿鹿走向）、西线草原始祖民俗文化旅游轴线（康保—张北—张家口市区—原阳—蔚县走向）

重要网络节点：延庆、张家口市区、崇礼、下花园-宣化为一级节点，张北、蔚县、赤城、沽源为二级节点。

2.4.3　多类型企业集聚模式

冰雪山地运动体育旅游产业采取大企业集聚模式，坚持高端开发，培育产业“巨人企业”，结合相关配套产业，形成国际知名的冰雪山地运动旅游产业集聚带。

始祖民俗文化旅游产业采取企业集群模式，鼓励中小企业发展，支持大众创业，万众创新，沿发展轴带形成一系列有特色的民俗文化旅游产业集群，沿轴带“串珠式”布局，带动边缘地区脱贫致富。

2.5　京张文化体育旅游产业带驱动机制研究

2.5.1　培育四大内生驱动力

1. 挖掘当地文化与自然资源优势，奠定产业带基本空间格局

挖掘京张冰雪山地运动体育旅游资源、始祖民俗文化旅游资源、草原文化旅游资源、温泉旅游资源等本地特色文化与自然旅游资源，结合现有冰雪旅游产业、民俗文化旅游产业和草原文化旅游产业基础，推动山地运动体育资源、始祖文化旅游资源资源、温泉旅游资源等优质旅游资源的深度开发。通过优质旅游资源的有序开发和优化配置，优先开发可达性强的资源富集区，推进重点产业沿线集中布局，近期奠定产业带“两核三轴”基本格局。

2. 发挥区位优势，提升京张轴线“流”量“流”速，加快产业带形成

发挥京张近邻区位优势，加快京张高速铁路、高等级公路等交通基础设施（束）的建设，协同京张旅游对接，疏通彼此旅游障碍，提升京张文化体育旅游轴线的流通能力，提高轴线上人流、货流、信息流、资金流的流量和流速，加快促进产业带形成。

3. 发挥北京资本和人才优势，促进京张文化体育旅游产业共享发展

共享北京资本和人才外溢优势，补充张家口当地资本和人才短板，实现京张文化体育旅游产业带区域间优势互补。

4. 公众参与，实现京张文化体育旅游产业带包容式发展，提升辐射带动作用

激发京张广大市民和群众发展文化体育旅游产业的积极性和创造性，大力发展乡村旅游，推进农旅联动，探索典型旅游扶贫模式，让京张文化体育旅游产业带建设的成果惠及广大人民群众，通过大旅游业发展加快张家口广大农村牧区脱贫致富，带动城乡统筹发展，全面提升产业带辐射带动作用。

2.5.2　利用五大外生驱动力

1. 抢抓冰雪旅游市场爆发机遇，利用好京津冀最大的旅游客源市场

强抓京张联合承办 2022 年冬奥会带来的我国冰雪旅游市场爆发重大机遇，重点抓好

京津冀晋蒙区域旅游客源市场开发，尤其是京津冀这一天然近邻的大市场，开发适宜该区域的自驾游等旅游产品，沿京张文化体育旅游产业带发展轴线，部局好旅游线路和旅游产品，依托市场推动产业带的形成和大发展。

2. 中央、京津冀各级政府决策支撑，驱动产业带发展壮大

响应中央关于建设京张文化体育旅游产业带的重大部署，京津冀协同政策，京张政府出台关于促进文化体育旅游产业带发展的支持支撑，做好战略规划、政策扶持和组织实施方案，政策决策支撑京张文化体育旅游产业带发展壮大。

3. 京张联合承办 2022 年冬奥会大事件驱动京张产业带紧密合作

以京张联合承办 2022 年冬奥会历史性大事件为契机，推动京张联手建设京张文化体育旅游产业带，形成京张旅游发展共同体。

4. 冬奥品牌提升京张文化体育旅游产业带建设标准

以冬奥国际旅游为品牌，以国际化高标准打造京张文化体育旅游产业带，大手笔规划设计，大政策扶持推动，大旅游联动发展。

5. 国际国内外滑雪及山地旅游竞争加剧，驱动产业带融合发展

要把国际国内滑雪及山地旅游竞争加剧的压力，作为京张文化体育旅游产业带高标准建设的动力，积极培育自身产业带竞争优势，推动京张文化旅游产业带融合高效发展。

第3章　京张文化体育旅游产业带产业集群建设研究

3.1　产业集群建设理论研究

产业集群是指在一定空间内集中分布的具有一定经济联系的产业或企业，它们享有类似或相同的市场、原料供应和城市基础设施。当代产业集群是在市场经济和全球化双重推动力作用下发展起来的。在一定程度上，产业集群具有等级性，一方面表现在产业集群中经济活动力的高低和城市等级相互对应，如金融中心纽约、伦敦和东京都是世界城市；另一方面，产业集群在很多时候不单指城市内部的某个经济活动聚集区，很多时候它代表了城市中某一类最具活力的产业活动，是城市的名片。这样，先需要从城市发展战略层面考虑产业集群的影响和作用。城市发展战略是对城市发展的速度、方向、前景以及绩效全局性、主动性的把握和调整，是综合考虑城市内、外发展环境，通常由政府部门做出的一种选择。在我国特殊的政策管理体制下，政府通过土地和财政税收对产业集群的发展扮演着不可估量的作用。因此，需要充分考虑城市内外环境，将产业集群纳入，并使之成为实现城市发展定位的主要组成部分，形成全球化、市场推动和政府决策的合力。

产业集群已经超过原有的企业活动和集群的地域范围，它和城市的经济、社会、空间、制度和自然环境紧密结合在一起。因此，在建设产业集群的同时，不仅要从城市自身的条件创造和提升满足集群的发展条件，还需要通过产业集群，提升城市的发展水平。具体来说就是通过产业集群的辐射和带动作用，达到城市资源的整体优化配置，在发展集聚经济的同时，尽量降低或减少交通、资源和环境成本，优化城市空间组织，提升人居水平。

因此产业集群的建设需要：①整合城市内部已有资源，最大限度地降低土地和基础设施利用成本，提高产业的规模经济和范围经济；②提高集群内部的产业经济联系，促进企业合作；③通过产学研合作等方式，提升集群的创新能力，克服规模经济报酬递减的陷阱。

3.2　京张文化体育旅游产业带发展现状和存在问题

张家口市地区生产总值（GDP）较低，但第三产业占比高，旅游收入对国民生产总值起到很大的支撑作用。张家口市 2014 年 GDP 为 1348.97 亿元，人均 GDP 为 30 540

元，均位于河北省11个地级市中的第8位，处于中等偏低水平，并且远低于北京市（2014年北京市GDP为21 330.83亿元），张家口市2015年第三产业增加值为574.13亿元，第三产业占GDP的比例为42.1%。2014年，张家口市第三产业占GDP的比例为39.58%，位于河北省11个地级市中的第4位，处于较高水平，仅低于秦皇岛市、石家庄市和廊坊市，并且优于其综合经济水平和其他产业发展水平。张家口市2015年旅游收入为301.67亿元，比上年增长27.0%。2014年，张家口市旅游收入为237.6亿元，旅游收入占GDP的比例为17.61%，位于河北省11个地级市中的第3位，处于较高水平，且远高于北京市的3.28%。从百强城市入境旅游外汇收入来看，北京排名第3（460 770万美元），张家口市排名93位（2725万美元），入境旅游外汇收入在全国仍处于较高的水平。

近年来，张家口市加快景区景点建设步伐，积极开拓旅游市场，围绕“一城四区”产业布局，形成了“坝上草原”“崇礼滑雪”“始祖文化”“温泉养生”四大品牌。随着冰雪温泉休闲健身游等6条精品线路逐步成熟，张家口市旅游业已初具规模，基本形成了集休闲度假、观光避暑、运动康体和商务会议为一体的旅游产业体系。然而，张家口市文化体育旅游产业发展，仍存在以下问题。

3.2.1 旅游产品组合不足，旅游产业带相关产业产值偏低

目前，张家口市旅游开发重自然、轻人文，季节性强。目前受市场认可度较高的如坝上旅游和崇礼滑雪，都是自然旅游产品，受季节因素影响较大，淡旺季明显。以张家口市坝上草原旅游发展情况为例，张家口市坝上地区立足区位优势，开展草原民族风情游，已成为张家口市夏季旅游的主打王牌。但是，基于特殊的气候条件及地理位置，坝上草原游仍呈现出季节性强、景区景点分散、景区规划开发模式单一、客源市场狭窄的问题，且当地旅游资源在规划与开发的过程中，过多关注了草原休闲娱乐的功能而忽视了挖掘草原文化以及民族民俗文化的内涵，致使在同类旅游景观类型中张家口市坝上旅游吸引力明显不足，难以激发游客初游及重游的欲望。这是制约当地旅游业发展规模的关键所在。

旅游文化产品开发不足。张家口市本身具有的品位很高的文化资源，如三祖文化和古商贸文化等，但文化旅游资源挖掘深度不够，尚未开发形成具有吸引力的人文旅游产品，这直接导致旅游产品的组合不足。旅游的推广大多只限于单一的某些旅游点，而不是旅游线路。以赤城大海陀景区开发为例，大海陀位于赤城县南，背倚延庆，邻近八达岭，据北京市不足100km，2003年被列为国家级森林生态系统保护区。海陀山区也是革命的摇篮，当地人民曾在抗日战争中屡立战功，现今这里已成为爱国主义教育基地。大海陀集自然风光、人文景观于一身，具有很高的旅游开发价值，常常吸引京津及京郊众多游客周末前来露营。这一具有特色发展空间的旅游文化产品，蕴含着无尽的客源市场，需要科学规划与开发。尽管当地已经在此设立景区，但并没有进行有效规划和充分的开发，致使旅游产品自身不具有市场竞争力，其文化优势也没有得以发挥。

3.2.2　产业关联度小，影响有限，产业联动与延伸尚未形成，需要支撑

纵观全市产业发展现状，主导产业规模大，但产业间关联度较小态，无法形成带动和集聚效应。同时，各县区产业发展千篇一律，产业同构性强，缺乏各县区的特色产业，更无法形成产业集群，从而制约了区域经济的发展。对旅游产业链挖掘与打造不足，旅游业与其他产业的相互协调促进机制尚未形成，产业联动与产业延伸不足。例如，滑雪与温泉、温泉与养老、温泉与地产、农业与旅游、工业与旅游等产业互动还不足。急需充分挖掘地方特色资源，加强各大产业间的联系，发挥大产业带动中、小产业发展的扩散效应，一县（区）一特色，构建产业链条的产业发展架构，做大做长产业链，形成产业带动。

3.2.3　产业投入明显不足，无法适应社会发展的需要

张家口市曾地处军事战略要地，造成基础设施历史欠缺过多，进而影响经济和社会发展。

为城市内部市场提供产品和服务的产业为地方产业，地方产业不仅要为基础产业部门提供产品和劳务，同时也要为当地居民提供衣食住行等诸多便利，尤其是城市交通、供水、供电等一些基础设施建设，但由于财政资金有限，投入基础设施建设方面的资金明显不足，无法为产业发展提供良好的外部环境和人才、资金、技术等支持等。

随着经济社会发展，张家口市急需加强全市的基础设施建设，引进高端设备，加大资金投入力度，改造产业发展环境不佳的现状，吸引中高端人才，共促全市产业的健康发展。

3.2.4　缺少高水平人才，创新能力不足

从以第三产业从业人员总数表征的2014年中国旅游总收入百强城市旅游人力资源比较情况来看，北京市排在第1位（576万人），张家口市排在第60位（26万人）。从张家口市的第三产业从业人员总数上看，其在旅游收入百强城市中处于中下游水平，虽与第30～60位的城市相差并不大，但仍有待提升。

张家口市文化旅游产业带人才缺乏重点体现在：一是缺乏中高级人才，这一点在导游队伍中体现明显。张家口市2014年经过资格考试的导游1047人，取得中级导游员资格的仅9人，没有高级、特级导游。二是专业结构不合理，缺乏旅游规划策划人才。张家口市现有两所高等学府（河北北方学院、张家口学院）及多所中等学校开设旅游专业课程，旅游教育基础已初步建立。但还存在两方面不足：一是培养层次不够高，中专、大专为主，本科及以上的教育不足。二是培养专业不多，多数学校仅仅培养导游人员、旅游服务人员，旅游管理、旅游规划等方面的专业设置不够。

3.2.5　竞争意识弱，本土品牌推广度差

从张家口全市产业发展角度而言，普遍存在旅游商品档次低、产品单一的现象，各大知名品牌仅在当地享有盛名，却鲜被其他省市所知，当地企业培育品牌意识较弱，产品竞

争力有限，无法借助近邻北京在科技、人才、资金和需求等方面的优势，抢占市场份额。未来，全市各大知名企业应在政府主导下，强化品牌意识，以需求为导向，利用区位优势，紧盯以京津为首的各主要城市，从企业形象、文化宣传及产品内涵上做足文章，迅速将当地品牌推向全国乃至国际，拓展更大的市场空间。

3.3 发展机遇

“京津冀一体化”“长江经济带”“一带一路”等国家层面的布署为京张发展带来了强大的指引力，这其中，“京津冀一体化”已经进入实质化阶段。无论是基础设施的建设，还是首都的非核心功能的疏散，或者是产业的专业化承接，这些都给京张的发展带来了很好的新动能和新动力。另外，“美丽中国”“文化强国”这些同样给张家口市带来了一系列机遇。

表 3-1 张家口市文化体育旅游产业带上位规划统计

上位规划	相关内容	张家口市如何对接
《国民经济和社会发展第十三个五年规划》	大力发展旅游业，深入实施旅游业提质增效工程，支持发展生态旅游、文化旅游、休闲旅游、山地旅游等	从旅游从业者的职业化和专业化、培育知名服务品牌、旅游者个性化需求和定制服务等方面提升旅游业品质，重点发展冰雪旅游、文化旅游和生态旅游
《国家新型城镇化规划（2014—2020 年）》	根据不同地区的自然历史文化禀赋，形成符合实际、各具特色的城镇化发展模式	以东方人类源文化、华夏文明源文化、古长城文化等独特的历史文化为依托，发展一系列特色美丽小镇。同时开展冬奥主题活动，建设奥运主题村庄，实现美丽乡村全覆盖
《京津冀协同发展规划》	对河北省的定位为“产业转型升级试验区”和“京津冀生态环境支撑区”	作为后发地区面临新的发展机遇，着力发展旅游产业、文化产业、体育产业、低碳经济等
《国务院关于加快发展体育产业促进体育消费的若干意见》	丰富体育产业内容，促进体育旅游等相关业态发展	积极培育赛事品牌，开展徒步、自行车、滑雪、冬泳、冰雪汽车拉力赛、雪山穿越、雪地足球等各种群众性体育赛事活动，同时发展滑雪体育培训、冰雪竞赛表演、户外体育运动等，丰富体育旅游产业内容，提升其体育旅游品质
《国务院关于推进文化创意和设计服务与相关产业融合发展的若干意见》	提出以文化提升旅游的内涵质量，以旅游扩大文化的传播消费，推进文化资源向旅游产品转化	紧抓冬奥会机遇，将长城与张家口市的旅游资源整合起来，助推京张体育文化旅游产业带建设
《河北省国民经济和社会发展第十三个五年规划纲要》	对张家口市的定位为“向绿色、低碳、智能化转型，建成国际知名奥运城市”	重点打造冰雪游、草原游、乡村游等旅游品牌和精品线路；发展休闲、度假、养生、研学、购物等多种旅游业态，形成以“旅游＋”为先导的新型产业体系；打造国内一流、国际知名的休闲旅游目的地，形成“大旅游、大产业、大发展”的局面
《河北省旅游业发展总体规划（2003—2020 年）》	定位为“历史重镇、首都北大门、北方丝路要冲和京津生态屏障”	重点与北京对接，错位发展，承接北京输出旅游人口

续表

上位规划	相关内容	张家口市如何对接
《张家口市国民经济和社会发展第十三个五年规划纲要》	发展大旅游产业，重点发展生态度假游和文化观光游	在生态度假游中可融入户外运动的要素以提高生态度假游的体验性
《张家口市旅游发展总体规划》	以国际化视野作引领，做强冬季旅游，做好夏季旅游，整合张家口整个旅游系统，打造国际化休闲旅游目的地	把张家口市融入首都经济圈，按照张家口市从奥运城市到旅游小城镇到旅游特色新农村社区的发展理念，打造旅游城市化和旅游与城市结合的发展模式

抓好这些机遇，张家口市需要着力补足一些短板：一是促进交通大幅度跃升；二是做好综合性多规合一的设计统领；三是延长产业链条，把张家口市变成四季旅游、全要素旅游、全链条旅游的旅游目的地，解决消费带动不足；四是做好张家口市内部联动，加强与周边的区域联动。

3.4　京张文化体育旅游产业带产业集群发展思路

围绕张家口市“以国际化水准打造现代休闲度假旅游目的地”的总体定位，引入“旅游+”发展模式（图 3-1），树立“大旅游、大产业、大发展”战略，以承办 2022 年冬奥会为发展契机，以打造冰雪运动游和生态休闲游为重点，按照全资源产品、全域化产业、全方位市场的理念，实施“旅游+”发展模式（图 3-1）；充分把旅游与新型工业化、信息化、城镇化、农业现代化相融合，加快培育推动旅游业成为动力产业、民生产业、品牌产业。借助张家口市毗邻北京市的地缘优势和交通优势，综合全市经济发展、资源禀赋、交通条件、市场需求以及旅游项目建设情况等多重因素；整合资源，重梳项目，以全

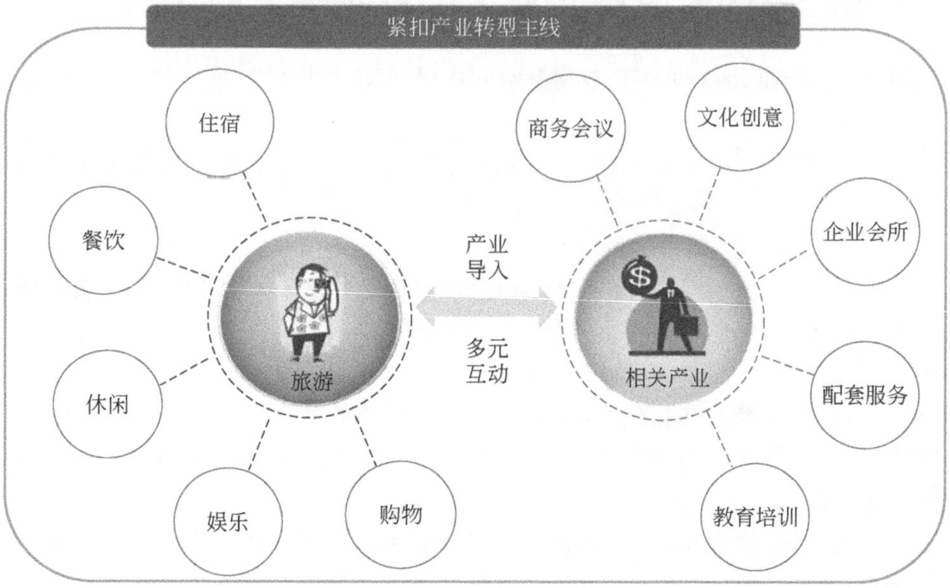

图 3-1　“旅游+”发展模式

市一盘棋高度发展文化体育旅游产业，在深度和广度上扩充文化旅游产业链，形成规模经济，助力旅游业发展，提高地方财政收入。远期，将张家口市建成的国际知名体育旅游区，带动温泉、草原、历史文化三条精品旅游线路发展，使其成为全国乃至东亚地区的重要旅游目的地，形成以旅游产业、体育运动产业和文化产业为核心产业，以交通运输业、餐饮业、宾馆酒店业、娱乐产业、休闲商业及旅游地产为配套产业，以生态农业、林业、畜牧业等传统产业及会议会展、医疗养生、教育培训、网络信息等联动发展的旅游产业体系见图 3-2。

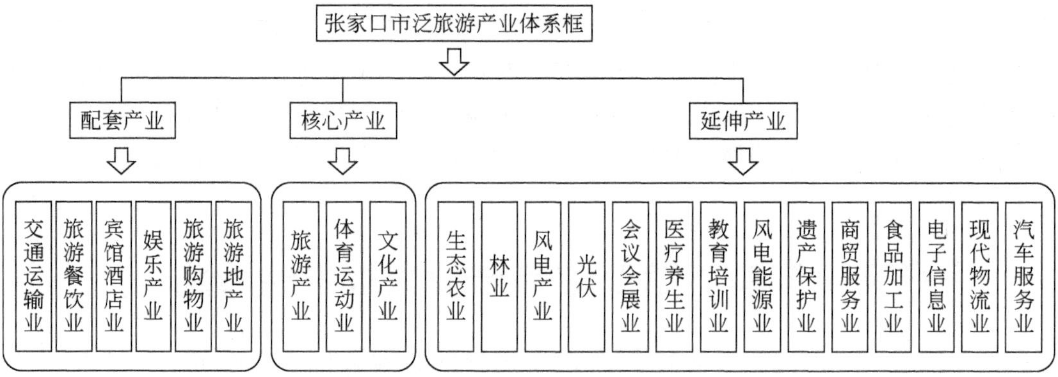

图 3-2　张家口市旅游产业体系链

3.5　京张文化体育旅游产业带产业集群体系构建

3.6　京张文化体育旅游产业带产业集群空间布局

张家口市体育文化旅游产业带产业集群空间布局采用“两核三轴多区”的模式（图 3-3），具体如下。

“两核”——张家口市中心城区文化体育旅游产业中心、崇礼冬奥会冰雪山地旅游产业中心。

“三轴”——“一主两副”发展轴。

“多区”——京北奥运滑雪与户外体育旅游区、坝上草原户外与民族体育旅游区、南部始祖与民俗文化旅游、各县区中心城区滑冰场旅游点。

其中，“三轴”指：

“主轴”——京张经典文化旅游产业发展轴（京张高铁、京藏高速、京新高速）

“副轴”——京张冰雪山地运动体育旅游产业发展副轴（张承高速、京张高铁崇礼支线、延崇一级路）

“副轴”——京张始祖民俗文化旅游产业发展轴（张石高速、京蔚旅游公路、张涿高速、京昆高速）。

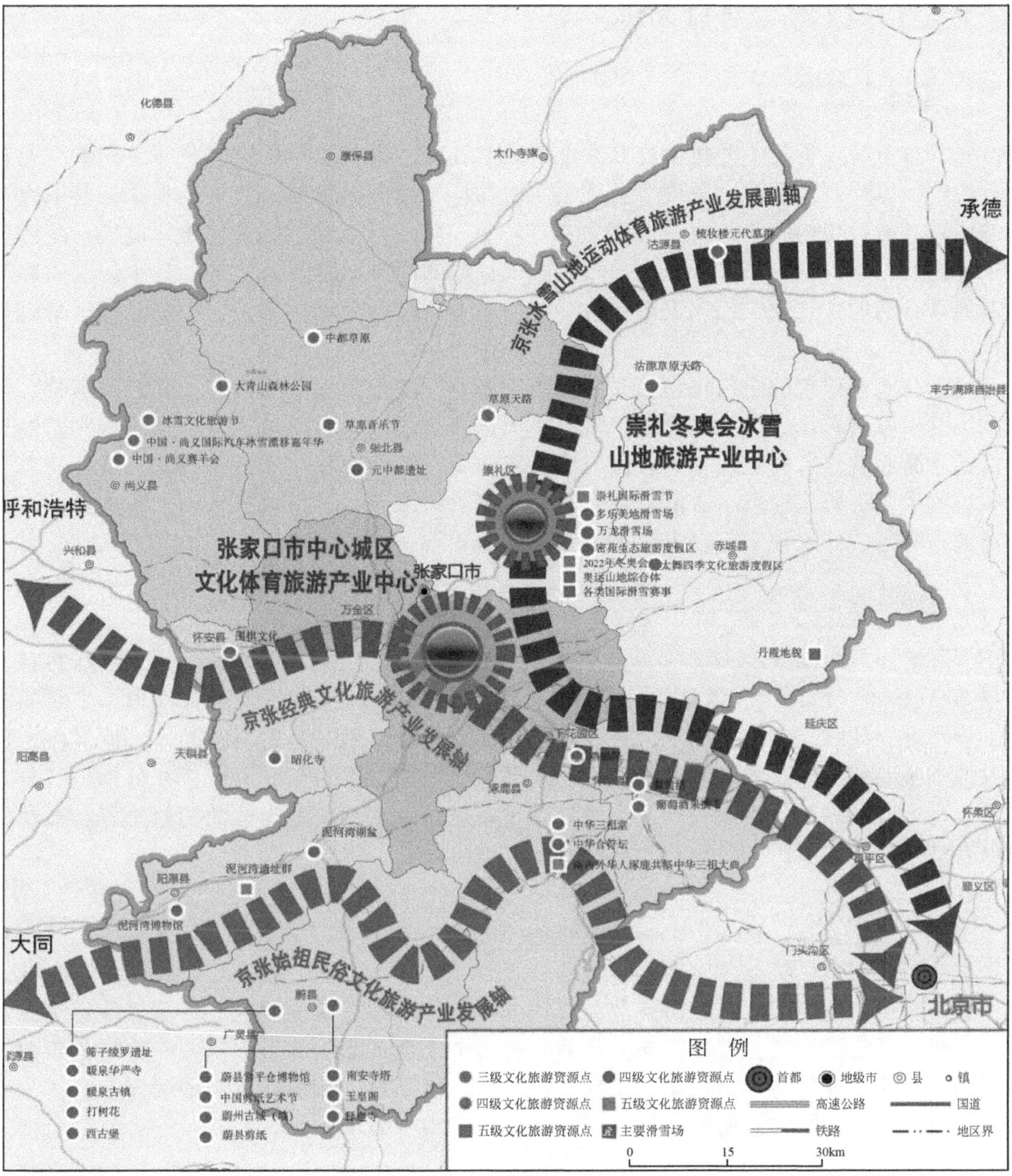

图 3-3　京张文化旅游产业带规划图

3.7 京张文化体育旅游产业带重点产业

3.7.1 冰雪体育旅游业

1. 基本资源概况

张家口市滑雪资源主要集中在其东北部的崇礼区。崇礼区冬季风速平缓，积雪层厚且降雪稳定，雪质好，颗粒、黏度等各项雪质参数均符合滑雪标准；存雪期长，是最适宜滑雪的区域，而且境内有74万亩①森林和157万亩草场，雪场自然风光优美。此外，区内气候条件适宜，环境国内最佳。张家口市有得天独厚的滑雪旅游资源优势，是中国滑雪旅游资源最富集的地区之一，经国家体育总局、中国滑雪协会专家认定，为“华北地区最理想的滑雪地域”。

目前，张家口市的滑雪场包括崇礼云顶、万龙、多乐美地、长城岭，张北塞那都、怀安戴维营多家滑雪场，成为华北地区规模最大、开滑最早、雪质最优良、设施最完善的天然滑雪旅游胜地。雪场除滑雪外，同时准备了雪圈、雪地摩托、雪地自行车、雪地射箭和马拉雪橇等多种娱乐项目，有的滑雪场还修建了单板乐园、儿童戏雪乐园、雪地足球场和攀冰等来满足不同水平和年龄滑雪者的需要。

2. 国际滑雪旅游概况

国际滑雪旅游的起步和形成始于19世纪的阿尔卑斯山地周边国家。目前全球共有滑雪场6000多个，滑雪参与人数4亿多人。2001～2009年世界滑雪旅游大国中，主要的净游客输出地为西欧、东南亚国家；主要的净游客输入地为阿尔卑斯山区国家。世界性的滑雪胜地则主要集中在欧洲、北美和以日本、韩国、中国为主的东亚地区，在其他地区分布较少。世界范围内的滑雪旅游产业大体经历了以运动为主、旅游为辅的初始阶段，运动旅游融合的发展阶段，扩张阶段和多样化升级发展阶段4个阶段。

3. 发展思路

整合张家口市优势冰雪资源，以承办冬奥会为契机，凭借毗邻北京市的优越地理位置，大力发展张家口市冰雪旅游产业，形成一体化经营的滑雪度假区，打破行政壁垒，建设津京张冰雪旅游廊道，把冰雪旅游产业打造为全市经济发展的动力产业，将滑雪旅游为支撑的旅游服务业打造为全市第一主导产业。最终将张家口市建设成为国际著名的休闲度假旅游目地、国际冰雪旅游冬奥城、国际休闲运动旅游城市。

4. 发展模式借鉴

（1）法国：政府推动，注重协调，统一经营

法国是滑雪旅游产业大国，拥有世界上最广泛的可滑雪区域、最大的机械牵引装置园

---

① 1亩≈666.67m^2。

和最大的滑雪区域开发商——阿尔卑斯公司，滑雪人口和经济收入居欧洲前列。近年来法国滑雪场年平均接待700万人次的滑雪者，其中包括140万人次的外国人，滑雪场直接年收益约为50亿美元，另外带动产生了数倍的相关产业收益。

在政府层面上，法国通过制定“冰雪规划”，充分利用和开发山区资源，帮助山区人民脱贫致富。具体措施包括开展山区冰雪资源普查，并在普查基础上进行规划；采取国家、地方政府、银行联合扶持的办法，解决滑雪基地建设的投资问题；鼓励企业和个人进行投资；鼓励科研单位和工业企业进军滑雪旅游市场等。

在企业层面上，通过成立专门的机构来处理和协调各大滑雪场的关系，并由政府出面进行招商，促使一家公司出面收购其他雪场，统一开发、营运。

在营销层面上，法国滑雪度假区70%的营销费用是由国家拨付，仅30%的费用是由公司承担。法国滑雪旅游业发展模式以政府推动为主导，有力地调动了地方、企业和个人的积极性，使法国冰雪资源的开发和滑雪旅游得到了快速发展，山区的经济和社会有了长足的发展。

（2）意大利：区域联合，社区发展，产业集聚

意大利以多乐美地为代表的大型滑雪度假区超级联合体坐落于阿尔卑斯山区南部，有12个滑雪场。2010年滑雪者达2000万人次，缆车观光达1.52亿人次，盈利25亿欧元。多乐美地是一种典型的社区发展模式，改变了过去各滑雪场“分散经营、单一竞争、缺乏合作”的传统经营模式。通过成立多乐美地超级滑雪集团，吸引当地社区和股东的参与，以索道和雪道系统将区域内各村庄与多乐美地峡谷连接起来，对内鼓励每一个独立的公司之间进行良性的服务竞争，不进行价格竞争，对外以集团优势与法国、瑞士、奥地利等国进行滑雪旅游国际竞争，从而实现了区域内滑雪旅游产业的良性发展和旅游企业间的共同进步。多乐美地还聚集了众多知名冬季体育品牌企业的生产基地，通过构建集滑雪科研、生产、咨询、策划为一体的滑雪旅游产业集聚区，促进产业链的全面发展，从而起到了很好的经济带动作用，推动了整个地区滑雪旅游产业的整体发展。

5. 发展模式

（1）高效的管理机制

在滑雪旅游景区建设与管理过程中，单纯的社区自主管理模式、政府管理模式或委托管理模式都存在缺陷，应将三者的作用都发挥出来。关键是合理确定政府、企业和社区居民在发展旅游业中的作用和职能范围，处理好三者之间的关系。张家口市在旅游开发中，要借鉴滑雪旅游产业发达国家在管理模式、运行机制、操作技术、规划建设、环境保护等方面的优势，各级政府应予以关注，并提出切实可行的对策。

（2）区域一体化经营

对比国际上成熟的大型滑雪场，张家口市分散的滑雪企业普遍规模小、实力弱、经营散。一般认为，一个区域内旅游开发的主体越多，经营环境就会越差，更易引发恶性商业竞争。因此，有必要借鉴意大利多乐美地滑雪大区的运营模式。滑雪旅游不是一项单纯的旅游项目，滑雪大区的形成，将产生规模效应，带动由滑雪所衍生和关联的第一、第二、第三产业发展，形成纵横交错的产业链条，从根本上转变区域的传统产业结构，从而带动区域经济快速发展，同时也将实现滑雪旅游企业间的良性互动和共同进步。

（3）拓展影视会展的推广营销

以滑雪影视文化提升影响力、吸引力。目前我国与滑雪相关的影视文化还比较少，张家口市可以把自身冰雪资源、历史、工作人员等作为背景和素材，将体育与文化有机结合，将旅游资源和本土文化有机结合，打造属于张家口市的影视作品，借文化之力提升张家口市体育旅游的影响力。张家口市人民政府应承接北京市影视资源和优惠政策，促进张家口市与中国（怀柔）影视产业示范区合作发展，为中国（怀柔）影视产业示范区提供充分的空间和资源，吸引一批专业化、社会化的影视制作实体机构落户，扩大影视制作和后续产品开发，满足多种媒体、多种终端发展对影视数字内容的需求。

发展会展经济。会展经济是高收入、高盈利的行业。今后，在全球滑雪产业中，中国（滑雪市场）会快速增长，把滑雪、旅游与会展产业相结合，大有文章可做。张家口市应以本地旅游服务设施、文化创意产业和生态自然环境为依托，发挥地处京津冀区位优势，抓住承办2022年冬奥会的契机，大力发展与体育、文化相关的国际性展览和论坛的外包服务。打造具有自主知识产权和特色的品牌论坛和展会，提升张家口市会展知名度，扩大对外合作交流，争取更多的国际会展机构和大型会展落户。建设会展配套设施，到2020年，全市争取建成可供展览面积达到50万m^2以上，大力发展与体育、文化相关的国际性展览和论坛的外包服务。打造具有自主知识产权和特色的品牌论坛和展会，提升张家口市会展知名度，扩大对外合作交流，争取更多的国际会展机构和大型会展落户。

（4）环保低碳与可持续发展模式

国外滑雪旅游目的地政府和旅游企业管理者本着低碳环保的理念，在生态保护和可持续发展方面做了大量的补偿和补救工作。开发前需要将地方资源摸清，特别是珍稀动植物资源、文化古迹和需保护的建筑物，在开发中认真加以保护，使其得到永续利用，达到经济发展、生态及文化保护的平衡。

3.7.2 始祖文化旅游业

1. 基本概况

张家口地域文化脱胎于京、冀、晋、内蒙古交界，华北平原和内蒙古高原的过渡地带，衍生于高寒干燥的京西塞外之地。从“千古文明开涿鹿”起始，历经古代国于七国之先称王、北魏孝文帝拓跋宏的“汉化”革新、元代“腹里”中都的繁盛、明朝宣府镇边关的建立、清北方陆路商埠的形成、民国察哈尔设省、抗战时期成为晋察冀边区首府等一系列的沧桑变迁，逐步成为燕赵文化中一个独特的分支。

张家口市是一座有着悠久历史和灿烂文化的北方名城。阳原泥河湾是人类的起源地之一，是东方人类故乡。泥河湾遗址是国际地质考古界公认的第四纪标准地层，具有丰富的哺乳动物化石和人类旧石器遗迹，记录了新近纪至第四纪地球演化和生物、人类进化的历史，受到国内外地质、古生物、古人类及史前考古专家的极大关注。涿鹿是华夏民族及其文化的发祥地之一，是奠定中华民族融合统一的重要圣地。桑干河是中华民族的母亲河之一。5000多年前，中华民族的始祖黄帝、炎帝、蚩尤在这里征战、结盟、融合，开创了中华文明史，史称“千古文明开涿鹿”。现如今涿鹿仍保存有黄帝城、黄帝泉、桥山、釜山、蚩尤泉、蚩尤坟、炎帝营、蚩尤寨等三祖时期的遗迹遗址23处。20世纪90年代，涿鹿县提出“炎黄蚩是共祖，各民族是一家”的“三祖文化”概念，如今已经成为颇具影响力的文化品牌，“涿鹿祭祖”已成为与陕西黄陵公祭大典、河南新郑拜祖大典齐名的重要品牌文化活动，“涿鹿万人祭祖大典”已在台湾地区产生深远影响。

涿鹿是中华文明的发祥地之一。目前正在建设蚩尤寨、桥山黄帝殿、立马关蚩尤祠等一批大型旅游项目。黄帝城景区已被正式标注在北京最新的旅游交通图上，并纳入了北京—八达岭—康西草原—官厅湖—黄帝城—东灵山—清西陵—涿州影视城—卢沟桥环京旅游大环线上，使这里成为塞外理想的祭祖、度假休闲旅游胜地。

2. 发展思路

张家口市应充分利用特有的宝贵历史文化资源，实施张家口经典历史文化旅游项目“1+3 工程”，并联合北京市做好华夏文化溯源旅游展示工程项目“2+1 工程”。同时，进行科学合理的景区开发，服务设施配套，重点是进行大力的宣传推广。将该片区打造成国家一流的始祖文化体验区、国家级爱国主义教育基地、国家文化产业建设示范区、修学寻根与文化养生的宝地、中华上古时代影视拍摄基地、“环首都绿色经济圈”中的重要节点及张家口市旅游发展的核心支撑项目。

3. 发展模式借鉴

中国最大的盛唐文化主题公园——大唐芙蓉园位于西安市曲江新区，建于原唐代芙蓉园遗址所在地，占地 1000 余亩，总投资 13 亿元。大唐芙蓉园是国家 5A 级旅游景区，全国首个全方位展示盛唐风貌的大型画家园林式文化主题公园，是首个“五感”（视觉、听觉、嗅觉、触觉、味觉）主题公园，拥有全球最大户外香化工程以及全球最大的水景表演展示，是西北地区最大的历史文化主题公园。

4. 发展模式

张家口市历史文化旅游资源丰富，资源价值较高，但在开发利用方面尚显不足。因此，在发展中应做到以下几点。

（1）建造始祖文化主题公园

主题公园是现代旅游业中成长较快的一种现代旅游资源，被世界旅游组织称为当前乃至未来世界旅游发展的三大趋势之一，是后工业时代发展起来的一项综合性旅游项目。作为一种新的旅游吸引物，主题公园以其特有的主题文化将科学技术、娱乐内容、休闲要素和服务接待设施融于一体。截至 1990 年，世界上已经有 22 个大型主题公园，创造了 70 亿美元的收入，吸引着全球 3 亿多游客。到 2000 年，十年间全球主题公园的数量增加了 50% ，游客数量增加了 80% ，收入几乎翻了一番，而北美依然是最大的市场，以 68 亿美元的收入，近 50% 的市场份额成为全球主题公园业的领导者。

张家口市具有宝贵的历史文化资源，特色鲜明，独树一帜，具有很大的开发潜力。

（2）拓宽旅游形式

张家口市现有发展模式古板，游客参与度较差，产业链短，地方财政受益小。针对始祖文化的旅游目的，游客更希望接受历史、文化、科技方面的教育，主题公园应向寓教于乐的方向发展，越来越多地增设艺术品展、剧院、工艺制作品等文化特色显著的项目。

(3) 专业的管理团队

良好的经营不仅能够得到高的回报率而且能够带动整个区域经济的增长。培养有关经营管理方面的人才是今后企业健康发展的保障。张家口位于京津冀都市圈内，便于吸引广泛的专业技术人员。应广泛开展与高校合作，进行科学合理的开发保护。同时，经营过程中也需要不断借鉴同类国内外优秀企业的管理之道，与时俱进，才能使得经营主体处于良性发展的态势。

(4) 保护与开发并重

张家口市始祖文化旅游目的地的开发建设上应首先遵循保护与开发并重的原则以及经济效益、社会效益和环境效益并重的原则，科学编制景区的旅游发展规划，明确今后保护与开发的方向和重点，使得旅游资源的保护和开发利用更加科学合理，禁止盲目开发、乱搭乱建等行为。

3.7.3 户外体育旅游业

1. 基本概况

随着旅游的发展和户外运动的普及，人们不再满足于走马观花式的旅游和有限场地的运动，而是把两者有机地结合起来，登山、漂流、野营、徒步探险这些具有体验性的活动正在成为一种新的旅游方式而被越来越多的人所喜爱。户外运动是由欧美国家传入的一项新的运动形式，是人们在闲暇时间，为了满足自身身体健康、放松和休息、人际交往以及刺激和冒险等多方面的需要，采用体育运动的方式（步行、滑雪、登山、骑自行车等）在山地、水域、荒漠、高原等各种特定自然环境下进行的各种探索活动，包括山地运动、峡谷运动、野外生存及荒漠运动等。

张家口市山高林密，拥有小五台·金河口、飞狐峪、大海坨、四十里长嵯、桦皮岭、翠云山、冰山梁等众多景区，适合大力发展户外体育旅游，已开发崇礼国家奥林匹克公园——崇礼国际滑雪及户外运动大本营、小五台国家户外运动基地，举办了“中国·张家口环城马拉松邀请赛”和“全国公路自行车比赛”，具有一定的产业基础。

2. 发展思路

张家口市应充分借助冬奥会承办的广告效应，大力宣传推广本市的户外体育运动产业，开发丰富户外体育运动和体育旅游产品，举办草原古堡自行车赛、汽车拉力赛、国际户外运动邀请赛等赛事，营造运动氛围，树立品牌形象，打造京张世界城市山地旅游综合体。同时做好基础设施建设工作，在周边乡镇设置相关服务配套设施，带动沿线乡镇脱贫致富，将张家口市打造成京津冀户外体育旅游目的地，国际重要户外体育赛事平台。

3. 发展模式借鉴

户外运动在美国受到特别的关注，表现在 4 个方面。

1）组建专门的政府部门对户外运动发展进行规划和管理。例如，户外娱乐管理局。

2）通过立法规范和促进户外运动的发展。美国关于户外运动的法规多达百余部，主要可分为公园与娱乐区域的授权，国家资源的授权、规划与管理，对娱乐地区的资助，环境保护的立法四类。

3）资金资助。例如，水土保护资金及通过国家预算对户外娱乐者的资助。

4）大力提倡。例如，2009 年美国推行了包括 107 个国家自然公园的百个国家自然公园百日复苏计划，来为美国人提供更多的户外运动场所，创造更多的就业机会，刺激当地经济的发展，同时将 2009 年 6 月定为“全国露营月”。

美国华盛顿中北部的梅索谷，仅一条长 125km 包括乡村滑雪、骑马、越野自行车的户外路径系统，每年可创造 860 万美元的经济收入。

4. 发展对策

1）建立专门负责户外运动的政府部门。张家口市应针对户外体育旅游成立专门的政府部门进行有效的管理和引导。降低风险事件的发生概率，防止非法组织对社会秩序的破坏。建立专业的户外俱乐部，提供相应的户外产品和配套服务，建立体育专业指导和救护队伍。

2）有针对性地宣传。户外运动主要吸引都市中产阶层的青年人群，年轻化、较高的文化素质和经济收入是这个群体的主要特点，针对这一群体，张家口市应在一些专业的户外网站和户外杂志上进行有效宣传。同时，为了扩大人气，可以定期举办各种户外赛事活动。

3）培育品牌赛事。张家口市应依照自身条件，培育和扶植当地的户外体育运动，使之成为世界著名的品牌赛事，通过宣传这些赛事，进行地方旅游的宣传，成为地方名片。

3.7.4 长城文化旅游业

1. 基础资源

张家口市境内存有建于不同历史时期的长城，绵延达 1400 多千米，占河北长城总里程的 2/3，全国总长度的 1/6，因此张家口市有“历代长城博物馆”之称，张家口市的长城不仅在里程和数量方面在全国占有突出的地位，而且在政治、军事、边塞贸易、民族融合等方面具有丰富而深刻的内涵，长城文化是构成张家口市地域文化的一个显著特征。

大境门，与山海关、居庸关、嘉峪关并称为“中国长城四大名关”，被誉为中国“万里长城第一门”，是张家口市的标志性建筑。张家口市以张家口堡为根，逐渐演变为现在一座现代化的中型城市，成为长城沿线变化最大、发展最快的“长城城市”。

2. 发展思路

张家口市应充分利用文化资源，加大宣传力度，重点突出不同朝代长城的“历代长城博物馆”这一名片，打造“长城+张家口堡、大遗址（元中都遗址、泥河湾遗址）、蔚县古建筑群”的“1+3”工程。引入时尚休闲度假业态，形成特色休闲商业服务体系；提升文化解说系统的建设与文化体验性活动的设计，分散北京八达岭长城等地的客流，将以大境门为代表的张家口市长城文化向全世界推广普及，使之成为世界长城文化旅游目的地。

3. 发展模式

（1）强调文化遗产保护的原真性

张家口市应以长城的文化内涵为导向，充分挖掘其历史遗迹地域特征，奖励健全文化保护机构，加深地域特色并以此提高长城的文化吸引力。通过制订具体的保护措施，保存长城及遗迹遗存的原真性，将文物保护与旅游资源的开发利用有机结合起来。

（2）旅游模式多元化

张家口市在旅游开发过程中应打破旅游者游览长城仅停留在步行活动的局面，让其在游览过程中对长城蕴含的文化知识、科学知识和军事价值等进行了解和体验。要实现长城旅游模式多元化，就要对其旅游内容进行深度开发。首先要明确长城是重要的军事设施，它的组成结构（如烽火台、垛口等）具有独特的军事内涵，所以要发掘长城背后蕴含的著名战例、特色建筑和组成部分的独特含义，并采用电子导游的模式，挖掘其历史文化体验、城市休闲观光、商贸物流、会议会展等功能。

3.7.5 滑雪与户外运动装备制造业

以北京-张家口联合承办2022年冬奥会为契机，大力开发已有滑雪资源，全面启动滑雪场及配套设施工程建设，引进国际大型滑雪装备制造企业，大力培育民族品牌，建设集“设计—生产—展销—经营”于一体的滑雪产业基地，形成中国滑雪产业高地，促进滑雪产业融合发展，形成滑雪体育旅游产业链。

推进滑雪装备制造业的发展。滑雪装备制造是一个朝阳产业，许多企业都在寻找合适的市场落地。张家口市可以借助冬奥效应，充分依托现有装备制造园区，规划标准化生产车间、办公楼、仓库及其他附属设施，购置机械设备，建设户外运动产品产业集群。引进国内外知名滑雪装备制造企业入驻，完善配套产业链条，发挥产业集聚效应，实现户外装备产品的配套生产。以大中型企业为主体，整合关联企业、研发机构等资源，形成一批拥有自主知识产权、核心竞争力强的企业群体，提高规模效益和整体竞争力。举办体育用品博览交易会，提高地区产业知名度。

依托西山装备制造产业集聚区大力发展滑雪装备制造业。加强与国内外滑雪产业界的合作，组织全市滑雪场经营者到滑雪产业发达国家学习先进经营理念以及世界滑雪产业通用的管理标准和机制，利用张家口市装备制造业的优势，加快对滑雪服装、造雪和压雪设备、滑雪旅游纪念品等产品的研究和开发，在引进、消化、吸收的基础上，使滑雪旅游逐步产业化、规模化、效益化，充分发挥滑雪旅游产业的带动作用。

3.7.6 体育竞技与培训产业

张家口市应以冬奥会为契机，积极承办各类国际滑雪和户外赛事，创办“草原天路国际超级马拉松赛”“康宝草原国际马拉松赛”“纵行京张国际自行车拉力赛”“小五台山国际综合越野赛”等赛事，提升知名度。运动员在张家口市进行训练，在培训同时还可通过参加在当地举办的国际赛事，拿到国际积分，这对运动员来说很具吸引力。张家口市可以抓住这一优势，增加竞技和表演项目，提升自身人气和影响，将其打造成为重要的世界滑雪与户外赛事承办地。

加强滑雪教育培训。目前，我国滑雪职业教育几乎为空白，张家口市可以充分借助京津冀都市圈的区位优势，利用北京、天津和河北地区的教育资源，大量吸引高精尖人才，依托河北体育学院冰雪学院、沽源县业余体育学校、张家口宣化第二中学（已被张家口市申办冬奥会工作委员会办公室定为 2022 年冬奥会张家口市冰雪运动员培训基地学校）等院校，以职业教育培训为主，针对不同年龄段和滑雪水平的受众人群，开展形式多样的滑雪运动培训，成为全国滑雪运动培训基地。

3.7.7 旅游地产业

科学发展旅游地产。张家口市应充分发挥自身自然资源的潜力与价值，利用毗邻北京、天津等大都市的区位优势，着眼于大都市地区的庞大的人居需求与休憩需求，尤其是北京中心区域人口向周边县区转移的趋势，重点开发面向北京居民的、以异地置业为主的旅游住宅地产，依托滑雪、户外运动类旅游资源和冰川遗迹、丹霞地质、山水森林等自然生态类旅游资源，加大招商引资力度，科学开发旅游地产。重点依托滑雪旅游、户外运动旅游的资源条件，开发旅游宾馆、度假村、酒店等旅游度假地产。要通过旅游项目、房产项目带动区域发展，实现旅游发展和城市建设的双赢。

加强政府的主导作用，对旅游地产项目要严格论证和审批，对旅游地产的开发企业要严格规制，制定适合行业发展的法规制度并建立良好的监管机制。针对不同的旅游市场并依据旅游地产项目与资源环境的关系，合理开发多层次的旅游地产产品系列。成立旅游地产的协调管理部门，指导旅游地产的开发和经营，并协调解决旅游地产项目面对的诸如土地管理、城市规划、旅游行政管理、基础能源供应、交通运输、环保等问题。

近期，大力宣传招商引资，重点针对冬奥会滑雪场地进行旅游地产开发，重点建设旅游宾馆、度假村、酒店等旅游地产。

中远期，持续推进冬奥会相关旅游地产开发，重点开发以异地置业为主的旅游住宅地产。同时，针对户外运动旅游建设相应的旅游地产。

3.7.8 现代物流业

现代物流业是指原材料、产成品从起点至终点及相关信息有效流动的全过程。它将运输、仓储、装卸、加工、整理、配送、信息等方面有机结合，形成完整的供应链，为用户提供多功能、一体化的综合性服务。现代物流业是一个新型的跨行业、跨部门、跨区域、渗透性强的复合型产业，是支撑经济发展的基础性、战略性产业。物流业具有连接生产与消费的纽带作用，加快发展现代物流业对促进产业结构调整、转变发展方式具有重要意义。

对于张家口市而言，物流业的发展有赖于旅游业的强力拉动，旅游业的发展为商贸流通业带来发展带来的人流、物流和资金流，形成庞大的市场需求，特别是对餐饮、住宿、交通、购物、休闲娱乐等行业产生带动作用，同时物流业发展可以更好地满足游客多元化的消费需求，促进旅游业发展。张家口市应加快物流业基础设施和信息化建设，搭建物流业发展平台，成为京津冀区域性物流枢纽。

推动物流业与文化旅游商品制造业联动发展，以现有物流园区为基础，逐步形成专业化、规模化、集约化的现代物流体系。加快发展以民间特色工艺品、旅游纪念品、影视道具等为重点的文化产品生产和销售产业，建设文化产品生产集聚区，加快文化产品物流产业的布局和结构调整，鼓励文化商贸流通企业开展电子商务应用，支持有条件的商贸流通企业、实体店建设网上商城，批发市场以 B2B① 形式开展网络分销业务。推动百货商场、连锁超市、便利店等零售企业依托原有实体网点、货源、配送等商业资源，发展全渠道 O2O②、定制化营销模式。

远期，将张家口市建成京津冀区域性物流枢纽。全面建成物流园区和物流配送中心体系，不断完善物流业基础设施建设。完善和提升物流信息平台，形成辐射京津冀的物流信息网络。

3.7.9 国际商贸业

向国家申请免税街建设优惠政策，在张家口市桥东区规划设计国际名品免税街，并向中国免税品（集团）有限责任公司招商，使其成为商服业功能齐全，各类现代新型商业业态和品牌聚集的，国内经营档次高、国际一线商业品牌集中的、具备超广域辐射能力和国际影响力的消费中心区。

3.7.10 智慧旅游服务业

智慧旅游，也被称为智能旅游。利用云计算、物联网等新技术，通过互联网/移动互联网，借助便携的终端上网设备，主动感知旅游资源、旅游经济、旅游活动、旅游者等方面的信息，并进行及时发布，让人们能够及时了解这些信息，及时安排和调整工作与旅游计划，从而达到对各类旅游信息的智能感知、方便利用的效果。

张家口市的智慧旅游服务产业的方向是通过移动互联网、云计算、物联网、无线技术、精准定位等新一代信息技术对旅游的相关要素进行整合，实现旅游目的地与游客可以相互感知、全方位智慧体验的旅游服务体系，为游客提供一站式、个性化的旅游服务。

近期，清查旅游资源，通过微信公众号或智能终端 APP（计算机应用程序），向游客发布旅游最新消息。

中期，完善旅游活动信息，达到实时定位和推送。

远期，建立全方位的智慧旅游服务体系，使游客能够相互感知，并为其提供一站式、个性化的旅游服务。

3.7.11 文化创意产业

文化创意产业，是一种在经济全球化背景下产生的以创造力为核心的新兴产业，强调一种主体文化或文化因素依靠个人（团队）通过技术、创意和产业化的方式开发、营销知识产权的行业，主要包括广播影视、动漫、音像、传媒、视觉艺术、表演艺术、工艺与设计、雕塑、环境艺术、广告装潢、服装设计、软件和计算机服务等方面的创意群体。《国家“十一五”时期文化发展规划纲要》明确提出了国家发展文化创意产业的主要任务，全国各大城市也都推出相关政策支持和推动文化创意产业的发展。张家口市应凭借自身毗

---

① B2B 是指企业与企业通过网络进行数据信息的交换和传递，开展交易活动的商业模式。

② O2O 是指将线下的商务机会与互联网结合，让互联网成为线下交易的平台。

邻文化中心北京市的区位优势和自身的历史民俗文化资源，大力发展文化创意产业。

打破京张行政区划的界限与限制，在张家口市区建立中关村海淀软件园分园区，定位为文化创作型园区，同时与北京 798 文化创意园合作，吸引艺术家和设计师入驻，实现文化创意产品高效转化。重点打造集影视制作、会展、工艺美术、休闲旅游为一体的文化艺术经营综合体，建立贯穿艺术生产、制作、宣传、输出等在内的全产业链文化创意产业园区。

提供土地和财政方面的优惠措施，在张家口市区建立乐视超级文化娱乐城，打造张家口“历史文化+奥运文化”主题乐园。以张家口东方历史文化与奥运文化为两条主线将科学技术、娱乐内容、休闲要素和服务接待设施融于一体，推动文化与科技的融合。

3.8 重点任务

3.8.1 建设国际化无障碍津京张跨省旅游黄金廊道

张家口市城乡规划局、张家口市旅游发展委员会作为主责单位，协同张家口市体育局、张家口市文化广电新闻出版局等相关单位，应打破行政规划壁垒，加强与北京市、天津市在文化体育旅游产业方面的资源开发开放、项目联合开发，策划建设津京张滑雪旅游廊道、华夏溯源旅游廊道等旅游品牌，整体推进津京张资源信息共享、旅游线路共建、旅游交通联运、旅游市场共销，形成以文化旅游产业为驱动力的区域发展轴。张家口市应做好承接北京市、天津市产业外溢工作，积极承接北京市、天津市相关产业，发展文化体育飞地创新产业园区，最终形成京张文化体育旅游一体化的发展格局。

3.8.2 张家口市经典历史文化旅游项目“1+3 工程”

在 2020 年前，由张家口市旅游局，张家口市文化广电新闻出版局、张家口市科技和地震局主责，相关单位配合，完成“长城+张家口堡、大遗址（元中都遗址、泥河湾遗址）、蔚县古建筑群”的（“1+3 工程”）建设。实现经典历史文化旅游区的数字虚拟景区和虚拟旅游在互联网、景区触摸屏导览机、智能手机等终端设备上的应用。建立 5D 多媒体展示系统，展示内容包括景区景观、自然文化遗产、生物多样性、古文物再现等。

3.8.3 华夏文化溯源旅游展示工程项目“2+1 工程”

由张家口市旅游局和张家口市文化广电新闻出版局联合主责，相关单位配合，2020 年前，与北京市周口店遗址联合开发华夏溯源文化，将张家口市的涿鹿遗址、泥河湾遗址与北京市的周口店遗址对接，形成更为完整的华夏文化溯源旅游线路。将“世界华人涿鹿共祭中华三祖大典”由张家口市政府主办提升到国家层面主办，提升精品活动的影响力。

3.8.4 建设京张世界城市山地旅游综合体

由张家口市旅游局与张家口市体育局联合主责，相关单位协助，于 2020 年前打造包含“草原天路”户外体育、京张骑步道、坝上轻型通用航空游览、官厅水库水上运动综合体、崇礼夏季山地运动综合体、小五台登山探险综合体、赤城后城丹霞攀登综合体、张家口通过型露营地单体、张家口度假型露营地单体在内的中高端综合户外旅游综合体。开展赛事承接、赛事观光、博物体育旅游、户外体育旅游、户外体育文化主题营项目。做好基础设施建设工作，在周边乡镇设置相关服务配套设施，带动沿线乡镇脱贫致富。

3.8.5 搭建京津冀文化创意产业综合信息服务平台

在国家旅游局的指导下，由张家口市发展和改革委员会、张家口市旅游局、张家口市工商行政管理局、张家口市文化广电新闻出版局主责，其他单位协助，加强京津冀旅游大数据成果共享。立足于为文化创意产业的相关政府机构提供及时、准确、丰富的产业动态，突出信息公开、公众参与、管理服务的功能，通过信息技术手段的应用，在2020年前构建服务于张家口的文化创意产业的，包含行业分析、法规政策、投融资环境、产业项目、线上咨询、媒体报道的信息服务平台和电子商务交易平台。

3.8.6 积极申报智慧旅游城市试点

围绕《中国智慧旅游城市（镇）建设指标体系》各项指标要求，由张家口市旅游局、张家口市科技和地震局主导，其他相关单位协助，于2020年前，建成应用于游客的前端智能化信息服务平台，应用于政府的前端集成式中央管理平台。

3.8.7 创建全国旅游标准化试点城市

参照国家在旅游公共服务、旅游景区与度假区、旅游企业与旅游新业态、旅游绿色环保与节能减排、旅游信息服务等方面研制和发布的一系列重要旅游标准。由张家口市城乡规划局、张家口市旅游局作为主要责任单位，其他相关单位协助配合，严格遵循各方面标准，提高旅游产品与服务质量，加强旅游行业治理，规范市场秩序，创建全国旅游标准化试点城市。

3.8.8 申报国家旅游综合改革试点城市

由张家口市城乡规划局作为主要责任单位，相关单位协助，积极推动张家口市列入国家旅游综合改革试点城市，争取国家在文化体育旅游休闲区建设、文化体育旅游标准化、文化体育旅游城市建设、文化体育智慧旅游等方面给予政策扶持和资金支持。

3.9 国际冰雪旅游国家文体旅游发展经验案例借鉴

3.9.1 韩国

1. 韩国：严格准入，注重品牌，绿色经营

截至2010年，韩国具备一定规模的滑雪场有17家，其中五六个由韩国的大企业集团持股运营。与欧美国家相比，韩国滑雪场的规模和数量都有一定差距。韩国滑雪产业发展不追求滑雪场数量规模的扩张，走的是品质化发展道路。韩国滑雪场索道、度假小屋、公寓住房等设施都比较完备。

韩国滑雪场实施了严格的准入制度，各开发阶段受法律法规约束。韩国滑雪旅游业发展所实施的是从最初的冬季滑雪场逐渐发展为四季旅游度假地的战略，如建设夏季的水上乐园，春季和秋季的登山活动等；在品牌建设及宣传方面，韩国高等级滑雪场的品牌标志在各个游客集散地都能看到。韩国滑雪场在建设布局上更加注重绿色环保与可持续发展，整体布局趋于集聚，整个滑雪场冬季办公区域的室内温度统一规定为 19℃，以节省能源。滑雪场的污水处理达到国家标准后才可以对外排放，滑雪度假区的固体垃圾处理工作都由外部垃圾处理公司承担，公寓式酒店建筑简约、低碳、环保。滑雪场每年都有义务植树的计划，这对防止水土流失、绿化雪场周边环境、实现可持续发展产生了积极的推动作用。

2. 韩国影视产业与文化旅游相结合

韩国充分利用有限的旅游资源，极尽可能挖掘文化资源，将旅游业与独特的韩国文化相结合，精心策划每个旅游项目，制作出多种高附加值的文化旅游产品。例如，世界非物质文化遗产“江陵端午祭”、济州岛的春秋祭典、民俗村里的“韩流坞”（Hallyuwood）以及首尔 MBC 文化园“大长今村”等，都是韩国文化旅游的精品，吸引力众多外国游客入韩。其开发经验归纳如下。

1）政府主导，凸显文化核心地位。韩国将旅游业作为国家战略始于 20 世纪 70 年代，2005 年 7 月韩国政府制定了“文化强国 2010——文化、旅游、体育产业的蓝图”计划，在旅游产业定位上将其作为国家“文化强国”战略的新兴动力产业来发展。

2）旅游产品开发制作精细化。韩国旅游产品开发制作精细化表现在：其一，旅游景点设计的精致。以首尔 MBC 文化园“大长今”村为例，其不但保留了电视剧《大长今》中的拍摄外景地 20 多座布景，还在每个场景旁标明剧中情节和剧照，同时附有中英韩日四种语言的解说词，并请剧中演员定时到场与游客见面互动。其二，旅游商品开发的精细。韩国旅游产品的开发精细到每一个细节，首先从造型到色彩、从材料到工艺、从题材到包装都精益求精，哪怕是价格低廉的钥匙扣也有精美的包装；其次是善于利用韩剧中男女主人公的知名度，将衍生品开发成旅游纪念品；再者是民族文化元素在旅游商品中的精心渗透。

3）旅游景点在韩剧中的植入营销。韩国的诸多景点通过韩剧这一知名度高、反响强烈的文化载体而被游客所熟悉。作为一种营销方式，植入式广告宣传具有立竿见影的效果，作为影视情节的发生地或背景，景点植入十分自然而精巧，民众乐于接受，是较为理想的营销手段。

3.9.2　瑞士

1. 瑞士滑雪旅游：重视规划，会展结合，全景服务

瑞士 3/4 的国土属于阿尔卑斯山地，1/2 以上的国土位于海拔 1200m 以上，冬季的平均日气温都在 0℃左右。全国 1800 多个天然冰川可以满足四季滑雪需要，滑雪期可达 10 个月。瑞士滑雪旅游产业每年可接待外国游客 1500 万人次，产值 70 亿美元左右。瑞士通过成立瑞士滑雪协会，与瑞士国家旅游局一起规范滑雪度假区，加强对滑雪场的总体规划与管理，进行合理规划开发，并推出多项管理认证，形成一套完善的体系，最终各司其职、共

同盈利。同时利用旅游胜地举办大型论坛，将其欧洲滑雪胜地的优势与一年一度的世界经济论坛有机结合。瑞士很早就认识到发展滑雪旅游产业需要提供全方位的服务，如提供世界一流的雪地安全管理，为家庭提供套餐，为儿童备有特别的宾馆和各种活动节目的游乐房，配套商业规模宏大，赌场、夜总会、宾馆公寓别墅、餐厅酒吧、雪具服饰品牌商店等服务、娱乐设施一应俱全等，全景式服务措施保证了到瑞士滑雪的游客多数停留最少7天。

2. 瑞士文化、旅游、制造产业融合

瑞士旅游业秉承“自然本色”的理念，在良好的政策引导，全球营销活动、加强产业融合的有力推动下基本实现可持续发展，旅游产业竞争力跻身世界前列，在瑞士经济和社会发展中，起着非常重要的作用，主要体现在以下三个方面。

一是旅游业已经成为瑞士继出口型工业、金融业之后的第三大支柱产业。

二是旅游业是瑞士第四大出口创汇产业。

三是旅游业为瑞士人提供了40多万个就业机会，相当于瑞士就业人口的10%。

其开发经验归纳如下。

1）政府规划引导、体制机制创新，体现小政府大社会的特点。实行“政府扶持、协会管理、企业主体、市场化运作”的机制。旅游主管部门只对旅游业进行宏观管理，行会协会、促进组织及研究机构承担了政府许多职能，旅游企业全部是私营企业，负责具体的旅游业运营以及旅游产品的开发。

2）政策资金推动。生态环境保护方面，坚持可持续发展战略，政府制定了严格的生态保护政策；基础设施改造方面，设立专门性基金，旅游企业可申请国家基于基础和配套设施完善投资额50%的贷款；旅游营销方面，政府每年安排持续增长的预算资金，仅瑞士国家旅游局每年营销资金就高达6000多万美元。

3）全球营销策略。瑞士国家旅游局作为协会性事业机构，主要负责瑞士旅游的对外宣传和促进工作，其高效的旅游营销策略使瑞士旅游能不断开拓国内和国际市场。

4）推进产业融合，将巧克力、军刀、手表等制造业文化融入旅游发展。

3.10 实施保障

3.10.1 深化京张互动，全面对接北京

1. 管理对接

建立京张文化体育旅游产业带快速发展的京张文化旅游联席会议制度，由北京市副市长、河北省副省长担任主席，张家口市市长担任执行主席，北京市、河北省和张家口市相关部门主要负责人任成员。

区域运行和协商机制划分为高层联席会议制度、中层协调制度、日常办公制度和部门衔接落实制度三个层次。高层联席会议制度的职责是研究区域合作发展规划，中层协调制度负责协商一年一次的行政首长联席会议的议题、商贸洽谈会主办事宜，并督促行政首长

联席会议决议和商贸洽谈会的落实，日常办公制度和部门衔接落实制度的工作内容主要是加强与本地区有关部门的沟通及联系事项。

2. 渠道对接

共同携手做差异化的市场推广，将两地的文化体育旅游资源整合推销，实现“1+1 大于 2”的市场效应。

3. 产品对接

张家口市以冰雪旅游、户外体育旅游为主，北京市以文化遗产资源、创意产业旅游产品为核心，串联张家口市的草原景观、民族风情、民俗文化和文物古迹。

4. 基础设施对接

构建京津冀协同发展的文化体育旅游综合交通体系。以 2022 年冬奥会和京津冀协同发展为战略契机，构建以铁路、公路大运量交通方式为主，航空为辅，以张家口市区、崇礼区为枢纽，以各条省道公路、航空支线为辅的对内、对外文化体育旅游综合性立体化交通体系，形成公路-铁路-航空有机结合、功能配套的对外交通通畅、设施完善、服务优良的立体化交通网络系统，实现旅游资源开发与交通运输业的协调发展。

3. 10. 2　政府主导，宣传促销

实施政府主导战略，积极进行旅游宣传促销。近年来，张家口市以政府为主导，加大旅游产品宣传，扩大社会影响，不断提高旅游景区景点的知名度和吸引力。但由于景区配套设施滞后、旅游服务接待人员素质低下等问题，宣传效果大打折扣。针对以上问题，旅游产品在开发和宣传中要突出几个原则：一是唯我独有原则。要突出宣传旅游产品的独特性，强化它独有的吸引力，并在推出旅游产品的同时为之建立完备的配套体系，从而保障旅游产品自身的可持续发展。二是有的放矢的原则。政府主导下的旅游文化资源开发，应充分考虑游客的传统观念、审美情趣、欣赏习惯、思维方式的差异，在新旅游产品的介绍上进行创意。三是实事求是的原则。切忌对外盲目夸大景观实际，造成游客“听”与“看”的强烈落差。政府的主导性应集中体现在宣传策略的宏观调控上，做好地区旅游文化产业的引导者。

3. 10. 3　创新人才引进政策

人才和技术是优势。文化旅游产业属于知识和资源双密集型的产业。首先，其发展需要既掌握旅游知识、又懂创意文化的复合型人才，两大产业发展较好的区域都应具备丰富的人才培育资源。其次，信息技术的发展使得利用“声、光、电”表现旅游资源成为可能，旅游地景观可用现代信息技术来立体呈现，需要掌握先进技术的科技人才加盟。因此，张家口市需要创新人才引进机制，与高校合作，引入高端人才，设立创新人才奖励专项基金，人才引进上要根据情况适当开通“绿色通道”，对国内外高层次文化体育旅游及相关行业专业人才，要适当放宽引进的学历、职称等条件限制。给予旅游营销管理及技术骨干地方贡献部分一定比例奖励，提供人才专项住房。建立员工技术入股、奖金等人才激

励机制，可在一定时间内分期缴纳个人所得税。

3.10.4 创新创业政策和机制

政府产业政策是保障。政府放松经济性管制是产业融合的条件之一。我国文化旅游管理体制正不断深入改革发展，总体趋势是加大扶持。另外，基于文化旅游产业融合发展的动态性，政府需要保持政策的灵活性，动态精简和整合现有政策，适时调整和创新政策。

1）制定针对不同人群的创业政策，激发全社会的创新创业活力。

2）完善针对文化体育旅游产业链上行业的创新型创业扶持政策，吸引更多高端人才到张家口市创业。完善具有竞争力的人才吸引政策，聚集一批战略科学家、科技创新人才和研发团队；健全面向科技人才的投融资政策，建立健全全新的创业孵化机制，创新人才培养机制，促进产学研有机结合。

3）健全困难群体创业帮扶机制，扶持就业困难群体自主创业。

4）加大对青年为主体的普通群体创业扶持，促进普通劳动者高质量创业。针对青年创业者创业经验不足的问题，通过建立创业导师团队，倡导创业导师以参股入股的形式，带动青年创业活动；针对青年创业者创业资金不足的问题，建立创业专项扶持基金，对于评选的优秀创业项目，政府给予资金支持，形成个人、政府和商业银行三方风险分担机制。

3.10.5 培育“双创”文化旅游中小企业、小巨人

围绕奖励文化精品创作、培育龙头文化企业、扶持小微和少数民族文化企业等，研究制定有针对性的配套政策。科学安排市文化创新发展专项（产业类）资金，优先保障并重点扶持有利于提升产业质量、增强产业实力的重大项目，加大对“双创”中小企业、初创企业的资金扶持力度。重点鼓励的文化产品和服务出口实行营业税或增值税免税等税收政策，促进产业发展。

3.10.6 多方投入，壮大产业发展空间

一是培育骨干企业。可以通过加大土地、财税、金融扶持，加快培植壮大文化旅游骨干企业。通过探索设立相关的风险投资基金来鼓励文化企业和旅游企业融合，并推进科技创新在文化旅游产业中的运用。着力培育一批成长性好、竞争力强的企业，并推动跨地区、跨行业联合或重组，提高集约化经营水平。另外，对于具备条件的文化旅游企业，可以鼓励和引导其面向资本市场上市融资来加速扩展。

二是加大政策扶持。仍需不断完善产业扶持政策，全面落实在增值税、营业税、企业所得税等方面的优惠政策，进一步加大资金投入力度，支持重点文化旅游产业项目、企业和集聚区建设。还可以通过申报文化产业引导资金，向上争取扶持。另外，进一步拓宽投融资渠道，积极鼓励民营资本投资文化旅游产业。

第 4 章　京张文化体育旅游产业带品牌培育研究

一个旅游目的地品牌的成功塑造，不仅能最大限度地拓展目的地品牌形象，全面提升目的地品牌绩效和目的地品牌资产，而且能够激发旅游市场的潜在需求，刺激旅游者的消费欲望和行为，进一步推动国家和地区的旅游发展。京张文化体育旅游产业带是以奥运会申报与举办为基础，实现北京-张家口两地文化、体育、旅游区域协作发展的产业融合带，该区域范围适用于旅游目的地相关理论分析，本章主要以旅游目的地品牌建设与管理相关理论为基础，对京张文化体育旅游产业带品牌培育进行分析。

4.1　研究背景与意义

4.1.1　研究背景

1. 全球旅游市场竞争激烈

从全球范围来看，各国都竞相将国内旅游目的地或整个国家作为旅游目的地推向世界，以吸引世人的目光。在如此激烈的全球旅游市场争夺进程中，旅游地的竞争方式也将不断升级换代。旅游地本身的品牌在消费者选择服务时扮演着举足轻重的角色。许多国家和地区已经意识到旅游目的地必须在更深层次上将自己与其他目的地明显地区分出来。因此，现代旅游产业的发展，已经从旅游资源、旅游产品的竞争，快速推进到旅游目的地品牌的竞争。

2. 中国旅游形象和品牌建设具有良好基础，新形势下需进一步提升

近年来，中国在国际旅游市场的竞争力和地位都有了很大的提高，旅游目的地的数量与质量整体上有提升，一方面中国即将成为全球最大的旅游目的地和输出国，许多区域拥有全球范围内的广泛知名度，另一方面中国的国家旅游形象和国家旅游品牌具有了良好基础。在国际文化体育旅游快速发展，2022 年冬奥委机遇背景下，需要进一步创新宣传推广模式，提升旅游形象与品牌。

3. 2022 年举办冬奥会的发展契机

承办冬奥会为旅游发展开拓了国际视野，同时也是向世界展示中国，进一步理清中国旅游形象与品牌的绝好机遇。奥运经济是拉动旅游发展的强大动力。数据显示，2014 年索

契冬奥会，直接接待游客达160万人次，超过30亿人通过电视直播观看比赛。冬奥会在推进城市建设、带动旅游发展、促进区域经济一体化过程中作用无可替代，为承办城市带来的综合收益和社会效益难以估量。借助冬奥会的举办契机，京张文化体育旅游产业带应整合现有旅游资源，在区域文化、体育、旅游整合发展的框架下，重塑旅游品牌，提高奥运旅游核心竞争力。

4.1.2 旅游品牌培育的意义

1. 重塑并提升区域旅游形象

旅游目的地品牌的构建可使其形象更加鲜明，更易被大众所感知。旅游目的地品牌关注的是旅游地的远期利益，它将使地区产生巨大的影响力与凝聚力，同时在多方面发生改变，能集聚更多资源，从而带来巨大的经济效益和社会效益。京张文化体育旅游产业带可借助2022年冬奥会打造旅游目的地品牌，重塑并提升区域旅游形象。

2. 打造区域品牌旅游产品与旅游线路

旅游品牌的创建，在开发系列旅游产品、促进传统旅游产品的升级、满足不同喜好的游客的需求方面起到积极推动作用，有利于区域旅游产业协同创新发展。2022年冬奥会的顺利申办，有利于打造京张大区域范围的旅游产品与旅游线路，有利于进一步推进区域人力、资本的进一步流通与共享，有利于实现区域经济的协同发展。

3. 实现区域优势资源整合发展

传统旅游产品升级依赖于区域旅游品牌。京张文化体育旅游产业带的旅游资源较为丰富，区域内拥有滑雪、历史古迹、民俗文化、草原、葡萄等一批极具开发潜力的资源，区域旅游品牌的探索和培育将促进京张文化体育旅游产业带的优势资源互补，有助于传统旅游产品的转型升级，发挥旅游业的整体优势。

4. 借势冬奥会，增强区域旅游竞争力

一个固定的区域旅游资源整合的结果是建立一个区域性的旅游品牌，集合出本地区旅游产品的精华，一旦建立某种品牌，便会开发出更多的有吸引力和活力的旅游产品，这些产品将吸引大量的游客，从而提高旅游竞争力，增加地区旅游收入。在联合举办冬奥会的历史机遇下，京张文化体育旅游产业带旅游品牌的培育，将形成区域旅游产业发展的合力，增强区域旅游竞争力，实现旅游发展的经济、社会、文化等综合效益。

4.2 旅游地品牌建设的理论基础

4.2.1 旅游地品牌的概念

1. 品牌与旅游地品牌的概念

1960年美国市场营销协会将品牌定义为一种名称、术语、标记、符号或设计，或是它

们的组合运用，其目的是借以辨认某个销售者的产品或服务，并使之同竞争对手的产品和服务区别开来。

旅游目的地品牌应从品牌的提供者（旅游目的地品牌营销主体）和品牌的接受者（旅游目的地品牌对象）两个角度进行界定。对品牌的提供者来说，旅游目的地品牌是提供品牌的名称和标志，并通过品牌的这些具象表现实现对旅游目的地整体形象的表达；对品牌的接受者来说，旅游目的地品牌是游客通过品牌名称和标志对旅游目的地整体形象的联想和感知。旅游目的地整体形象的表达是旅游目的地品牌的核心，旅游目的地品牌的名称、标志及标志语是旅游目的地品牌的载体。旅游目的地品牌是旅游目的地与旅游者之间的一种约定和默契，是旅游目的地对所提供的旅游产品的品质、品位和体验等方面的一种承诺（张文娟，2010）。

2. 旅游地品牌与旅游品牌辨析

旅游地品牌不同于旅游品牌，一般认为旅游品牌包含旅游产品品牌、旅游企业品牌、旅游地品牌、国家旅游品牌四个层次（张文娟，2010）。广义的旅游品牌包括某一单项旅游产品的品牌、旅游企业品牌、旅游集团品牌或连锁品牌、公共性产品品牌、旅游地品牌等（蔡善柱，2004）。

3. 旅游地品牌与旅游地形象辨析

旅游地品牌从某种角度来看也是指旅游地在旅游消费者心目中的形象，形象是品牌的心理载体，品牌的形成过程也是树立形象的过程，两者之间密不可分。但旅游地形象又不能简单地等同于旅游地品牌，二者的区别体现在：一是旅游地品牌是具体的、统一的，而旅游地形象是抽象的、分散的；二是旅游地品牌是营销者主动开发的，而旅游地形象是被动形成的；三是旅游地品牌通常还包括旅游地名称以外的文字、符号，而旅游地名称本身就能代表旅游地形象（李树民等，2002）。

4. 旅游地品牌的内涵

品牌的本质是营销者向顾客持续传递特定的特性、利益和服务的承诺。品牌的内涵在于它除了向消费者传递品牌的属性和利益外，还向消费者传递品牌的价值、个性及在此基础上形成的品牌文化。品牌属性、品牌利益、品牌价值、品牌文化、品牌个性及品牌使用者这 6 种要素共同构成品牌的内涵（黄静，2008），这 6 种要素是一个紧密联系的统一体。

4.2.2　区域旅游品牌建设的理论与方法

1. 旅游目的地品牌建设流程

旅游目的地品牌建设的流程是一个循环动态过程，共分为品牌定位、品牌识别系统设计、品牌内部建设、品牌外部推广及品牌管理五大步骤。品牌定位是品牌建设的关键，设计具有传播性的品牌识别系统是目的地品牌传播的载体。在品牌定位的基础上，品牌内部建设是品牌建设的重要支撑，品牌外部推广则是目的地品牌建设的重要目的。品牌管理是品牌建设的成果得以持续长久的重要保证（钟洁，2012）。

2. 品牌形象定位

旅游地品牌形象定位中，主要包括资源位、文化位、市场位、经济位 4 个部分（图 4-1）。资源位，包括自然资源和气候等，这是旅游活动的具体载体和物质基础，是旅游目的地核心吸引力的一个重要参数；文化位，包括历史文化背景、风俗习惯、特色地方文化等，在品牌定位中，应体现旅游目的地的历史文化中独具特色的内容，使之构成目的地独特的吸引力；市场位，旅游目的地品牌定位应以旅游地客源市场对旅游地的需求以及目标市场的特征为基础，即品牌营销应秉承市场导向为主的基本思想；经济位，包括旅游目的地基础设施、旅游目的地配套设施、经济发展水平以及本地的商业氛围。

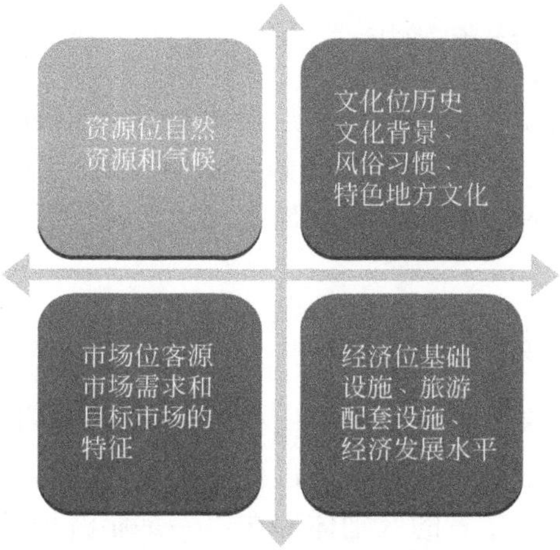

图 4-1　旅游地品牌形象分析要素

3. 品牌识别系统设计

旅游地品牌识别系统主要包括理念识别系统（MIS）、行为识别系统（BIS）、视觉识别系统（VIS）、听觉识别系统（HIS）、风情识别系统（FIS）5 个系统。旅游地理念识别系统主要是指一个旅游地独特的文化个性、精神内涵、发展目标、口号、价值观、伦理道德水平等，是旅游地 DI（Destination Imagination）头脑创意思维设计的灵魂和核心；旅游地行为识别系统是旅游地理念识别的具体化，主要表现为旅游地的政府行为、民众行为和企业行为等；旅游地视觉识别系统是最直观有形的形象识别系统，包括旅游地的建筑造型、公共标志牌、交通工具、员工制服、标准字体、标准色、象征图案等；旅游地听觉识别系统是充分利用现代科技手段的产物，表现为旅游地宣传音乐、宣传影片等；旅游地风情识别系统是表现旅游地特色风情的动态识别系统，主要包括能充分体现区域文化特色与地域特色的旅游活动与节事等。

4. 品牌内部建设

品牌内部建设的关键是如何使旅游目的地能够表现出品牌所承诺的形象，是支撑旅游目的地品牌的重要组成部分，包括旅游产品体系建设、旅游硬环境建设以及旅游软环境建设三个部分。旅游产品体系建设，旅游目的地品牌需要以产品为载体，以体现和支撑品牌核心价值，应建设一些有可能成为品牌产品的景区或吸引物，这些具有开发成为品牌产品的潜力型产品是旅游目的地品牌可持续发展的有力后盾；旅游硬环境建设，旅游硬环境是旅游活动得以顺利进行的前提和保障，包括旅游目的地基础设施的建设以及旅游服务配套体系的完善；旅游软环境建设，是指整个旅游过程中的服务氛围，具体是指在旅行中是否为旅游者提供了一个能得到充分的旅游文化享受、服务到位，又觉得价格公平、消费合理的理想环境。

5. 品牌外部推广

品牌外部推广就是利用营销手段将旅游目的地的品牌通过各种渠道传播出去，从而创造出差异化的品牌竞争优势。品牌营销主要有广告传播、公关传播、人际传播、特殊事件营销、渠道营销等多种途径。旅游目的地可以根据其品牌定位和自身能力，来决定选择何种媒介以及如何运用媒介来传播旅游目的地品牌。

6. 品牌管理

旅游地品牌管理，主要是针对品牌定位、品牌识别系统设计、品牌内部建设、品牌外部推广的全过程，进行有效监管控制并协调与消费者之间的关系的全方位管理过程。它包括政府角色定位、品牌动态管理、品牌危机管理与品牌延伸等内容。旅游地品牌管理是品牌可持续发展的保障。

4.3　京张文化体育旅游产业带品牌建设现状

4.3.1　品牌建设现状

1. 品牌形象定位

发展定位：国际休闲运动旅游城市。

旅游形象：大好河山。

2. 现有品牌主题

近年来，张家口市加快景区景点建设步伐，积极开拓旅游市场，围绕“一城四区”产业布局，形成了坝上草原、崇礼滑雪、始祖文化、温泉养生四大品牌。

3. 已开发旅游线路

北京—大境门—张北中都草原—沽源五花草甸—崇礼长城岭—赤城温泉—北京。

北京—蔚县小五台—空中草原—飞狐峪—涿鹿中华三祖圣地—怀来葡萄庄园—北京。

北京—怀来桑洋葡萄酒庄—涿鹿中华三祖圣地—蔚县小五台山、蔚州古城、暖泉古镇。

北京—宣化古城—大境门—张北中都草原—康保诺尔草原。

4.3.2 存在问题

1. 品牌定位不够鲜明

京张文化体育旅游产业带尚没有形成品牌定位，坝上的草原旅游和崇礼滑雪已经形成了一定的知名度，坝下的温泉、葡萄酒、文化等都各有特色，但各个项目相对独立，没有整合到张家口整体的旅游形象中，导致张家口旅游形象不鲜明。坝上整合，坝下整合，上下整合都没有实现。

2. 区域旅游吸引力不足

京张文化体育旅游产业带目前为止还没有一张全国性、国际性的名片，缺乏核心吸引力。崇礼滑雪旅游作为一个突破，已具备一定的知名度，但离国际性品牌还有一定距离，需依托主办冬奥会进一步提升滑雪场档次，进一步提高知名度，打造全国性乃至国际性的滑雪名片。坝上草原旅游的知名度仅限于北京地区，也还没有成为全国性的名片，和内蒙古、新疆、青藏地区的差距较大。涿鹿之战所承载的三祖文化资源非常宝贵，但和其他地区如陕西、新郑等对黄帝陵、炎帝陵的开发宣传相比，张家口市目前对此张文化名片的打造不足。张库古商道是中国历史上的北方丝绸之路，史称“旱码头”，与西南边陲的茶马古道、西北的丝绸之路，并称中国古代三大贸易通道，但其旅游开发却与茶马古道、丝绸之路相差甚远。如此多具有垄断性的资源，都没有形成能与其地位相匹配的产品，没有形成区域旅游吸引核和国际性名片。

3. 旅游产品组合不足

目前的张家口市旅游开发重自然轻人文，季节性强。目前受市场认可度较高的如坝上旅游和崇礼滑雪，都是自然旅游产品，受季节因素影响较大，淡旺季明显。而张家口市本身具有品位很高的文化资源，如三祖文化和古商贸文化等，尚未开发形成具有吸引力的人文旅游产品。考虑京张文化体育旅游产业带建设旅游线路设计不足，旅游的推广大多只限于单一的某些旅游点，区域旅游品牌整合开发不足。

4.4 京张文化体育旅游产业带品牌培育基本条件与环境分析

4.4.1 资源位与文化位分析

1. 东方人类的故乡

张家口市境内阳原县泥河湾遗址群发现于20世纪20年代，该遗址群涵盖了旧石器时代早、中、晚期，完整地记录了从旧石器时代向新石器时代发展演变的全过程。全世界发现100万年前旧石器时期遗址50多处，而泥河湾遗址群就占40多处。它被国际地质考古界公认为第四纪标准地层，是人类文明的重要起源地之一，被誉为“东方人类的故乡”。

“东方人类文明”将成为京张文化体育旅游产业带的一大文化品牌。

2. 中华三祖开启中华文明之源的圣地

张家口市境内涿鹿县是中华文明的重要发祥地，5000 年前，中华民族三大人文始祖黄帝、炎帝、蚩尤在涿鹿征战、耕作、融合，开创了中华 5000 年的文明史，创造了中华民族公认的“龙”图腾，实现了中华民族第一次大融合。

“三祖圣地”也将成为京张文化体育旅游产业带的一大文化品牌。

3. 文物资源集中地

截止 2016 年，张家口市有不可移动文物近 8000 处，文物保护单位 997 家，古建筑、古遗址、近现代重要遗迹及代表性建筑居多，其中，古建筑 295 处，古遗址 504 处，古墓葬 102 处，石窟寺石刻 28 处，近现代重要遗迹及代表性建筑 68 处。以全国重点文物保护单位数量为例，张家口市位列全国地级市第 3 位、河北省第 1 位。

4. 历代长城遗迹集聚地

张家口市辖区的长城占到全国长城长度的 1/6、涵盖战国、秦、汉、北魏、北齐、隋、唐、金、明的长城文化。张家口市的长城及其长城附属物遍布全市县区，是国内现存历代长城最多、境内分布最广、修筑历史延续最长、建筑形制最全的地区，堪称历代长城博物馆。

5. 民俗非物质文化资源类型齐全，形式多样

在物质民俗方面，蔚县剪纸、青砂器、泥人、刺绣、挂毯、阳原木雕、石雕、皮草等国家级非物质文化遗产丰富。饮食方面品种繁多，特色饮食有莜面、山药、豆腐等。蔚县被称作中国民间艺术之乡、剪纸艺术之乡。在非物质文化遗产上，有康保二人台、干嗑、戳古董、舞金鞭等戏曲舞蹈艺术，还有蔚县暖泉古镇打树花等特色演艺，康保是中国民间文化艺术之乡和中国二人台艺术之乡。

6. 草原民族文化丰富

沽源、康保、尚义和张北 4 县的广阔区域，属内蒙古高原的南缘，占张家口市总面积的 1/3，被称作坝上地区。张北县有元中都遗址，并留下了羌姆舞、张北快板、张北大鼓、蒙古族长调等悠久丰厚的草原游牧民族文化。

7. 丝绸之路北线重要的商贸基地

张家口从公元49 年以来便是民族之间贸易的重要基地，先后作为“蒙汉贸易”“中俄贸易”的重要口岸，中国最早的银行“祥发永”账局便是在张家口兴起，1918 年张家口—库伦的公路建成，中俄贸易量达到 1. 5 亿两白银。自古兴盛的贸易往来，使张家口市具有深厚的商贸文化。

8. 自然休闲度假资源丰富

张家口市有安家沟生态旅游区、张北中都原始草原度假村、沽源塞外庄园、沽源沽水福源度假村、沽源天鹅湖旅游度假村、蔚县小五台山、怀来黄龙山庄、崇礼万龙滑雪场、

赤城温泉度假村多处国家4A级景区，有国家级自然保护区3个、国家级森林公园2处、省级森林公园16处，其中包括草原类旅游地、山丘型旅游地、原始森林旅游地、堰塞湖旅游地，都是休闲度假胜地。

9. 现代休闲农业基础良好

张家口市拥有较为丰厚的农业基础，以绿色、休闲、参与、体验为基础的休闲观光农业发展基础较好，尤其是怀来的葡萄种植、葡萄采摘、葡萄酒加工的葡萄产业休闲观光在区域内享有盛名，其地处北纬40°世界酿酒葡萄适宜栽培区内，是中国优质酿酒葡萄三大产区之一，并且官厅湖畔的小气候及水土条件也极其适宜葡萄的生长，湖区周边已开发了多处葡萄种植园区。同时，京张高速公路由湖上穿过，110国道、京张铁路由湖边通过，交通极为便利。

4.4.2 经济位分析

北京–张家口联合承办冬奥会，将带来强大的区域经济效应：冬奥会作为受世人瞩目的重大事件，不但会为举办地带来巨大的收益，还会对非举办地也有着不同程度的辐射和影响，带来显性或隐性的收益，使重大事件的效益在更大的空间地域范围内被分享。举办国的巨额奥运开支，将在各地引发通货的流通，拉动周围经济的发展。奥运经费不会只在举办城市内部流通，其采购、人力资源开支，将直接引发周边区域乃至整个国家范围的商机。投入的巨额建设经费会燃起各地方相关企业的热情，从而带动区域乃至全国整体经济社会的发展。2004年雅典奥运会期间，邻国土耳其、意大利和保加利亚借奥运之机，通过各种举措使入境旅游获利匪浅。

4.4.3 市场位分析

为了体现张家口市文化体育旅游产业带的突出旅游形象，规划前期开展了深入的市场调查，提取代表性和特色性的旅游形象设计元素：“冬奥会”成为张家口市首位旅游形象，56.15%的受众因为2022年冬奥会而听说过张家口市，“草原”“滑雪”“远古历史文化”是次位旅游形象，如图4-2所示。图4-3为冬奥会期间游客对张家口市旅游文化体验期望。

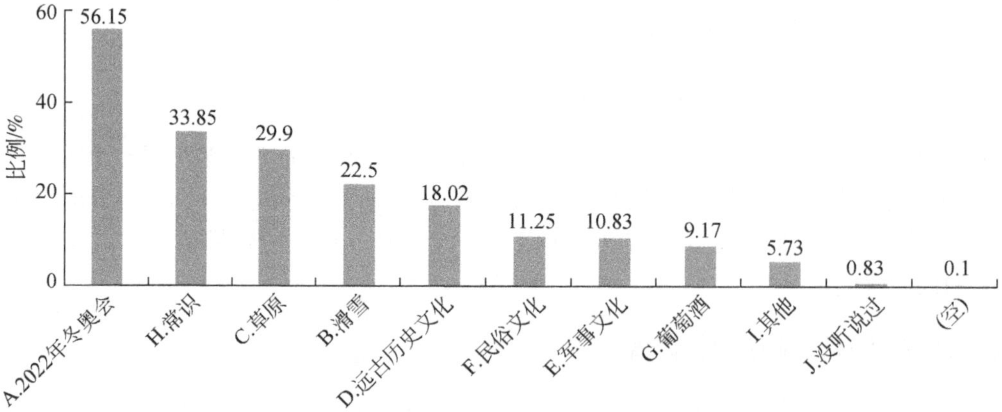

图4-2 游客对张家口市旅游形象的知名度

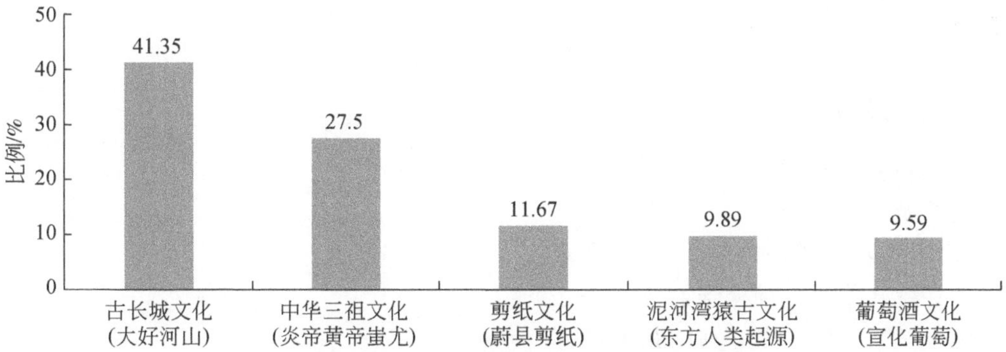

图 4-3　冬奥会期间游客对张家口市旅游文化体验期望

4.5　京张文化体育旅游产业带品牌培育方案

4.5.1　品牌形象定位

1. 形象定位

品牌定位是品牌建设的关键。品牌定位关键是旅游形象的定位。张家口市依托“东方人类从这里走来”“中华文明从这里走来”“中国长城历史博物馆”“冬奥会主办城市”旅游资源，向世界展示京张文化体育旅游产业带品牌形象：东方文明时光轴，冬奥旅游激情城。

2. 品牌主题

(1) 奥运冰雪运动

主要依托张家口滑雪场等冰雪旅游资源，以冬奥会举办为契机，打造奥运冰雪运动主题。

(2) 草原山川户外

主要依托张家口草原、森林等自然资源，以户外运动为主，打造草原山川户外主题旅游。

(3) 长城古堡观光

主要依托张家口古长城、古城、古堡、古驿站等历史文化遗迹，实现遗迹观光功能，打造长城古堡观光主题。

(4) 民俗节事体验

主要依托蔚县剪纸、打树花等民俗节事旅游资源，实现民俗文化体验功能，打造民俗节事体验主题。

(5) 文明古迹溯源

主要依托涿鹿三帝城遗址、阳原县泥河湾遗址群等人类古文明资源，实现古文明考古探踪功能，打造文明古迹溯源主题。

4.5.2 品牌设计

1. 宣传口号

(1) 国内宣传口号

请到长城来滑雪

长城与滑雪相约的地方——中国张家口

一天穿越几万年，神秘张家口

万里长城第一门，大好河山张家口

家门口的精彩——张家口

中华民族寻根问祖地

张家口，红火年，最中国

舞动冰雪，激情冬奥地

户外爱好者的天堂

运动无止境，不只有滑雪

数不尽的风流人物

相约张家口，中华大不同

东方人类从这里走来，中华文明从这里走来

(2) 国外宣传口号

Great Wall , Great Place, Great Time

中国到底有几个不同的长城？来张家口

来张家口过中国年

中国年味儿最纯的地方——张家口

东方人类故乡——中国张家口

2. 行为识别系统

(1) 做张家口好人的自豪自律行为

针对当地群体，“张家口好人”以家乡悠久历史文化为自豪，对自己的举止言行进行自律，彰显张家口人的精神面貌，组织以当地人为主的志愿团体，介绍家乡历史、欢迎世界运动健将及户外爱好者的到来。

(2) 对接冬奥会国际水平的服务行为

针对服务行业，以冬奥会国际标准构建服务人员培训体系。例如，宾馆、餐饮、环卫、解说及安全应急岗位，颁发由北京冬奥组委张家口运行中心授权的行业资格认证。清洁人员和当地居民可采取“跟踪式清扫”，用自觉行为感染游客，让游客充分体会服务员工和当地人民的服务素养。

(3) 秉承区域可持续发展的管理行为

针对管理部门，管理决策体现可持续发展理念，制订冬奥会前、冬奥会时、冬奥会后三个阶段的明确发展规划，结合文化体育游客的具体需求，出台相应的优惠政策，如免停车费、免过路费等政策，吸引游客进入张家口。图 4-4 为文化体育旅游形象行为识别系统建设进度。

图 4-4　文化体育旅游形象行为识别系统建设进度

（4）为了实现同一个梦想的公益行为

针对社会企业、非政府组织等，引导修建公益体育设施、建设文化解说系统等硬件设施，体现凝聚社会力量共同实现奥运梦想的分享精神，也是彰显奥运五环的团结精神。

3. 视觉识别系统

（1）门户城市建设

总定位："一带一路"旅游黄金段重要门口城市；中蒙俄经济走廊三国交会门户城市，面向俄罗斯茶道、内蒙古草原之路、张库商道交会城市；京津冀协同发展区域重要城市。

门户城市的形象建设是为游客提供地区特有的旅游形象感受，并为这种感受提供城市特有的旅游文化背景。

建设要点：①重点建设可为游客留下深刻印象、便于记忆的关键点，如道路的交叉口、广场、城市景区，通过调查分析确定节点；②建设城市旅游形象标志和解说系统，旅游形象标志可以是自然地物或人工物；③注意旅游形象宣传环境的建设；④旅游图、路标、宣传口号、广告和标准字等内容。

（2）门户城市建设重点

以张家口市为综合性旅游门户城市进行文化体育旅游形象的总体建设，突出冬奥会精神、长城文化、泥河湾文化形象、中华三祖文化、中国年俗元素形象。

崇礼区重点建设激情滑雪体育形象，赤城县重点建设御用温泉文化形象，张北县重点建设草原天路文化形象，尚义县重点建设坝上避暑文化形象，康保县重点建设蒙古风情文化形象，涿鹿县重点建设中华三祖文化形象，蔚县重点建设中国剪纸民俗形象，沽源县重点建设五花草甸形象，阳原县重点建设泥河湾文化形象，怀来县重点建设葡萄酒文化形象。

4. 听觉识别系统

（1）宣传歌曲

宣传歌曲：孙楠和谭晶的《冰雪舞动》，陶喆和鹿晗的《请到长城来滑雪》。

（2）专题宣传片

主题：华夏文明溯源地，东方雪都激情城。

时长：20min。

内容：以文化和体育为主线，拍摄专题宣传片，向国内外游客直观地展示张家口魅力。

5. 风情识别系统

（1）京张国际体育赛事

承办莫斯科—北京—张家口丝绸之路汽车拉力赛、北京—张家口单车骑行赛等国际赛事，扩大市场宣传，借助北京大市场影响力，提升张家口的形象。

（2）世界文化展示秀

“走出中国，面向世界”，举办“探秘东方文明”大型展示秀，联合周口店北京猿人遗址、泥河湾遗址，借助国际文化旅游交流平台宣传张家口，让世界了解张家口文化，尤其是引起东方共鸣的人类文明遗址、长城文化的中国元素、喜庆欢乐的年俗气息。

（3）张家口免税商业街

张家口免税商业街主打滑雪专业用品、高端运动品牌服装、海外保健食品及香水、化妆品等奢侈产品。

4.5.3 品牌内部建设

围绕“华夏文明溯源地，东方雪都激情城”这一品牌形象定位，以市场为导向、效益为中心、产品为基础，发挥传统旅游产品和资源优势，根据张家口市旅游资源特点、开发现状及发展潜力加大产品开发力度，改善旅游产品结构，重点打造华夏文明历史遗迹观光、中华民俗文化体验、现代文化休闲三类龙头旅游产品体系。

1. 华夏文明历史遗迹观光

华夏文明历史遗迹观光主要以张家口市丰富的古城古堡、人类文明遗迹、边塞文化为核心资源，重点开发观光休闲类、研学科考类、文化溯源与体验类旅游产品，具体见表4-1。

表4-1 华夏文明遗迹观光主要产品体系

产品名称	主要依托资源	目标市场
古城古堡观光	堡子里、大境门、蔚州古城、宣化古城、清远楼、镇朔楼、元中都遗址、万全右卫城等	国际市场，国内一级、二级、三级市场
人类文明溯源	泥河湾遗址群、侯家窑遗址、筛子绫罗遗址、庄窠遗址、三关遗址等	国际市场，国内一级、二级、三级市场，专项市场
中华文化追踪	中华三祖堂、涿鹿之战、中华合符坛、黄帝城、舜耕耘遗址等	国内一级、二级、三级市场
历史文化研学	泥河湾遗址群、中华三祖堂、堡子里、大境门、宣化古城、万全右卫城等	专项市场
边塞文化观光	长城遗迹、鸡鸣驿、万全右卫城、元中都遗址、堡子里、张北安固里草原、沽源康巴卓尔草原	专项市场

2. 中华民俗文化体验

中华民俗文化体验主要以张家口市多元多样的民俗文化、非物质文化、民俗手工艺等为核心资源，重点开发参与类、实践体验类旅游活动与产品，具体见表 4-2。

表 4-2　中华民俗体验主要产品体系

产品名称	主要依托资源	目标市场
民俗风情体验	打树花、二人台、舞台高跷、秧歌、蒙古长调等民间艺术与民间演艺等	国内一级、二级、三级市场
创意手工 DIY	剪纸、石雕、木雕、泥人、青砂器、刺绣等	国际市场，国内一级、二级、三级市场
特色风味品鉴	莜面窝窝、山药傀儡、蔚县八大碗、擦糖酥饼、哈猴包子、囤囤、手把羊肉等	国际市场，国内一级、二级、三级市场
民俗节庆体验	中国剪纸艺术节、康保二人台艺术节、康保国际风筝节、大境门庙会等	国际市场，国内一级、二级市场

3. 现代文化休闲

现代文化休闲主要以张家口市优良的自然生态、山川草原、农业生态等为核心资源，重点开发避暑休闲、度假养生类产品，具体见表 4-3。

表 4-3　现代文化休闲主要产品体系

产品名称	主要依托资源	目标市场
草原避暑休闲	沽源草原天路和张北草原与草原音乐节	国内一级、二级、三级市场
温泉养生度假	赤城温泉度假村、泥河湾温泉休闲度假苑及周边温泉度假区	国内一级、二级、三级市场
葡萄酒品鉴	怀来百里酒庄、宣化古葡萄园以及周边葡萄采摘园与葡萄酒庄园	国际市场、国内一级、二级、三级市场
休闲农业观光	怀来、涿鹿农业非物质文化遗产基地与采摘园	国际市场、国内一级、二级市场
现代绿色产业观光	尚义百里绿廊、风电山庄、蒙牛乳业（察北）工业园区、新能源（产业）示范点	专项市场

4.5.4　品牌外部推广

1. 智慧营销

总体上采取“三种媒体，虚实结合，权威推进”的形式。“三种媒体”即传统主流媒体、互联网社交媒体、新媒体与自媒体；“虚实结合”即线上营销与线下实体营销相结合；“权威推进”依托主流媒体与社会各界名人的权威与形象进行强势营销。具体营销策略如下。

（1）采取线上、线下相结合的营销方式

采取线上互联网与线下旅行社渠道相互呼应、相互补充和相互促进的营销渠道方式。

（2）开启互联网+社交媒体、自媒体的营销模式

鼓励消费者成为自媒体的代言人，随时随地分享旅游商品和服务的使用体验。将目标人群的消费行为由传统的 AIDMA 模式［消费者从最初接触到商品到最终完成购买将经历五个阶段，即（attention）诱发注意、（interest）激发兴趣、（desire）形成欲望、（memory）产生记忆、（action）促成购买］转变为适应新时代互联网消费的 AISAS 模式［AISAS 与 AIDMA 相比较，在前两个阶段基本相同，但从第三个阶段开始就出现了变化，新行为模式在第三个阶段变为了消费者在互联网背景下主动进行商品服务的搜寻（search），第四个阶段为采取购买行为（action），第五个阶段变为了分享（share）］。例如，在豆瓣、途牛等网站推送优秀张家口游记及推荐；图片、摄影、小视频作品的竞赛与征集，各大主流媒体对张家口市滑雪运动、休闲度假及民俗体验等旅游活动的直播等。

（3）主流媒体合作营销

依托主流媒体强势营销，在中央电视台综合频道《朝闻天下》《午间气象预报》等栏目展示张家口市东方雪都的形象，在中央电视台综合频道《午间气象预报》、中央电视台中文国际频道《午间气象预报》、中央电视台新闻频道《天气资讯》、中国旅游卫视《旅游资讯》频道、《精品购物指南》《今晚报》《北京青年报》《时尚》等强势媒体连续不断地推出全年广告；在《中国旅游报》及省内外旅游专业媒体和主流媒体进行宣传造势。广告发布宜集中在滑雪季到来的前一个月。

（4）名人效应推广策略

邀请各界名人对张家口市旅游代言，并制作各个终端平台的代言广告。邀请冬奥会冠军代言 2022 年冬奥会，利用明星效应吸引国内外滑雪运动爱好者；邀请国内著名国学大师作为张家口市始祖文化代言人；发掘当地的传统手工艺及民俗技艺的匠人与艺人，代言张家口的民俗文化。

2. 事件营销

总体采取“内外联动，商旅合作”的策略。

（1）跨区域合作营销

积极推动京津冀区域旅游节庆活动、赛事活动、展销活动、国际旅行商考察活动等共办共享，联合举办骑行大赛、房车巡游等系列活动，提升京津冀旅游知名度。以分会场、合作城市等形式共同举办京津冀大型旅游活动，吸引国际旅游媒体、买家、参展商对三地旅游发展的关注。

（2）国际合作营销

依托 2022 年冬奥会及 2021 年自由式滑雪和单板滑雪世锦赛等重大赛事举办地的效应，以及世界各大滑雪胜地联合举办世界性的滑雪赛事，将张家口市建设成为巡回赛事的重要赛事举办地。建立多条国际冰雪旅游线：中欧冰雪旅游线路、中美冰雪旅游线路、亚太冰雪旅游线路和全球冬奥会旅游线路。

3. 节事节庆营销

张家口现有中国崇礼国际滑雪节、中国蔚县剪纸艺术节、坝上草原文化节、怀来葡萄采摘暨葡萄酒节、二人台艺术节、下花园鸡鸣山登山旅游节、怀安围棋节等节事节庆活动，节事节庆发展基础良好。

未来重点提升具有影响力的节庆节事，主要包括“中国崇礼国际滑雪节”“中国长城文化旅游节”“怀来国际葡萄酒文化节”“中华三祖文化节”“蔚县民俗文化节”“张家口音乐草原文化节”“康保二人台艺术节”等系列节会。设计开发以张库古商道和茶叶之路商贸大道为文化基础，以商贸洽谈，文化交流为主题的“张库大道·茶叶之路国际文化商贸博览会”，见表4-4。

表4-4 重点主题节庆提升思路

节庆活动	时间	提升思路
中国崇礼国际冰雪旅游节	12月	中国崇礼国际滑雪节更名为“中国崇礼国际冰雪旅游节”，以冰雪户外运动为主题，包括各种赛事表演的国际滑雪节会
中国长城文化旅游节	8月	原为张家口堡文化旅游节，更名“中国长城文化旅游节”，以长城文化保护传承展示为主题，包括长城保护与边塞军事文化研究论坛、长城文化旅游节、长城旅游纪念品展览展销等
中国绿色生态文化节	8月	充分利用张家口市作为京津冀生态屏障与绿色发展示范地的基础与条件，打造中国绿色生态文化节，倡导绿色生态发展理念
张家口音乐草原文化节	7~8月	融入张家口草原音乐节，范围扩大至整个坝上草原，开展系列音乐主题节会
怀来国际葡萄酒文化节	9月	以葡萄酒品鉴、酿造工艺交流等为主题，打造面向冬奥会，具有国际规格的葡萄酒节会
中华三祖文化节	5月	面向世界华人的祭祖大典，以展示中华优秀传统文化为主题
蔚县民俗文化节	2月、6月	以传统社火等节会和剪纸艺术为主题，整合阳原、涿鹿等周边县区优秀民俗文化资源
康保二人台艺术节	每年10月	以二人台艺术为主题，整合张家口市优秀二人台演艺团队和经典剧目
张库大道·茶叶之路（丝绸之路北线）国际商贸文化博览会	4月	与敦煌国际丝绸之路文化博览会相呼应，于每年4月举办丝绸之路北线文化商贸博览会，以商贸与文化展示交流为主题
张家口国际宝石节	3月	以战国红玉为核心品牌，实现面向冬奥会的石雕艺术展示、奇石宝石展览与交易等主题

4.5.5 品牌管理

1. 品牌管理委员会

通过跨区域的合作，成立张家口滑雪旅游品牌管理委员会，主要为了促进与区域内各县市能够共同有序、整体和综合地建设、发展和维护区域品牌形象。张家口滑雪旅游品牌管理委员会可以制定开发合作的政策，并倡导对于区域问题的关注，以及县市之间的交流、合作及研究。张家口滑雪旅游品牌管理委员会还可与其他机构和组织合作开发区域信息网络，为区域内制定、执行或者影响公共政策的组织和机构提供决策支持工具。

2. 品牌动态管理

张家口市需对品牌进行监测并根据旅游目的地流行度曲线的规律对品牌进行改进和更新，以保持品牌持续长久的活力。品牌监测可以从以下几个方面入手：建立游客反馈平台，对游客的品牌认知、态度和行动的变化进行监测和评估；对张家口市滑雪旅游品牌的游客感知形象、知名度、美誉度、忠诚度等方面的变化情况进行监控；建设旅游目的地满意度管理中心，制订服务满意度监视计划，定期、动态、实时地向社会公开服务企业的服务质量；通过对市场环境进行监控，了解主要竞争对手的品牌变化情况，进而分析判断张家口市滑雪旅游品牌的生存指数、发展指数和危机指数。

根据监测的结果，判断品牌所处阶段，采取相应的品牌策略，具体见表4-5。

表4-5　不同阶段品牌管理策略

所处阶段	品牌特色	旅游者品牌态度	品牌策略
品牌知晓期	品牌刚进入市场	对新品牌了解较少，认知薄弱	品牌定位和品牌概念的推广
品牌著名期	品牌逐渐被更多的旅游者所了解	旅游者将对旅游的期望投射到目的地品牌上，希望获得满意的旅游经历	提高旅游者的满意度，最大化创造旅游者品牌经历的感知价值
品牌熟悉期	旅游者与品牌之间的关系不断得到强化	对品牌产生情感，形成偏好并产生重复购买行为	品牌的维护与完善，强化顾客与品牌之间的关系
品牌疲劳期	品牌人人知晓，但却失去魅力	对品牌的认知和态度逐渐淡化，开始被其他品牌产品吸引	品牌更新，赋予品牌新的内涵和形式，进行品牌重新定位

3. 品牌危机管理

从国内、国际发生的不同突发事件引发旅游危机及应对措施来看，作为一个旅游目的地来讲，进行有效的品牌危机管理可以消除、化解危机，并尽可能减少危机所造成的损失。危机管理不仅是事后的，也是事前的。因此，张家口市滑雪旅游品牌危机管理需从危机的预防和应对两个方面展开。

（1）危机预防

旅游业具有高敏感性，旅游危机的发生是经常性的，是半常态的，因此有必要建立常态的危机预防机制。具体可从以下几个方面入手：建立品牌危机管理组织、进行旅游危机预警、积极采取预防措施，实施旅游危机教育。

（2）危机应对

一旦旅游危机爆发，对危机实施有效管理是应对危机的主要内容和关键所在，对区域旅游业的恢复和品牌的成长起至关重要的作用。具体的应对措施如下：确保危机中信息沟通做到透明、真实，开展积极有效的公关行动，通过创造性的市场营销抵消危机带来的不利影响，加强与周边地区、主要旅游客源地的合作，借助危机带来的高关注度重塑区域品牌形象。

4. 品牌延伸

京张文化体育旅游产业带旅游品牌向文化产业、体育产业等延伸发展，强化旅游地品牌价值。在统一的形象之下，京张文化体育旅游产业带品牌可以横向联合扩展到在同一品牌形象之下与本地相关的一切，重点设计延伸文化创意产业的相关产品。

(1) 民俗工艺创意研发与体验

依托资源：剪纸、根雕、核雕、麦秸画、砖雕、影雕、葫芦烫画、彩塑、石雕、瓦当、阳原皮毛。

开发思路：依托张家口现有的蔚县剪纸、阳原石雕、阳原皮毛、宝石资源和产业基础，大力发展工艺美术业，举办剪纸展销会、皮草、宝石和石雕展览等会展活动。提高工艺美术的产业化水平，使相关企业由低端作坊式向高端集团式发展。拓宽工艺美术种类，创新制作与设计方法，培育国家级剪纸、宝石、石雕、皮草设计人才，打造国家级工艺美术基地。

(2) 草原音乐创作与品牌建设

依托资源：张北草原音乐节、草原民族传统音乐。

开发思路：挖掘草原民族音乐元素，融入奥运精神与现代体育文化元素，整合北京音乐时尚创作优势资源，利用张北草原音乐节的知名度，推进音乐时尚类文化创意产业业态的发展。依托已列入国家非物质文化遗产名录的传统戏剧类的代表东路二人台，曲艺类的代表口梆子、蔚县秧歌戏和人生礼俗类的代表拜灯山，发展专业化演出剧团。在保护发展传统的文化业态同时，重点发展新型演艺形式，着力培育话剧、音乐等新兴演出形态，满足群众的新的文化演艺观赏需求。加强品牌打造，以传统的张家口市曲艺形式为产业基础，与时俱进，走品牌化战略之路。

(3) 传媒影视产业建设与旅游体验

依托资源：天漠影视基地、古城古堡遗址。

开发思路：依托现有传媒产业基础，利用现代传媒技术发展传媒新业态，推动传统出版业从纸介出版物向数字、网络、手机和动漫出版等多介质形态出版物跨越，尽快形成节目丰富、传播先进、充满活力、有序运营的传媒产业局面。依托古堡资源和已有的影视基地，组建综合型影视发展公司，借助三祖、古堡等文化资源拍摄主题影视作品，打造影视旅游产品，发展影视旅游业；发挥区位优势，与北京怀柔中国影视产业示范区合作，打造北方地区特色影视文化基地。

第 5 章　张家口市京张文化体育旅游产业提升研究

5.1　自我审视：京张文化体育旅游产业发展的 SWOT 分析

运用 SWOT[①] 分析法对京张二市的文化体育旅游的（内部因素、外部因素）条件进行分析，有助于准确掌握京张文化体育旅游产业带的现状与未来发展方向，可以为冬奥会的顺利举办提供科学依据。

5.1.1　北京市文化体育旅游产业的 SWOT 分析

1. 北京市文化体育旅游产业发展的优势分析

（1）全国政治、文化、教育中心优势

北京，简称“京”，是我国的首都、直辖市、国家中心城市、区域中心城市、国际化大都市，是全国政治中心、文化中心、国际交往中心、科技创新中心，相对于国内其他城市而言，在政治、文化、教育、科技等方面具有得天独厚的优势。

图 5-1　政治文化中心：北京市

① SWOT 分析法是用来确定企业优势（strengths）、劣势（weaknesses）、机遇（opportunities）和威胁（threats），从而将公司的战略与公司内部资源、外部环境有机地结合起来的一种科学方法。

（2）区位交通优势

北京市位于华北平原北部，毗邻渤海湾，上靠辽东半岛，下临山东半岛，与天津市相邻，并与天津市一起被河北省环绕。西部是太行山山脉余脉的西山，北部是燕山山脉的军都山，两山在南口关沟相交，形成一个向东南展开的半圆形大山弯，人们称之为“北京弯”，它所围绕的小平原即为北京小平原。诚如古人所言：“幽州之地，左环沧海，右拥太行，北枕居庸，南襟河济，诚天府之国。”

就体育旅游而言，各类型分散场馆（场地）总体区位条件优良，涵盖已建成场馆：国家游泳中心（水立方）位于北京奥林匹克公园内；国家体育场位于北京奥林匹克公园中心区的南部，是奥林匹克中心区的标志性建筑之一；五棵松体育中心（现万事达中心）位于北京市西四环五棵松桥东北角；首都体育馆位于北京市西二环外的白石桥附近，是北京市重要的体育文化活动场所之一。规划新建场馆（场地）：国家速滑馆规划位于北京奥林匹克森林公园网球中心南侧，是一个综合性场馆，建成后将365天不间断经营，成为一个类似水立方、鸟巢的社会服务功能和企业运营兼备的运动健身场馆；延庆区高山滑雪场地和雪车雪橇场地均规划位于北京延庆区小海坨山区域，其中雪车雪橇场地建成后在满足专业比赛要求之外，将建设亲子乐园区，满足居民家庭出游的需求。

北京市作为全国运输核心枢纽，其立体交通网络四通八达，出行抵达方便快捷。铁路方面，国内主要有京九铁路、京沪铁路、京广铁路、京哈铁路、京包铁路、京原铁路、京广高铁、京通铁路、京承铁路等；国际铁路运输方面，去往俄罗斯各城市、蒙古都城乌兰巴托和朝鲜都城平壤以及去往越南都城河内的列车均从北京市发车。京津城际铁路于2005年7月4日开始修建，2008年8月1日正式开通运营，北京市和天津市两地的路程被缩短为0.5h。中华人民共和国成立以来一次建设里程最长、投资最大、标准最高的高速铁路——京沪高铁于2011年6月30日正式开通运营，京沪两地进入5h经济圈，“千里京沪一日还”得以实现。截至目前，建成并投入使用的已有北京东站、北京南站、北京西站、北京北站及北京站5个客运铁路站。

航空运输方面，北京首都国际机场是世界最繁忙的国际机场之一，位于北京市顺义区(行政属朝阳区)。大部分北京的国内国际航班均在北京首都国际机场停靠和起飞。机场和北京市区间由北京机场高速公路连接，在路况良好的情况下只需约40min即可到达。北京地铁机场线从市区东直门到达北京首都国际机场T2航站楼大约需要15min。另外，北京南苑机场作为军民合用机场，对民航开放，距离南四环3km，距离天安门广场13km，区位优势明显。

市内交通方面，北京市老城区（二环路以内）的城市道路是棋盘式的格局，横平竖直。2014年，北京市公路里程达21 892km，比上年年末增加218km。其中，高速公路里程为981km，比上年年末增加59km。2014年年末城市道路里程为6435km，比上年年末增加41km。北京市公交阡陌纵横的运营线路从中心向周边延伸，旅游车、长途车、专线车、小区车、空调车、双层巴士、出租汽车种类齐全，优化合理，充分满足现代人对出行的不同需求。北京公交加快“绿色公交”步伐，CNG（压缩天然气）公交车、LPG（液化石油气）公交车、出租车、加气站大规模推广使用，清洁燃料车拥有量已居世界各城市首位。“绿色公交”为与国际接轨的现代化大都市增添了一道靓丽的风景线。预计2020年北京市地铁线路将达31条，总长超过1000km。

(3) 文化体育旅游资源优势

北京市是有着3000多年历史的国家历史文化名城。北京市在历史上曾为六朝都城，在从燕国起的2000多年里，建造了许多宏伟壮丽的宫廷建筑，使北京市成为中国拥有帝王宫殿、园林、庙坛和陵墓数量最多，内容最丰富的城市。

就旅游景点而言，北京市拥有世界遗产6处，是全球首个拥有世界地质公园的首都城市。北京市旅游资源丰富，对外开放的旅游景点达200多处，有世界上规模最大的宫殿建筑群故宫，祭天神庙天坛，皇家园林北海公园、颐和园和圆明园，还有八达岭长城、慕田峪长城以及世界上最大的四合院——恭王府等名胜古迹。北京市共有文物古迹7300多处，其中近100处全国重点文物保护单位。

就非物质文化遗产而言，北京市涵盖音乐、舞蹈、戏剧、曲艺、杂技与竞技、美术、手工技艺、传统医药、民俗九大类（表5-1）。

表5-1 北京市非物质文化遗产名录

种类	非物质文化遗产名录
音乐	智化寺京音乐、天坛神乐署中和韶乐、门头沟京西幡乐、通州运河船工号子、顺义曾庄大鼓
舞蹈	门头沟京西太平鼓、延庆旱船、昌平后牛坊村花钹大鼓、密云蝴蝶会、米粮屯高跷会、海淀扑蝴蝶、白纸坊太狮老会、大栅栏五斗斋高跷秧歌、沙峪村竹马、汤河川大班小班、米粮屯高跷、蝴蝶舞、童子大鼓老会、花钹大鼓
戏剧	昆曲、京剧、河北梆子、大兴诗赋闲、柏峪燕歌戏
曲艺	相声、岔曲、单弦、京韵大鼓、密云蔡家洼村五音大鼓、平谷调、京西太平鼓、和韶乐、曾庄大鼓、京西幡乐沙峪竹马、柏峪秧歌戏、赋弦
杂技与竞技	天桥中幡、抖空竹、帽山满族二魁摔跤、围棋、中国象棋
美术	北京牙雕工艺、曹氏风筝工艺、北京玉器工艺
手工技艺	景泰蓝制作技艺、聚元号弓箭制作技艺、荣宝斋木版水印技艺、北京雕漆工艺、全聚德挂炉烤鸭技艺、北京便宜坊焖炉烤鸭技艺、宝刀衡制作工艺、绒布唐工艺、曹氏风筝工艺
传统医药	同仁堂中医药文化
民俗	北京春节厂甸庙会、门头沟妙峰山庙会、东岳庙行业祖师信仰习俗、房山大石窝石作文化村落、石景山古城村秉心圣会、通州区漷县镇张庄村龙灯会、门头沟龙泉务童子大鼓老会、张庄龙灯会、大石窝石作文化村落

从体育旅游资源来看，2014年北京市共有体育场馆6156个。主要场馆：国家体育场（鸟巢）、国家游泳中心（水立方）、工人体育场、五棵松体育馆、国家网球中心、北京奥林匹克水上公园、首都体育馆、北京大学生体育馆、奥体中心体育馆、北京射击馆、丰台垒球场、月坛体育馆。北京奥运会不仅为我国留下了诸如鸟巢、水立方等大型场馆的硬件体育遗产，更为重要的是带动了全民健身热潮以及各种国内外大型体育赛事的开展等。

(4) 旅游产业完善基础设施，大型国际体育赛事举办经历优势

北京市文化体育旅游开发与发展所必要的基本条件已基本形成。截至2014年年底，北京市共登记注册旅行社1837家。其中，有特许经营中国公民出境业务的旅行社589家。截至2015年年底，全市共有星级饭店554家，其中五星级64家，四星级130家，三星级203家，二星级147家，一星级10家。

交通业在旅游业发展中起着重要的作用。北京市具有航空、公路、铁路和公共交通等构成的交通网，计划建设中的城市高速公路网 20 余条。北京市通过 9 条高速公路与邻近城市相连接，计划建设中的高速公路 5 条。北京市为起点有 8 条铁路呈放射状通往山海关、广州市、包头市、承德市、通州市和上海市等地，还有通往莫斯科市、乌兰巴托市、平壤市及河内市等地的国际列车。

自 1995 年《全民健身计划纲要》颁布后，北京市在社会体育方面发展迅猛。同时，2008 年北京奥运会的成功申办使其在体育设施方面投资很大。北京市拥有很多的大众体育设施综合体育健身中心和运动场所，新建和改建奥运会场馆 32 个。另外，北京还建有 59 个训练场及残奥会专用设施。北京市体育旅游基础设施的不断完善将利于吸引更多的体育旅游游客，并可以为体育旅游开发提供硬件设施及各种体育旅游活动。

大型国际体育赛事对承办地的旅游业具有十分显著的影响，不仅可以改善当地的基础设施和旅游形象，增加到访的旅游者人次，而且极大地促进了当地的经济发展。例如，据韩国开发研究院分析，2002 年韩国举办世界杯足球赛的当年经济效益在 13 兆韩元左右，相当于 100 亿美金。更值得一提的是，2002 年 7 月 13 日北京申奥成功的当晚，北京饭店就接到 50 个预订奥运期间客房的电话。

中国各单项体育协会与各国际单项体育联合会相互信任和尊重，有密切的合作关系，2005～2016 年举办了世界锦标赛、世界杯等多项国际单项体育赛事。在冬季项目各国际单项体育联合会的支持下，2004～2015 年，北京市也举办了一系列国际冬季体育赛事（表 5-2），在赛事组织、媒体运行、服务接待、安全保卫等方面具有丰富的经验，拥有专业人员。

表 5-2　北京市 2004～2015 年举办国际大型体育赛事汇总

时间	赛事
2004 年 11 月 11～14 日	国际冰联女子冰球冬奥会资格赛
2006 年 8 月 27 日～9 月 5 日	第 11 届世界女子垒球锦标赛
2007 年 11 月 9～26 日	世界跆拳道锦标赛
2008 年 8 月 8 日～9 月 17 日	第 29 届奥林匹克运动会 第 13 届残疾人奥林匹克运动会
2009 年 9 月 17～20 日	2009～2010 赛季国际滑联短道速滑世界杯
2011 年 9 月 7～11 日	2011 年北京铁人三项世界锦标赛
2013 年 9 月 18～24 日	中国冰壶公开赛
2013 年 11 月 1～3 日	中国杯世界花样滑冰大奖赛（已在北京举办 7 届）
2015 年 8 月 22～30 日	2015 年世界田径锦标赛

2. 北京市文化体育旅游产业发展的劣势分析

（1）文化体育旅游产业人才缺乏

作为首都的北京市，高质量的文化体育旅游人才的短缺问题是影响文化体育旅游产品的安全、设计开发、未来文化体育旅游的发展方向和发展规模等问题的最大因素。2001～2009 年北京市共有 11 所高等旅游院校开设了旅游相关专业，同时有北京体育大学、首都体育师范学院、北京师范大学体育学院、北京体育职业学院 4 所体育类院校。但是目前几乎没有体育院校开设文化体育旅游产业专业，可以说，北京市在培养文化体育旅游产业相关专业人才方面基本处于空白状态。虽然近些年北京市加大了对文化体育旅游产业人才的培养，文化体育旅游产业有了一定的发展，但是从目前北京体育旅游实际发展情况，文化体育旅游产业处于人才需求大于人才供给。

（2）文化体育消费总量低

北京市作为首都，建设国际化大都市的定位不仅意味着拥有城市功能的优势和庞大的消费群体，同时产生出较高层次的消费需求。根据《北京市城市总体规划（2004—2022年）》的预计，2020年北京市的常住人口为1800万左右。从消费支出结构上看，2006年北京市城镇居民家庭每年教育文化娱乐服务支出为2515元，高出全国平均水平1倍以上；人民闲暇时间不断增加，每年约为125天。《2005年中国文化产业发展报告》对全国21个大城市2万余人的调查结果显示，中国城市居民的休闲活动集中在去公园、看休闲消遣类书籍、打羽毛球、登山、打麻将、种花盆栽、打游戏机等7项既简便易行又花费低廉的活动上，这说明，提升我国整体的文化消费数量和质量还任重道远。这一举措明确了全民健身与体育消费的关系。人文北京城市目标的提出，让城市发展赋以体育文化和健康的含义。发展体育文化创意，吸引大众的体育参与，提高城镇居民的体育文化消费水平，是当前北京市发展体育文化创意产业需要着力抓好的问题。

（3）文化体育产业尚未形成国际影响规模

近年来经过产业结构调整，北京市初步形成以高新技术产业、现代制造业和现代服务业为三大支柱的首都经济发展模式。作为第三产业的现代服务业成为首都经济的重要组成部分。但是北京市的现代服务业与发达国家相比，在国民生产总值中的占有量仍然偏低。当代后工业化和工业化国家第三产业占国民生产总值的比例为60%～70%，其中一些国际化大城市高达75%以上，如纽约为86%。北京市体育企业分散而规模小，缺少有国际竞争力的体育企业或企业集团。北京市发展和改革委员会向十二届人大五次会议提交的报告中提出，后奥运时期北京市将重点发展几大具有奥运特色的产业，其中体育和文化被置于首要位置。利用北京市在文化、科技、人才及国际化方面的优势，接势奥运，继续扩大体育文化创意产业的基础和规模是北京市体育文化创意产业发展的当务之急。

（4）体育产业与相关产业结合力度不够

体育产业具有综合效应和拉动作用，文化体育创意产业的发展需要体育产业与文化、旅游、电子信息等相关产业的结合。当前北京市文化体育创意产业的发展尚处于起步阶段，大力发展文化体育创意产业是北京市体育产业的发展方向，尤其是北京奥运会启动的奥运功能区，在开展与扩大体育休闲产业边际效应方面起到示范和带动作用，但总体而言体育产业仍需要加强与相关产业的结合力度。

（5）体育企业市场化程度不高

目前北京市体育企业市场化程度不高，市场没有真正对体育资源的配置起到主导和配置性的作用。由于计划经济体制下的体育管理模式，北京市丰富的体育资源并未得到合理的配置。

体育企业市场化程度较低造成企业的投资渠道不畅。一方面，政府的过渡干预造成行业限制太多，市场壁垒过高，非国有资本进入北京的体育市场门槛高。另一方面，非市场因素的干扰使投资者对资本回报率测算的不确定性增加，也影响投资者的信心。市场化不成熟的现象造成北京市体育企业的融资渠道不畅，体育企业从资本市场获得的资金支持很少。

3. 北京市文化体育旅游产业发展的机遇分析

（1）政策与政府支持

2014 年 10 月国务院出台《关于加快发展体育产业促进体育消费的若干意见》，第一次明确提出将全民健身上升为国家战略。这一历史契机将为北京市文化体育旅游产业的发展铺平道路。同时，北京市政府高度重视文化体育产业以及旅游产业的发展问题，为此颁布出台了很多相关重要政策。例如，《北京市“十二五”时期旅游业发展规划》及《北京市人民政府关于加快发展体育产业的实施意见》等。一系列文化、体育及旅游产业相关重要政策的出台，使拥有丰富文化体育旅游资源的北京市，在文化体育旅游产业发展上如虎添翼。

北京市旗帜鲜明地提出了建设世界城市的目标，以建设世界城市为努力目标，不断提高北京在世界城市体系中的地位和作用。历史名城、多元文化、宜居城市的建设为文化体育旅游业大的发展奠定了坚实的基础。北京市必须抓住文化休闲旅游的发展机遇，发挥文化体育旅游资源丰富且独特的优势，推动整个文化体育旅游产业不断前进。

（2）奥运会等体育盛会举办带来的机遇

举办过奥运会的城市，其国际声望和知名度往往都有很大提高。北京市作为一个国内外大型文化体育赛事的举办地，在奥运会之后跃升为国际旅游业所瞩目的中心。2008 年北京奥运会的举办以及各种国内外体育赛事的承办，使北京体育赛事的观众数量大大增加。各种体育设施的不断完善，使体育参与人口也同样迅速增加。这些都为体育旅游的开发形成巨大的客源群体。世界各国运动员来北京参加比赛以及进行训练的机会变得越来越多，这必将给体育旅游活动的开发带来更多的机会。

2008 年北京奥运会余温未过，2022 年北京–张家口冬奥会又即将到来。届时，北京市将承办所有的冰上项目，延庆区和张家口市将承办所有的雪上项目。北京市携手张家口市举办 2022 年冬奥会是一个睿智的选择，“带动 3 亿民众参与冰雪运动”的承诺也将催生一个巨大的冰雪体育产业市场。冬奥会的场馆建设、区域交通的完善、服务能力的提升，无疑会给北京市的文化体育旅游产业带来巨大的机遇。

（3）文化体育旅游的需求日益增加

国际旅游发展规律表明，旅游发展的根本动力来自于 GDP 的增长。由于中国经济持续增长，居民收入增加，消费结构升级，加上旅游环境优化，中国文化体育旅游产业市场还将继续保持快速增长的势头。迅猛增长的中国经济使人民生活水平得到了很大的提高，生活方式和文化体育活动方式都发生很大的改变。另外，文化体育旅游产业的迅速崛起，文化体育旅游形势的变化以及对体育活动的关心程度增加等都给北京市文化体育旅游产业的发展带来了巨大的潜力。

《北京市 2016 年国民经济和社会发展统计公报》数据显示，据初步核算，2015 年北京市实现地区生产总值 22 968.6 亿元，按可比价格计算，比上年增长 6.9%，增速与全国持平。整个“十二五”时期，北京市地区生产总值年均增长 7.5%，完成了“十二五”的预期目标。按常住人口计算，全市人均地区生产总值由 2010 年的 1.1 万美元提高到 2015 年的 1.7 万美元。公报显示，去年全市居民人均可支配收入达到 48 458 元，比上年增长 8.9%；扣除价格因素后，实际增长 7.0%。据北京市旅游发展委员会公布数据显示，2015

年，在入境旅游市场持续低迷的情况下，北京市国内旅游市场保持了稳定向好的态势，全市旅游业整体发展平稳良好；全年实现旅游总收入4607.1亿元，同比增长7.6%；旅游总人数2.73亿人次，增长4.3%；旅游餐饮和购物额2318亿元，同比增长8.2%，占全市社会消费品零售额的比例22.4%；旅游特征产业完成投资额712.3亿元，增长15.8%，占全社会固定资产投资的比例为8.9%，提高0.8个百分点；旅游增加值1720亿元，占全市GDP的7.5%。

此外，北京市荟萃了自元明清以来的中华文化，拥有众多名胜古迹和人文景观。北京市是奥运会和国际国内大型体育赛事的重要举办场所。同时，作为中国首都的北京市，是中国的政治文化中心，对国内外的游客都有巨大的吸引力。随着人们文化体育旅游消费需求的增长，北京市文化体育旅游产业必将迎来一个巨大的发展机遇。

4. 北京文化体育旅游产业发展的挑战分析

（1）政府职能的调整与转变

近年来，北京市人民政府积极调整职能以促进旅游业的发展，取得了较好的成效，但是，在旅游业发展中依然存在较多的问题。例如，过多关注经济职能，对旅游的社会、文化和生态效益重视的不够；规划的科学性有待进一步提高；旅游行业协会等社会组织的行业自律没有发挥出来，国际经验表明，旅游行业组织是推动旅游产业快速发展的重要动力，而北京市人民政府过多地对行业组织进行干预使其难以发挥应有的作用，且旅游组织本身也过度依赖政府，自治能力不足；多元的公共服务供给机制没有形成，总体来说，北京市的旅游相关的软性公共服务建设比较落后，旅游公共科普系统、旅游公共服务的监管系统都需要进一步的改进；旅游营销的转化程度不高，与国际上旅游业发达的城市相比，北京市旅游的行政色彩很浓厚，导致其缺乏旅游企业的积极参与和产品跟进。

（2）对当地环境和安全的挑战

旅游并不是人们生活中的必需品，这就导致旅游产业的脆弱性，即环境将直接关系旅游业的生死存亡。截至2015年年底在京常住人口到达2200万，由于其所处的气候带，水资源缺乏，而北京市的游客已超过2.26亿人，超过北京市常住人口的10倍，这势必会对北京市的环境及安全带来巨大的挑战，如果北京市的承载力不能容纳这么多的人流量，必定会破坏当地的文化生态环境，过大的人流量也容易引发治安和不文明旅游问题。

（3）京津冀一体化程度相对较低

京津冀经济区成立于2007年，相比于长江三角洲和珠江三角洲地区，京津冀地区在经济资源和人口社会方面都存在着一定的差距，另外，京津冀地区在一体化程度上也存在着一定的差距，未能形成良好的合力以带动文化体育旅游产业的发展，与以上海为中心的长江三角洲和以深圳、广州为中心的珠江三角洲及以闽东为中心的东南沿海地区相比，差距较大，同时，京津冀地区尚未制定正式的发展战略，不利于京津冀地区长期的发展，也会对北京的文化体育旅游产业发展造成不利影响。

（4）社会环境的挑战

旅游业的发展具有一定脆弱性，极易受到外界社会环境中重大事件的影响，这是旅游发展过程中难以避免的问题。例如，北京市旅游业的发展一直呈上升趋势，但是在2003年和2008年却出现了较大的波动，究其原因是分别是受“非典”疫情和全球“金融危机”影响。

从社会文化的角度看游客与居民的社会文化所存在的差异也会对当地具有一定的影响。这种社会文化环境的影响会直接局限文化体育旅游市场活动的范围并影响文化体育旅游开发与实施的整个过程。因此，还应该对社会制度变化趋势以及居民生活习俗进行积极的探索研究。

5.1.2　张家口市文化体育旅游产业发展的 SWOT 分析

1. 张家口市文化体育旅游产业发展的优势分析

（1）区位优势：辐射范围广

张家口市地处京、冀、晋及内蒙古 4 省（自治区、直辖市）交界处，市区距首都北京仅 180km，距天津港 340km。是京津冀（环渤海）经济圈和冀晋蒙（外长城）经济圈的交汇点。自古就是兵家必争之地，素有“张库大道”上的陆路商埠之美誉。京包铁路、丰沙铁路、大秦铁路和 4 条国道、14 条省道、25 条县级以及 700 多条乡级公路并网交错，四通八达。京张高速铁路、京大高速公路全线贯通，大大缩短了张家口市与京津等地的时空距离。京津等周边地区也将成为张家口市旅游资源市场的主体。特别是毗邻京津，距北京市 178km，距天津市 320km，是沿海发达地区经过北京市向西北经济辐射的第一站，区位优势十分明显。另外，张家口市地处京津冀经济圈和晋冀蒙经济圈的交汇处，是京冀晋及内蒙古 4 省（自治区、直辖市）交界区域的中心城市且东临京津两大都市，有利于承接京津地区资金、技术、人才、信息等要素的辐射和转移。

就体育（滑雪）旅游而言，崇礼（云顶滑雪场等）仅距北京市 247km，位于京津唐环渤海经济圈的影响范围之内，以及京津冀旅游合作互动架构之中。崇礼的经济地理区位优势是黑龙江省的亚布力、吉林省的北大湖和四川省的西岭雪山所望尘莫及的。北京市及其周边地区是我国目前滑雪旅游市场的重要组成部分，地缘优势为崇礼占领北京市场建构了一条便捷的通道。北京市作为首都，它不仅是崇礼滑雪旅游的主导市场，也是前导市场，对崇礼滑雪旅游对全国的推广和销售有引导和辐射作用。例如，日本的苗场滑雪场距东京 220km，其年最大接待滑雪者量为 300 万人次，其中 80% 滑雪者来自东京市。崇礼区域内的万龙滑雪场，过去的几个雪季，形同于苗场滑雪场，有不低于 80% 的滑雪者来自北京市及北京市以远区域。优良的经济地理区位是崇礼打造我国滑雪旅游产业旗舰的关键保障。

（2）交通优势

京津冀地区内有 35 条高速公路与 280 多条一般省级干线相连，基本形成了覆盖京津冀地区的 3h“都市交通圈”。张家口市高速公路通车里程达 808km，铁路通车里程达 623km。高速公路网发达，京新高速公路、京藏高速公路、首都环线高速公路、张石高速公路、京大高速公路、张承高速公路、绕城高速公路四通八通，交通极为方便。京包铁路在此设有张家口站和张家口南站。京张城际铁路也已开工建设。张家口机场有航班往返国内各大城市。

崇礼全区油路总里程由 2002 年的 100 多千米猛增至现在的 850 多千米，张承高速公路连接线的塞北、万龙、长城岭三条旅游公路改建工程，共计 45.875km，其中塞北滑雪场连接线 21.022km，万龙滑雪场连接线 8.874km，长城岭滑雪场连接线 15.979km。航空、快速铁路、高速公路大交通架构的形成，大大缩短了市场与目的地的空间距离，大大缩小了滑雪者的心理距离，最大化地加大了滑雪场的可进入性，进而使滑雪场的市场影响范围更大，市场影响力度更大。越发通畅的可进入性为崇礼打造滑雪旅游产业旗舰提供了坚实的交通保障。

（3）文化体育旅游资源丰富多样

张家口市旅游资源极其丰富（表5-3）。就历史文化资源而言，主要有5000年前黄帝、炎帝与蚩尤在涿鹿一带共同创造的三祖文化，蕴含丰富古生物、古人类信息的泥河湾文化，存有国内保存最好、规模最大的邮驿建筑群的邮政文化，以张库大道（张家口市至库伦，库伦即今乌兰巴托市）、京张铁路为陆路交通枢纽的商业文化等。

表5-3　张家口市文化旅游资源细分

文化旅游资源			地点
文化景观资源	历史文化资源	源文化	阳原泥河湾遗址群及博物馆、中华三祖堂——合符坛（华夏文明之源）
		古长城文化	多代长城遗址、长城关隘大境门
		元都城文化	元中都遗址、元中都博物馆
		古建筑文化	张家口堡、宣化古城——钟楼鼓楼、蔚县明清民居、沽源萧太后梳妆楼
	生态文化资源	森林公园文化	和平森林公园、黑龙山国家森林公园
		草原草甸文化	张北草原、沽源草原、桦皮岭
		湿地文化	沽源湿地
	宗教文化资源	佛道释三位一体文化	关外第一寺——云泉禅寺
	红色文化资源	爱国主义教育基地10余处	1469军事高地旅游区、冯玉祥故居、晋察冀军区司令部旧址、董存瑞烈士纪念馆、八角台
文化民俗资源	商业文化资源	风味饮食文化	口菜、口蘑、豆制品、熏肉、杏仁、杏扁、杏干、长城干红干白
		边境贸易文化	张库古商道、茶马互市
	艺术文化资源	戏曲文化	二人台
		节庆文化	蔚县社火
		技艺文化	打树花、蔚县剪纸
文化休闲资源	康体文化资源	温泉地热文化	赤城温泉、怀来温泉
		滑雪健身文化	崇礼滑雪、张北滑雪
	农业文化资源	农家乐文化	张北草原农家乐、蔚县农家乐
		采摘文化	怀来葡萄采摘、张北农业园采摘

就民俗文化资源而言，主要有以独特“刻”刀技法在众多剪纸中独树一帜的蔚县剪纸，以“天下奇绝”著称的暖泉镇“打树花”，国家非物质文化遗产——康宝“二人台”以及富含文化内涵的张家口地方特色菜、口菜等。

就休闲体育资源而言，张家口市现在拥有较大的滑雪场4座，能够满足不同层次游客的需求。张家口市崇礼区地处大别山和燕山山脉交汇处的大马群山之中，区内沟壑纵横，海拔在2000m以上的山峰多达20余座。位于县域东向、东北向的山峰，如红花梁、喜鹊梁、汉海梁、长城岭、桦皮岭等地，在坡向、坡度、垂直落差、空间体量等方面，适于开发高水准大规模的国际量级滑雪场。张家口市崇礼区是河北省的重要林区，区内有小面积的原始林，有一定面积的天然森林，还有大面积的人工林。目前，崇礼的滑雪场集聚区，就是森林覆被面积最大的区域。良好的林地资源不仅营造了滑雪旅游理想的山地氛围，还营造了防风存雪的天然屏障。

（4）气候与环境优势

就体育（滑雪）旅游而言，张家口市崇礼区位于河北省西北部，地处内蒙古高原与华北平原过渡地带，位于北京市西北 220km，存雪期长，雪质参数均符合滑雪标准，适合户外运动。滑雪运动是一项户外运动，它需要适宜的气温，太冷和太热都不适合这项运动的开展，张家口市冬季的气温是开展这项运动最理想的温度。张家口市拥有较好的生态环境优势，以 PM2.5（细颗粒物）为例，张家口市一年四季都处于低值区，为居民和游客出行提供了良好的生态环境和感知。

（5）专业团队管理优势

崇礼区的云顶、万龙、长城岭和多乐美地等滑雪场，全部由专业管理团队进行运营管理。万龙滑雪场的管理团队成员大都有好利来集团、亚布力滑雪场和北京南山滑雪场丰富的管理经验，是我国最优秀的滑雪场管理职业经理群体之一。长城岭滑雪场的管理团队来自河北省体育局，具有丰富的体育产业经营实践经验。多乐美地滑雪场的管理团队是我国另一支优秀的雪场职业经理人群体，他们还秉承了意大利多乐美地滑雪大区的管理模式和经验。密苑云顶乐园管理团队大都来自于马来西亚云顶集团和卓越集团，是更为精干的职业经理人群体。三个滑雪场及马来西亚密苑项目的管理团队，大都在法国、德国、意大利、奥地利、瑞士、加拿大、美国、日本和韩国进行过滑雪场和滑雪产业的调研和培训，他们在滑雪场的规划、开发、运营和管理等方面，具有丰富的理论基础和实践经验。优秀的团队是崇礼打造我国滑雪旅游产业旗舰的关键。

2. 张家口市文化体育旅游产业发展的劣势分析

（1）旅游内容缺乏新意，文化内涵尚未体现

张家口市的文化休闲旅游起步晚，尚未形成规模，鲜有特色品牌。主要表现在：①现有的文化休闲旅游多停留在单纯的观光休闲旅游阶段，且布局零散、规划单一，内容缺乏新意，价高质次。以张北坝上草原文化旅游节为例，首先，仍以观光为主，缺乏体现张北文化、草原文化的内容。其次，在草原文化旅游节上，仍主要以骑马、吃烤全羊、住宿或参观蒙古包等常见旅游项目为主，缺乏有新意、有创意的旅游项目。再次，与怀来葡萄采摘节等其他文化休闲旅游项目在布局上空间距离远，资源整合困难，积聚效应难以发挥。第四，游客的体验和收获与宣传相差甚远。②现有的文化休闲旅游产品过分地依赖休闲资源，缺乏文化内涵，地域文化特色不突出，更缺乏互动性、参与性和文化性。张北坝上草原文化旅游节、怀来葡萄采摘节都是以当地的休闲资源为依托开展的，但这些项目都存在一些共同的问题：首先，在内容上缺乏文化内涵，没有将当地的地域文化展现给游客；其次，休闲性不突出，可供游客参与、互动的项目极少，更谈不上通过参与、互动领略当地文化魅力。

（2）同等城市发展迅速，旅游产品同质性较高

国内其他同等城市或地区大力发展文化休闲旅游，且许多已经取得成功。例如，2010年4月，宜良县被评为“中国最佳文化休闲旅游县”；杭州梅家坞推出的“茶文化休闲旅游”以当地茶农的生活现状、方式和民风民俗为吸引物，满足了城市居民返璞归真，回归自然的旅游需求；河北省承德市双滦区已确立了“三四五六”文化休闲旅游产业发展思路，拟举全区之力推进文化休闲旅游项目的建设，实现文化休闲旅游战略支撑产业的率先突破；江西省抚州市的“农家乐”休闲文化旅游，利用大自然的秀美山水、淳朴的农家院落和悠久的历史名胜景点，为游客提供了解历史文化、回归自然、享受休闲生活的机会。上述这些城市和地区已走在了大力发展文化休闲旅游的前列，率先成为兄弟省市借鉴发展文化休闲旅游成功经验的典范。而张家口市的文化休闲旅游还处在起步阶段，与上述城市和地区相比存在着较大的差距，发展明显滞后。

（3）旅游专业人才相对缺乏

旅游专业人才匮乏一直是困扰各地旅游业发展的一大因素。同样，专业人才短缺也是制约张家口文化休闲旅游发展的主要因素。目前，张家口市拥有培养旅游专业人才的院校5所，以张家口市规模最大的一所高校——河北北方学院为例，探讨张家口市旅游专业人才的匮乏程度。河北北方学院旅游管理专业现有在校生155人（2012年6月之前），在该市所有院校中旅游专业在校生最多。如果这些学生毕业后全部留在张家口工作，对张家口市旅游专业人才的短缺会起到一定的缓和作用，但实际上这些学生毕业后几乎全部到外地就业，多流向旅游发展机会多、发展条件好的北京市、天津市、石家庄市等大城市。张家口市旅游以目前的发展现状、发展条件及发展环境很难吸引旅游专业人才在当地就业。

体育（滑雪）旅游产业同样遇到相似的问题。国外如澳大利亚等一些国家有专门培养体育旅游人才的系科和相关专业，而中国的高等院校开设相关的体育旅游专业的特别少。因此，在发展体育旅游的过程中缺乏既懂体育又懂旅游的专业人员。体育产业部门缺乏高素质的体育旅游经营管理专门人才，从而造成经营方式陈旧、经营内容单一、营销理念落后、创新意识薄弱、体育旅游项目策划单一，档次不高，体育旅游产品少且项目的吸引力和生存力不强。

（4）体育旅游投资主体单一，缺乏资金支持

由于投资主体单一，缺乏资金支持，投资不足，基础设施跟不上，开发速度较慢，未能形成规模效益。从表5-4可以看出张家口市滑雪场地没有港澳经济和外商经济注入。国有经济中政府主管部门的投资也不足，财政拨款和体育彩票公益金为零，抑制了市场规模的扩大和基础设施的提高。

表5-4　张家口市滑雪场经济属性　（单位：万元）

滑雪场	经济成分	财政拨款	单位自筹	社会捐赠	体育彩票公益金	总计
万龙滑雪场	私营经济	0	5 000	0	0	15 000
多乐美地滑雪场	集体经济	0	2 000	0	0	9 000
长城岭滑雪场	国有经济	0	1 500	0	0	8 000

（5）体育旅游缺乏宣传力度

张家口市滑雪旅游市场的宣传远远不如哈尔滨市、长春市等地。例如，张家口崇礼国际滑雪节的知名度远远不及哈尔滨国际冰雪节和长春冰雪节。按照国际惯例，在一个景区的建设上，宣传费要占总开支的 30%，但是张家口市的滑雪旅游市场中没有一个能达到这个标准，往往采取简单地印些画册和宣传单，每年在宣传上仅投入少量的资金，没有形成长期、统一地宣传计划。

由于宣传力度不够，客源市场并不景气。另外，宣传广度也不够，仅局限在省内进行促销，没有真正做到“走出去”“请进来”，在全国或国际上产生影响。时值全国滑雪旅游异常火爆、各地争相炒作之时，缺少整体包装和特色宣传的张家口市滑雪旅游市场将会受到制约。

（6）设施发展滞后于快速的旅游发展需求

近年来，随着崇礼旅游知名度的提高，游客量逐年呈快速增长趋势，而景区内的排污、垃圾处理设施尚不完善，很大程度上造成了景区环境污染，与旅游业的可持续发展不相适应。崇礼区尚不具备旅游中心集散功能，各类服务接待设施、城镇风貌都存在一定差距。游客的日益增多同服务设施、接待水平的相对滞后这一矛盾进一步凸显，成为制约崇礼区旅游立县战略实施的瓶颈。

经调研，我们发现到崇礼滑雪场依旧没有班车开通，通勤距离依旧稍远。此外，滑雪场的工作人员大部分是从雪场所在地的乡村、城镇中招聘的一些当地临时的工作人员，他们大部分人学历较低，没有经过专门的培训便开始工作，服务不周到、不规范，游客抱怨服务态度的比例较高，严重地影响了雪场的声誉，影响了整个滑雪旅游市场的发展。

3. 张家口市文化体育旅游产业发展的机遇分析

（1）国家及省级政策与政府支持

国家全国性国民休闲计划启动，为张家口市旅游注入文化、休闲元素提供了助推力。京津冀三地进行了积极探索。京津冀地区是中国乃至世界上旅游资源最丰富的地区之一，且三地各具特色、互补性强，开展区域合作既是京津冀三地旅游发展的内在要求，也是旅游业发展的必然趋势。为了推动京津冀区域旅游合作的不断深化，京津冀三地还印发了《京津冀旅游协同发展行动计划（2016—2018 年）》。

2008 年，河北省委、省政府做出了建设环京津休闲旅游产业带的重大决策，成为张家口市发展文化休闲旅游的机会。张家口市作为京津冀都市圈中的一个重要城市，在发展区域旅游一体化过程中可借助京津旅游知名度，充分发挥自身文化、休闲旅游资源优势，充分利用“京津交通圈”的便利条件，制定相应的旅游发展规划。

（2）申办“冬运会、亚冬会、冬奥会”带来的政策机遇

体育盛会将带动举办地的经济发展，也会为投资者带来丰厚的经济效益。“全冬会”作为我国与全运会齐名的大型赛事，必将会给它的组织者和参与者带来众多商机。依附在“亚冬会”和“冬奥会”上的商机更是无法估量。根据张家口市政府对第十二届“全冬会”比赛项目、比赛设备、场地要求、参会人员的预测，仅在申办“三冬会”的基础设施方面就已潜藏着建设滑冰场、改善滑雪设施、提高接待服务能力、加快道路交通建设等诸多投资商机。

（3）人民文化体育旅游的需求日益增长

随着社会经济的发展，以及人们生活水平的提高，旅游已经成为一种消费时尚。2014

年年末，我国城镇居民家庭人均可支配收入已经达到28 844元，农村居民家庭人均纯收入达到9892元。城镇居民消费已由小康型转向富裕型，因此对文化娱乐消费需求提高较快，这为体育旅游的发展提供了广阔的市场空间。

4. 张家口市文化体育旅游产业发展的挑战分析

（1）客源市场竞争激烈

客源市场一直是各地旅游业得以发展的必要因素。就客源市场而言，京津客源市场一直是张家口市与省内其他兄弟城市共同争夺的对象。但就目前张家口市发展文化体育旅游的现状而言，与其他兄弟城市相比竞争力不强。就距离而言，张家口市也不占有太多的优势，张家口市周边较为著名的旅游城市如大同市、保定市、承德市、呼和浩特市等城市的距离都在人们自驾旅游可接受的心理范围内。随着时空的进一步压缩，未来周边旅游市场的发展和要素袭夺犹未可知。因此，客源市场的争夺和新的客源市场的开拓是当前和未来张家口市文化休闲旅游发展面临的主要挑战之一。

（2）发展背景相似

中共十七届六中全会之后，文化兴旅、文化强市、文化强省是各地政府和旅游业打出的发展策略。张家口市也不例外，就张家口市而言，在地缘上与省内其他兄弟城市相近。在文化上与国内其他一些城市具有可替代性，因而张家口市的文化休闲旅游在选取如何表现文化内涵，表现何种文化及如何表现等方面与其他城市可能存在相似性，甚至可能相同。

例如，大同市新编制的《文化旅游业发展三年行动计划》提出：从2016年起，旅游接待量年均增长15%以上，力争2018年接待国内外游客3800万人次，旅游总收入达到350亿元等。未来几年，大同市将形成核心景区、新型景区、休闲体验式景区以及周边旅游一体化发展的“3+3+3+1”格局。承德市规划欲打造皇家御路文化旅游带，构建贯穿北京市、承德市、内蒙古经典景区的皇家御路文化旅游带等3条市域特色城镇带，规划建设一批有乡土、有乡情、有特色、有文化、有品位的特色小城镇。保定市打造“张柔文化旅游区”等。由此可看出，周边的兄弟城市都是打“文化旅游”牌。对此，如何选取新颖而具有竞争力的表现内容及方式来展现当地文化是张家口市文化休闲旅游发展面临的一大挑战。

（3）滑雪旅游市场秩序有待进一步规范

对旅行社、导游、旅游车司机和景区景点的管理还属于粗放型，各职能部门对体育旅游市场齐抓共管互相配合还不够。张家口滑雪旅游市场还不同程度地存在着低价格竞争、低质量服务、低素质从业、低水平管理、低效益运营等问题，威胁着张家口滑雪旅游市场的健康发展。

5.1.3 北京市文化体育旅游产业的SWOT分析

1. 优势

京张文化体育旅游产业发展的共同优势就是区位交通优势、文化体育资源丰富优势，而北京市拥有非常好的基础设施优势，张家口市基础设施建设相对滞后，气候环境优势和专业团队的管理优势是张家口市体育（滑雪）旅游产业的独特优势，见图5-2。

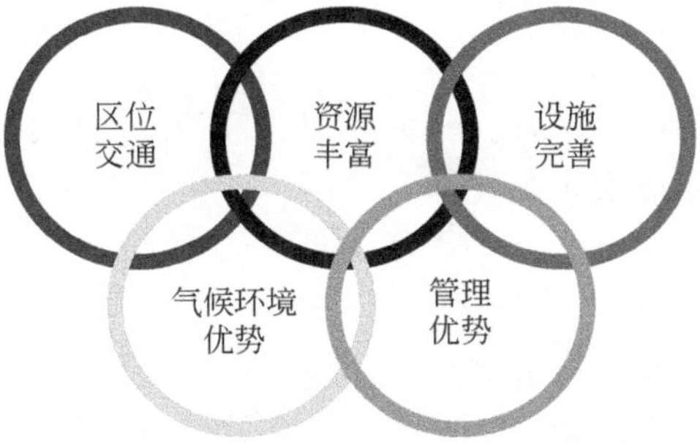

图 5-2 北京市文化体育产业优势

2. 劣势

图 5-3 表达了北京市、张家口市的劣势，可看出人才是京张二市共同的劣势，其余劣势各不同相同。但需要注意的是，即使拥有共同的劣势，但程度仍不可相提并论，总体而言，北京市的优势更为明显见图 5-4。

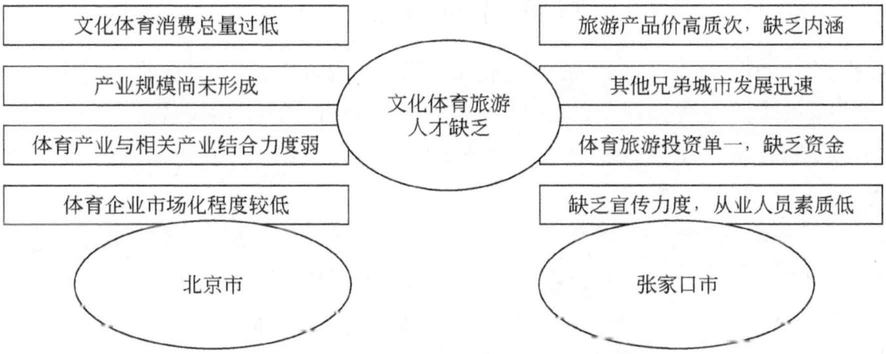

图 5-3 北京市与张家口市的劣势示意图

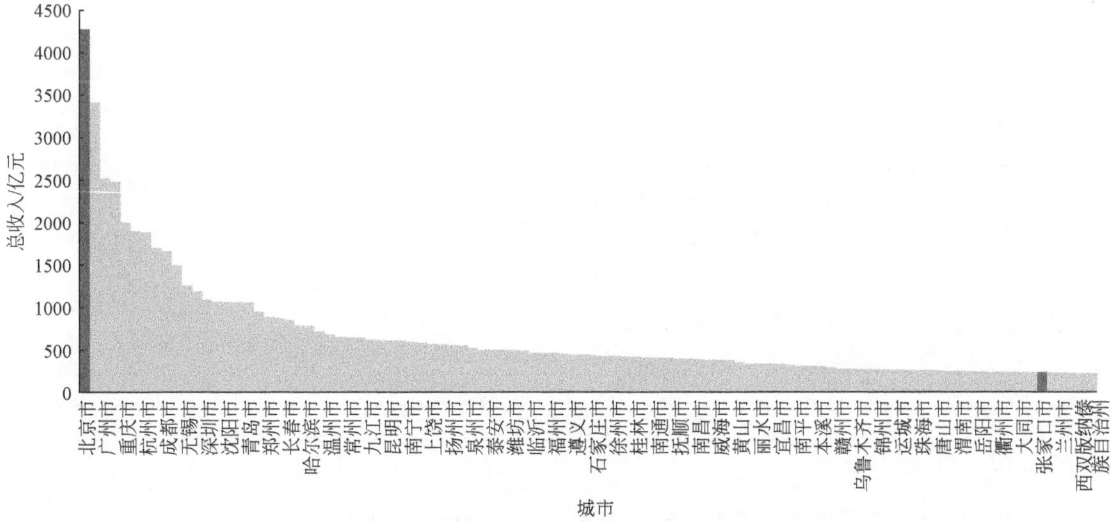

图 5-4 2014 年全国城市旅游总收入前 100 位

3. 机遇

从北京市和张家口市的机遇来看，较为相似，政策的支持，旅游需求的增加，大事件带来的影响，这将极大地促进京张文化体育旅游产业带的发展。

4. 挑战

北京市文化体育旅游产业发展的挑战主要包括政府职能的调整与转变、对当地环境和安全的挑战、京津冀一体化程度相对较低、社会环境的挑战等方面。张家口市文化体育旅游产业发展的挑战主要包括客源市场竞争激烈、发展背景相似、市场门槛低、竞争较激烈、滑雪旅游市场秩序有待进一步规范。

5.2 区域比较：京张文化体育旅游产业带发展的区域竞争力比较

5.2.1 全国比较：为旅游百强城市

根据数据可获得性选择了评价城市文化体育旅游竞争力的相关数据，数据来自 2014 年的各市国民经济和社会发展公报、2015 年各省相关统计年鉴及网络数据。

从全国城市的旅游业总收入来看（图 5-5 和表 5-5），北京市位列第 1 位（4280. 1 亿元），张家口市为第 95 位（237. 6 亿元）。

除直辖市、省会城市、计划单列市外，仅以地级市比较，张家口市位于第 65 位（图 5-5 和表 5-6）。实际上，与排名第 55 位的唐山市仅相差（19 亿元），基本属于同一梯队。由此可见，张家口市的旅游总收入在全国处于较高水平。

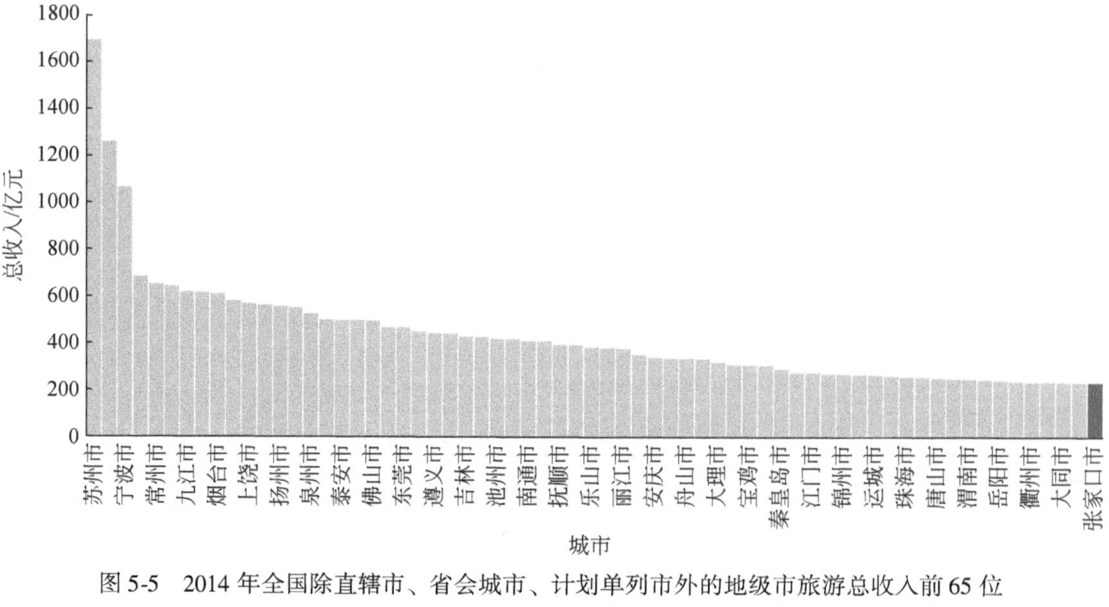

图 5-5　2014 年全国除直辖市、省会城市、计划单列市外的地级市旅游总收入前 65 位

表 5-5　2014 年全国城市旅游总收入前 100 位

（单位：亿元）

名次	城市	旅游总收入	名次	城市	旅游总收入	名次	城市	旅游总收入	名次	城市	旅游总收入	名次	城市	旅游总收入
1	北京市	4280.10	21	长春市	855.00	41	泰安市	500.50	61	南昌市	391.43	81	运城市	268.80
2	上海市	3415.96	22	合肥市	791.24	42	太原市	500.01	62	乐山市	385.70	82	承德市	265.00
3	广州市	2521.82	23	哈尔滨市	786.70	43	潍坊市	499.50	63	威海市	383.86	83	珠海市	260.44
4	天津市	2487.00	24	厦门市	722.09	44	佛山市	496.27	64	丽江市	381.44	84	衡阳市	260.04
5	重庆市	2003.37	25	温州市	685.50	45	临沂市	469.70	65	黄山市	354.40	85	唐山市	256.67
6	武汉市	1900.00	26	济南市	657.90	46	东莞市	469.10	66	安庆市	340.58	86	焦作市	253.07
7	杭州市	1886.33	27	常州市	654.30	47	福州市	468.03	67	丽水市	339.58	87	渭南市	252.00
8	苏州市	1697.78	28	绍兴市	645.53	48	丹东市	452.40	68	舟山市	338.44	88	张家界市	248.70
9	成都市	1665.00	29	九江市	623.00	49	遵义市	444.43	69	宜昌市	336.17	89	岳阳市	246.25
10	南京市	1500.00	30	金华市	620.00	50	济宁市	443.40	70	大理市	322.93	90	十堰市	242.70
11	无锡市	1263.56	31	昆明市	614.77	51	石家庄市	436.40	71	南平市	312.46	91	衢州市	240.38
12	长沙市	1192.00	32	烟台市	614.00	52	吉林市	430.67	72	宝鸡市	310.80	92	郴州市	239.10
13	深圳市	1091.65	33	南宁市	597.00	53	徐州市	430.48	73	本溪市	309.58	93	大同市	238.70
14	宁波市	1068.10	34	台州市	583.55	54	池州市	421.90	74	秦皇岛市	293.62	94	日照市	237.90
15	沈阳市	1065.60	35	上饶市	572.60	55	桂林市	421.00	75	赣州市	279.59	95	张家口市	237.60
16	大连市	1065.00	36	嘉兴市	565.03	56	呼和浩特市	413.20	76	江门市	279.00	96	淮安市	235.03
17	青岛市	1060.00	37	扬州市	560.30	57	南通市	412.10	77	乌鲁木齐市	274.57	97	兰州市	232.28
18	西安市	950.00	38	镇江市	554.50	58	保定市	411.50	78	惠州市	273.20	98	咸阳市	230.00
19	郑州市	892.60	39	泉州市	528.65	59	抚顺市	396.80	79	锦州市	272.20	99	西双版纳傣族自治州	228.02
20	贵阳市	874.39	40	湖州市	503.20	60	淄博市	395.00	80	三亚市	269.73	100	吉安市	226.30

表 5-6　2014 年旅游城市收入百强城市旅游综合竞争力评价

名次	城市	指数	名次	城市	指数	名次	城市	指数	名次	城市	指数	名次	城市	指数
1	北京市	0.6400	21	长春市	0.1278	41	泰安市	0.0748	61	南昌市	0.0585	81	运城市	0.0402
2	上海市	0.5108	22	合肥市	0.1183	42	太原市	0.0748	62	乐山市	0.0577	82	承德市	0.0396
3	广州市	0.3771	23	哈尔滨市	0.1176	43	潍坊市	0.0747	63	威海市	0.0574	83	珠海市	0.0389
4	天津市	0.3719	24	厦门市	0.1080	44	佛山市	0.0742	64	丽江市	0.0570	84	衡阳市	0.0389
5	重庆市	0.2996	25	温州市	0.1025	45	临沂市	0.0702	65	黄山市	0.0530	85	唐山市	0.0384
6	武汉市	0.2841	26	济南市	0.0984	46	东莞市	0.0701	66	安庆市	0.0509	86	焦作市	0.0378
7	杭州市	0.2821	27	常州市	0.0978	47	福州市	0.0700	67	丽水市	0.0508	87	渭南市	0.0377
8	苏州市	0.2539	28	绍兴市	0.0965	48	丹东市	0.0676	68	舟山市	0.0506	88	张家界市	0.0372
9	成都市	0.2490	29	九江市	0.0932	49	遵义市	0.0665	69	宜昌市	0.0503	89	岳阳市	0.0368
10	南京市	0.2243	30	金华市	0.0927	50	济宁市	0.0663	70	大理市	0.0483	90	十堰市	0.0363
11	无锡市	0.1889	31	昆明市	0.0919	51	石家庄市	0.0653	71	南平市	0.0467	91	衢州市	0.0359
12	长沙市	0.1782	32	烟台市	0.0918	52	吉林市	0.0644	72	宝鸡市	0.0465	92	张家口市	0.0358
13	深圳市	0.1632	33	南宁市	0.0893	53	徐州市	0.0644	73	本溪市	0.0463	93	大同市	0.0357
14	宁波市	0.1597	34	台州市	0.0873	54	池州市	0.0631	74	秦皇岛市	0.0439	94	日照市	0.0356
15	沈阳市	0.1593	35	上饶市	0.0856	55	桂林市	0.0630	75	赣州市	0.0418	95	郴州市	0.0355
16	大连市	0.1593	36	嘉兴市	0.0845	56	呼和浩特市	0.0618	76	江门市	0.0417	96	淮安市	0.0351
17	青岛市	0.1585	37	扬州市	0.0838	57	南通市	0.0616	77	乌鲁木齐市	0.0411	97	兰州市	0.0347
18	西安市	0.1421	38	镇江市	0.0829	58	保定市	0.0615	78	惠州市	0.0409	98	咸阳市	0.0344
19	郑州市	0.1335	39	泉州市	0.0790	59	抚顺市	0.0593	79	锦州市	0.0407	99	西双版纳傣族自治州	0.0341
20	贵阳市	0.1307	40	湖州市	0.0752	60	淄博市	0.0591	80	三亚市	0.0403	100	吉安市	0.0338

构建城市旅游竞争力综合评价指标体系（图 5-6），通过层次分析法计算出旅游收入百强城市的综合竞争力指数，在 2014 年旅游总收入百强城市的旅游综合竞争力评价中，北京市排在第 1 位，张家口市排在第 92 位（图 5-7）。

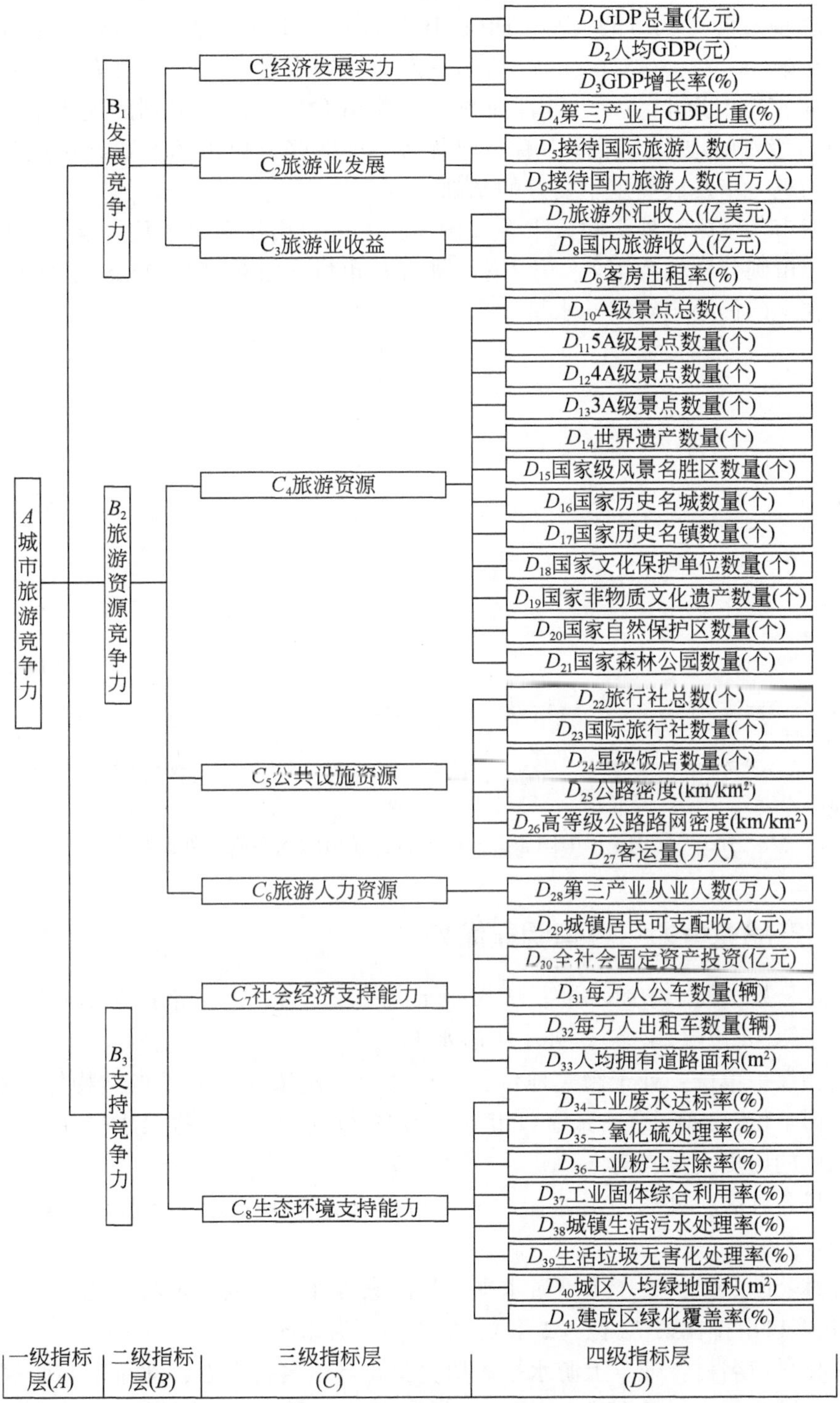

图 5-6　综合评价指标体系

5.2.2 旅游百强城市比较

1. 旅游收益竞争力：处于较高水平

从旅游总收入百强城市的人均 GDP 的比较来看，北京市排在第 14 位（99 995 元），张家口市排在第 88 位（30 756 元）。从第三产业比例来看，北京市的第三产业比例最高（77.9%），张家口市为 40.5%，处百强城市的第 66 位，与同等级别的地级市比较排在第 37 位，与同等级别的地级市相比占有一定优势。说明张家口市的产业结构逐步合理，为城市旅游业的进一步发展奠定了良好的基础。

从百强城市入境旅游外汇收入来看（图 5-7），北京市排名第 3 位（460 770 万美元），上海市、广州市则分别位列第 1、第 2 位。张家口市排在第 93 位（2725 万美元），入境旅游外汇收入在全国仍处于较高的水平。

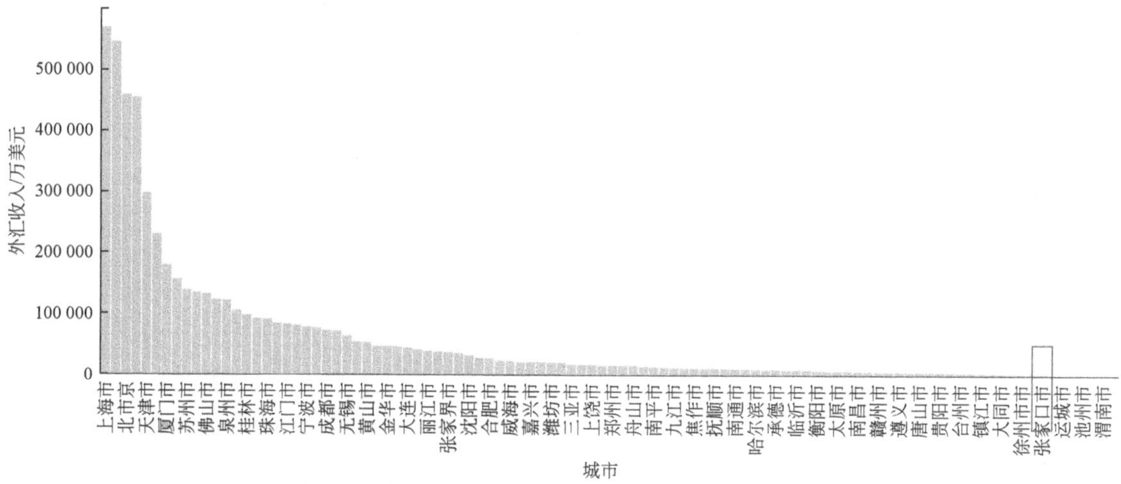

图 5-7 2014 年中国旅游总收入百强城市的入境旅游外汇收入

2. 旅游产品竞争力：具有明显优势

A 级景点总数：处于中游水平。从 A 级景点总数来看，北京市排在第 1 位（211 个）。张家口市处于第 58 位（28 个），处于中游水平。

重点文物保护单位：处于领先地位，历史文化底蕴浓厚。从重点文物保护单位来看，北京市排在第 1 位（120 个）。张家口市处于第 19 位（27 个），排名十分靠前，说明张家口市有着浓厚的历史文化底蕴。

国家风景名胜区：处于下游水平。北京市拥有 2 个国家风景名胜区，排在第 10 位，张家口市为 0。

国家森林公园数量：处于中下游水平。从国家森林公园数量来看，北京市排在第 3 位（15 个），张家口市排在第 72 位（2 个），处于中下游水平。

历史文化名镇名村：处于上游水平。历史文化名镇名村来看，北京市与张家口市拥有同样的数量，同为 6 个，并列排在 11 位，处于上游水平。这也同样说明了张家口市有着浓厚的历史文化底蕴。

国家级自然保护区：处于上游水平。张家口市拥有国家级自然保护区 3 个，排在并列第 6 位。北京市拥有 2 个，排在第 14 位。

3. 公共设施竞争力：处于中上游水平

全国旅游总收入百强城市中张家口市排在中上游位置，在旅游方面有着较好的公共设施支撑能力。

从公共设施资源相关指标来看：①客运量。北京市排在第 6 位，张家口市排在第 65 位。②道路面积。北京市排在第 6 位，张家口市排在第 85 位。③出租车量。北京市排在第 1 位，张家口市排在第 35 位。④公共汽车拥有量。北京市排在第 2 位，张家口市排在第 35 位。从上述指标可以看出张家口市的公共设施资源配置在全国旅游总收入百强城市中排在中上游位置，在旅游方面有着较好的公共设施支撑能力。

4. 人力资源竞争力：处于中下游水平

选择第三产业从业人员作为旅游人力资源的评价指标，可以看出北京市排在第 1 位（576 万人），张家口市排在第 60 位（26 万人）。说明张家口市在旅游收入百强城市中处于中下游水平，但与 30 ~ 60 位的城市相差并不大。

5. 社会、环境竞争力

（1）关注度

张家口市文化体育旅游受到一定的关注。

我们在百度旅游上提取了游客对各城市的评论信息。人们对北京市旅游的关注度很高，对张家口市的关注度较低。一般来讲，人们对某城市旅游关注的越多，其研究也相对越多。因此，我们提取了 CNKI（中国国家知识基础设施工程）上对城市旅游的研究数量进行对比。对北京市旅游的研究较多，对张家口市的研究较少。总的来讲，就城市旅游而言，对北京市的关注很多，对张家口市的关注较少。就文化旅游和体育旅游而言，张家口市的文化旅游、体育旅游处于中上游位置，说明张家口市的文化体育旅游有一定的影响。综上所述，人们对北京市的旅游关注度较高，对张家口市的旅游关注度很低。但张家口市的文化体育旅游处于中上游位置，说明人们对张家口市旅游的整体关注恰恰集中在文化体育旅游方面，文化体育旅游仍有较好的发展前景。

（2）生态环境支持能力

张家口市拥有良好的生态环境，为人们的出行提供了环境保障。

2014 年中国城市的 PM2. 5 分布来看，张家口市的生态环境非常好，这为人们的旅游出行提供了良好的保障。

5. 2. 3　省内比较：处于中游发展水平

1. 与 3 ~5 位城市差距很小

张家口市的旅游总收入在河北省 11 个城市中排第 6 位（237. 6 亿元），前五位分别是石家庄市 436. 4 亿元，保定市 411. 5 亿元，秦皇岛市 293. 62 亿元，承德市 265. 00 亿元，唐山市 237. 6 亿元，张家口市与 3 ~ 5 位的城市旅游总收入差距很小，基本处于同一水平（图 5-8）。

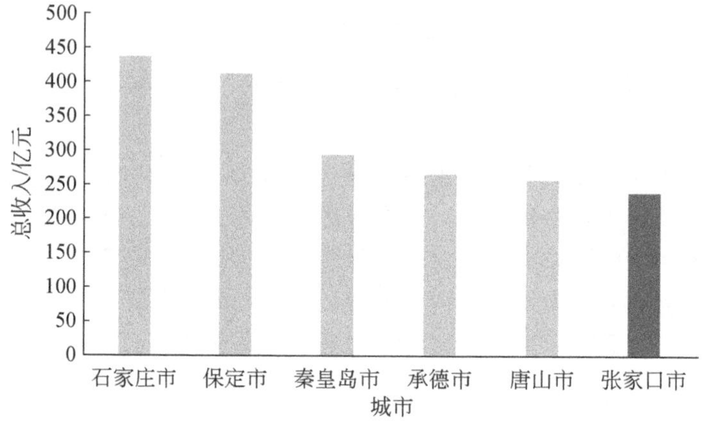

图 5-8　河北省城市旅游总收入前 6 位

张家口市的重点文物保护单位、历史文化名镇名村、国家自然保护区方面在省内排名十分靠前，其他旅游资源处于中下游发展水平，总体来看，张家口市在省内文化旅游资源上占据良好的优势。

2. 与周边城市旅游竞争并不占优势

2014 年张家口市与周边外省的大同、呼和浩特市旅游总收入比较，并不占优势，说明周边的兄弟城市与张家口市直接产生竞争。加之在本省的旅游竞争力处于中游水平，张家口市若想在城市旅游方面的竞争异军突起还有很长的道路要走。

通过上述对 2014 年旅游总收入百强城市的旅游竞争力分析，可以看出张家口市在旅游资源、外汇收入、公共设施等多项指标上都排在百强城市的中（上）游水平，在全国更处于较好排名，说明张家口市在旅游发展上占据一定的优势，有着良好的基础。

5. 3　案例借鉴：国内外城市文化体育旅游产业发展的成功经验借鉴与启示

京张文化体育旅游产业带发展所借鉴的国内外案例应从以下三个方面展开。

1）直接的案例：冬奥会带动城市发展，选取了美国盐湖城冬奥会的案例。

2）体育赛事案例：借奥运会再次复兴的城市，选取了巴塞罗那奥运会的案例。

3）“大事件营销”及“中心–外围”模式的尺度跃迁：大事件营销促进了城市新的发展机遇，如世博会、园博会等。此外，还要看到京张二市空间结构实际上是典型的“中心–外围”模式。因此，由“中心–外围”模式共同举办大事件促进双城的发展的案例更应当值得借鉴。本书选取了上海市举办世博会如何与周边地区共同发展的案例。

5.3.1 冬奥会运营成功经验：美国盐湖城冬奥会

美国盐湖城冬奥会对盐湖城的主要影响表现在：直接受益的增加、提升了城市的知名度、促进了旅游产业的发展、交通设施的改善、旅游产业配套设施的改善、信息化建设、场馆的建设与赛后的利用、就业率的增长等。

（1）直接受益的增加

高额门票的收入：入场券共售出超过152万张，高达95%以上，创下1.83亿美元的门票收入纪录。

电视转播权收入创新高：在全美有84%的家庭收看盐湖城冬奥会，加拿大、欧洲几家电视转播商提供的收视率也非常喜人。其中美国国内转播权收入为4亿美元、全球转播权收入为5000万美元。

冬奥会特许商品销售：销售量比预计多一倍，所有特许商品的销售收入在2000万~2500万美元。

美国政府支持：美国政府给予了一部分安全与交通方面的资助。盐湖城冬奥会获得赞助费8.61亿美元，获得广告赞助商的收入超过了近几届冬奥会组委会所征集的赞助收入。

该届冬奥会有1亿多美元的盈余。地方政府因冬奥会获得的财政纯收入为7600万美元。

（2）提升了城市的知名度

冬奥赛事的影响力：共有来自77个国家和地区的共2399名运动员参加了该届冬奥会，夺取金牌的选手来自多达18个代表团，创造了历史最高纪录。

参与报道该届冬奥会的新闻记者共有8730名，其中文字记者2661名，广播记者6069名。

该届冬奥会共招募到22 000名志愿服务者。

城市影响力：2002年盐湖城旅游人次达到300万人次；2007年，到盐湖城旅游的游客数超过500万。

2002年盐湖城冬奥会后，美国犹他州竖起了冬季项目的招牌，举办多项国际大赛和奥运相关活动，盐湖城成为世界第七大知名滑雪胜地。

盐湖城冬奥会后，除了最负盛名的滑雪项目外，当地利用资源，在其他季节开展徒步旅行、登山探险和自行车越野等多种旅游项目，形成“四季游”的格局，现已成为世界度假胜地、其他小镇及国家公园的入口（Snowbird滑雪度假村、Arches国家公园）。

2014年世界最大户外用品展会所在地，吸引参展商达到1595余家、吸引超过2.7万名专业贸易参观者。

（3）旅游产业的发展

旅游业：2002~2010年，依靠冬奥会的场馆共举办200多场赛事，场馆的使用率比2002年高出4倍，各项赛事为犹他州创造收益至少10亿美元。

盐湖城游客日均5万人次，他们在当地的消费达到了1.23亿美元。

酒店业：旅馆酒店人满为患，酒店房价增幅可达300%，房价由70~80美元/d的房间，涨价至200~300美元/d。

冬奥会期间，900多个民房出租点共吸纳了60%的租房预约，租金收入十分可观。

其他服务业（零售业）：街头摆满了五环标志的衣服、太阳镜，特许经营商品销量达到预期的一倍。盐湖城当地的餐饮业、汽车租赁业等行业的收入，因冬奥会而每年提高10%，直到2005年。

（4）交通设施建设

新建1个港口、建设机场配套设施。

投资15亿美元修建高速公路、投资3亿美元扩建轻轨。

盐湖城的1～15高速公路从1997年开始改造，耗资1.59亿美元，历时4年，成为至今在美国穿过城市中心的最大的高速公路设计和改造项目。

铺设人行步道。投资2.6亿美元建设交通标志设施、立体交叉改造、大型公共停车场。

投资交通基础设施增加交通通道以解决赛事带来的巨大人流，同时政府执行交通减压管理举措，减少拥堵，居民享受到更便捷的交通，同时也助推了旅游事业的发展。

（5）配套设施建设

通过冬奥会的举办，填补了当地五星级酒店的空白；城市溪流中心如今成为全美最大的市中心重建多功能（零售兼办公）购物中心项目，提供世界级的购物体验。

盐湖城有一座倒闭的购物中心，由于冬奥会的举办，经过再开发后重新开放。这座名为“城市溪流中心”（City Creek Centre）的购物中心服务12个城市街区，占地23英亩①，是美国几年来最大的零售兼办公居住的购物中心项目。

盐湖城投资1.85亿美元，建造了当地第一座五星级酒店——美洲大酒店，其位于盐湖城的核心区，步行即可到达鹰门学院和盐湖城政府大楼，酒店紧邻盐湖城公共图书馆及The Leonardo；酒店共有850间客房，具有室内泳池、SPA（水疗美容与养生）浴缸、桑拿室等度假设施；同时提供24h商务中心服务。

（6）信息化建设

盐湖城投资3亿元打造的冬奥会信息网络，成为奥运后时代居民享受网络便利的巨大遗产。网络光缆总长度达5.1万km。

（7）场馆建设与赛后利用

盐湖城冬奥会比赛场馆在后奥运时代大部分变成多用途的社会娱乐场所。赛后，对外开放开展各种体育活动，保证场馆设施的持续使用，包括用于举办国际大赛、运动员训练、作为青少年学习冬季运动的场所以及用于公众的休闲运动（表5-7）。

表5-7　赛后利用场馆与项目　　（单位：m^2）

场馆类别	场馆名称	竞赛项目	场馆规模	建设类型	赛后利用
室内冰上项目场馆	盐湖城冰上中心	短道速滑、花样滑冰	10 700	改建	室内运动和娱乐设施，NBA（美国男篮职业联赛）犹他爵士队主场，社区娱乐场所
	犹他奥林匹克椭圆形体育馆	速度滑冰	6 500	新建	运动员训练，儿童学滑冰，晚上成人冰球
	E中心冰球馆	冰球	8 500	新建	运动娱乐场所，承接赛事
	皮克斯冰场	冰球	8 000	新建	

① 1英亩≈4046.86m^2。

续表

场馆类别	场馆名称	竞赛项目	场馆规模	建设类型	赛后利用
室外雪上项目场馆	鹿谷雪场	自由式滑雪	18 000	改建	顶级滑雪场，度假目的地
	士兵谷雪场	冬季两项	17 000	新建	面积扩大到 600 英亩，开展登山、滑雪、野营、徒步、山地自行车等多种活动

2002～2010 年，盐湖城依靠冬奥会的场馆共举办 200 多场赛事，场馆的使用率比 2002 年高出 4 倍，各项赛事为犹他州创造收益至少 10 亿美元。

（8）就业岗位的增加

盐湖城冬奥会举办过程中，直接拉动就业岗位 3.5 万个、增收 15 亿美元；岗位主要分布在体育、交通、通信、服务等与冬奥会密切相关的行业。

5.3.2　奥运复兴城市典范：巴塞罗那奥运会

奥运会是巴塞罗那城市发展史上最为重要的城市大事件，对巴塞罗那来说不仅是一次体育盛会，更是实现整个城市复兴的重要机遇。

1992 年第 25 届奥运会是巴塞罗那城市发展过程中的重要分水岭。在此之前，城市经历了近 40 年的“佛朗哥独裁统治”，出现工业衰退、失业增多、郊区化、环境恶化等一系列城市问题。除去郊区大量发展的廉价工人住宅，城市建设几乎全面停顿。直至 1979 年，新民主政府成立并开始策划奥运会作为城市发展的机遇。奥运会从 20 世纪 70 年代末开始筹划酝酿，经过 10 余年的筹备和建设，使城市实现了阶段性跨越，如图 5-9 所示。

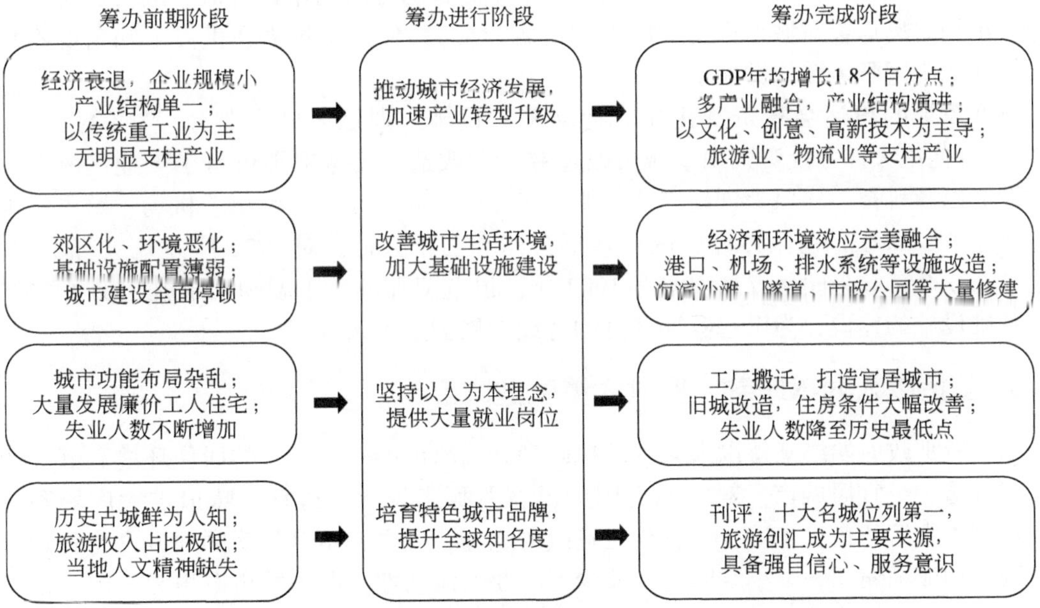

图 5-9　奥运会筹办不同阶段：巴塞罗那市发展情况对比

1. 推动了城市的快速转型，加速了产业转型升级

（1）推动了城市转型

奥运会的筹办也为巴塞罗那从一个工业城市转型成为一个多产业融合的国际性城市提供了强大的支撑。巴塞罗那作为一座先锋城市，是欧洲南部第一个开始工业革命的城市，奥运会举办以来，巴塞罗那致力于工业转型，从以前比较着重于重工业向高新科技方面转型，产业结构向高附加值、知识型产业演进，以文化、创意产业为主导的知识型经济对城市经济的贡献率占主导地位。同时积极发展高新技术产业，鼓励创新。

（2）加速了产业转型升级

奥运会前，巴塞罗那市的企业规模小，没有明显的支柱产业，而奥运会改变了整座城市，在体育产业发展起来的同时，其他新兴行业也迅速崛起，为今后的经济发展奠定了坚实的基础。这期间，巴塞罗那市的旅游、电子、通信、港口等行业，也借助奥运契机成为全市的支柱产业。

2. 改善了城市生活环境，完善了基础设施建设

1986 年获得奥运会主办权，极大地促进了巴塞罗那的城市改造和建设。巴塞罗那耗资约 362 亿比塞塔建成了 5km 长的海滨沙滩，改造了港口，修建了两条环形公路、两条隧道，改建了机场、城市的排水系统，建成了提供水、电、气和电话服务的网络。

通过耗时 7 年的大规模城市改造和各类设施建设，巴塞罗那城市面貌发生了根本性的变化，特别是奥运会提出将“城市向海洋开放”以来，通过对滨海地区实施的道路改造、铁路改造、工厂搬迁、海滩改造等措施，将数千米长的海滩向市民开放，成为旅游、休闲胜地，再加之奥运会对城市产生的巨大“广告效应”，使这个过去在世界上知名度不高的城市一跃成为国际著名旅游城市。

巴塞罗那的奥运会投资支出中，运动基础设施、训练设施和其他设施的投资仅占 9.1%，其他绝大部分投资则用于城市改造和行业改造。巴塞罗那进行了工业区改造，将其建设成以高科技、环保为创新经济产业的工业区，同时改建了港口、机场、城市排水系统，修建了 5km 长的海滨沙滩、两条环形公路和两条隧道，对 2772 座建筑进行了翻新，建设了 450 个市政公园。仅从 1989 ~ 1992 年，巴塞罗那的人工湖和喷泉就增加了 268%。城市基础设施的建设，为巴塞罗那经济的持续发展创造了条件。

3. 坚持以人为本理念，提供大量就业岗位

巴塞罗那政府始终坚持以人为本的执政理念，给市民一个良好的居住环境和舒适的生活，即打造一个宜居城市。对空间有限的巴塞罗那来说，不适宜一味追求大广场和宽马路，从真正宜居的角度来讲，要有相对宽敞的地方，也要有相对紧凑的地方，将各种用途以及城市功能浓缩在一个小空间内，减少不必要的流动性，促进城市凝聚力。因为巴塞罗那是一座地中海海滨城市，让居民可以漫步其中，享受和谐生活，公共生活空间的发展将会得到特别的重视。

在旧城改造过程中，无论是交通组织，还是老建筑再利用，都应按照以人为本的要求做出技术性规定，把握好尺度。旧城改造过程中，原有的交通组织、老建筑，完全可以加

以利用。

为了改善住房的居住条件，实现和恢复住宅功能的目标，重新让这座城市适宜居住，巴塞罗那设立了一个地区住房办公室和一家上市公司，来管理城市发展业务的试点运营。这保证了政府可以向受该改造计划影响的人士提供住房，因而除了避免出现其他社会问题，还避免了对历史中心地区实施社会拆迁对城区风貌带来的破坏。

就业方面，在主办城市的经济处于不充分就业和潜在产出水平之下时，体育赛事的举办将增加城市的总需求，并以此促进城市经济增长和就业水平提高。奥运会的筹办共为巴塞罗那创造了 35. 6 万个就业机会，1992 年 7 月奥运会举行时，巴塞罗那的失业人数降到历史最低点的 6 万人左右，大幅减轻因经济衰退导致的就业压力，有效减缓了由失业引发的大量社会问题。

4. 培育特色城市品牌，提升全球知名度

奥运会给了巴塞罗那一个在世界舞台上“秀”自己的绝好机会。有统计显示，奥运会申办期间，巴塞罗那的名字出现在全世界 15 000 份报纸的头版，而这些报纸的发行量据不完全统计达 135 亿份；而到了奥运会召开期间，全球有 30 亿人收看了开幕仪式，国际媒体对巴塞罗那奥运会的报道更是全方位、多角度、高强度的。

美国《国家地理》杂志 1993 年评出的人类必去的十大名城，巴塞罗那当之无愧地位列第一。巴塞罗那通过举办奥运会，使海滨地区成为美丽宜人的旅游区。巴塞罗那也成为当今欧洲第三大旅游度假城市，其旅游品牌形象得到迅速提升。

巴塞罗那奥运会的积极效应还体现在，提高了巴塞罗那市民的自信心和服务意识。而志愿者在奥运会期间热情周到的服务也给来访者留下了深刻的印象。“一届奥运会改变了一座城市，甚至一个国家”，1992 年的奥运会对西班牙的发展有着极为重要的意义。

美国盐湖城冬奥会与巴塞罗那奥运会举办对张家口城市发展的启示：通过对上述两大案例的梳理，可以看出，大型体育赛事的举办所带来的积极效应是连锁反应，如图 5-10

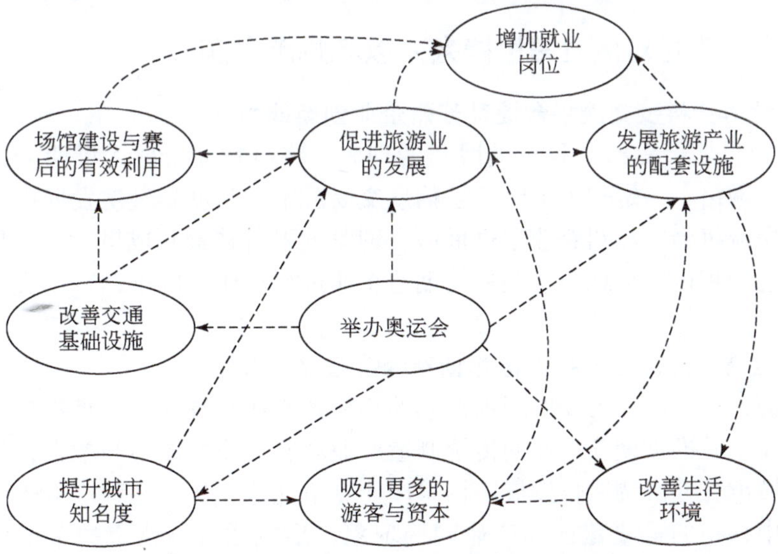

图 5-10　奥运会举办所带来连锁的积极效应

所示，可以看出，举办奥运会所带来的积极效应，基本上两两之间都有关系，对张家口的启示则主要有两点。

1）通过冬奥会举办的重大契机，积极发展各种要素，如完善基础设施建设、改善交通条件、加大宣传力度、发展配套产业、增加就业岗位等。

2）合理编制各类发展规划，统筹布局，争取使得每种要素之间都能够协同发展。

5.3.3 中心城市与外围城市互动营销：上海世博会

2010 年中国上海世博会，不仅是我国也是发展中国家第一次举办的综合类世博会，它极大地促进了我国与世界各国的交流与合作，推动了我国经济社会发展，具有重要意义。在世博会推动的过程中，核心城市上海与周边地区积极引导与参与，完美地体现了“中心-外围”模式对待大事件来临时积极的态度。

1. 世博会：上海发展重要推动力

与盐湖城冬奥会、巴塞罗那奥运会举办所带来的积极效应一样，上海世博会的举办对当时促进上海的经济社会发展起到了极大的推动作用。主要表现在：改善城市环境、提升城市地位与形象、增加就业机会等多方面。

改善城市环境：在世博会筹办期间，上海大力推进生态型城市建设，工业区污水集中处理率达到 90% 以上，外环线以内基本建成无燃煤区，城市环境空气质量优良率大于 85%。人均公共绿地面积达到 13m^2，绿化覆盖率达到 38%。

提升城市地位与形象：让世界更多人了解上海，引来更多的投资者和旅游者，大大提高上海的国际化水平。更为重要的是，进一步完善了上海城市功能，加快上海国际金融中心和国际航运中心的建设进程，从而进一步提升上海城市品牌和国际地位。

增加就业机会：以浦江开发为起点的新一轮投资热潮，对未来一段时期上海经济将起到明显的拉动作用，也必将创造相当多的就业机会，世博经济本身就可产生大量的就业岗位。据有关测算，世博会每增加 1000m^2 展览面积，就可创造近 100 个就业机会。

2. 周边地区如何对接上海世博会—以苏州市为例

（1）借助世博会科技交流平台提升苏州企业创新能力

2010 年上海世博会提出“科技世博”的理念，将科技完全融入世博会，企业全面参与扩大科技联系网络，一定程度上降低了信息交易成本，为创新经济发展中的隐性知识传播创造近距离交流机会。苏州企业通过世博会饱览世界科技最新成果，开拓科技眼界，获得大量科技信息，积极主动地与这些科技创造企业进行合作，以推动科技成果的应用和产业化。

（2）利用世博会溢出效应推动苏州创新经济整合与升级

通过世博会，苏州市大力发展附加值高的高科技产业和高水平的承接型、互补型和延伸型现代服务业，并推进创新产业向传统制造产业和服务业的渗透与融合，与上海市及长江三角洲其他城市互补协调错位发展，构筑产业竞争优势，从一定程度上改变当前苏州市与上海市经济中存在的重复建设和产业同构现象，形成适合苏州市的布局合理、协作分工、优势产业和特色产业均衡发展的创新经济新格局。

（3）发挥世博会优势以促进产学研区域一体化联动创新

苏州市通过世博会的契机加快外资研发本地化，提升科学技术的消化吸收与转化创新能力，逐步改变当前苏州市创新经济中关键技术主要是模仿创新的现状，造就苏州市创新经济技术发展新优势。

（4）通过世博会交流，完善苏州科技咨询服务

苏州市借助长江三角洲区域经济的实力，与上海市等城市分工协作，发挥自身的优势和特色，借助世博会充分学习国外技术转移的先进理念和服务模式，吸引国际中介机构和人才进入苏州市开展业务，并把苏州市外资技术服务和技术转移的机构纳入科技中介服务体系，积极鼓励民间资本进入科技中介业，大力发展各类咨询机构和建立引进风险投资基金，鼓励服务机构积极开拓国内外技术贸易市场，并制定切实可行的知识产权政策，加大知识产权保护力度，使苏州市创新资源物畅其流。

（5）利用世博会广揽创新人才

苏州市借助世博会加强与国内国际的人才培养、联合和交流，针对苏州市人才存在的结构问题，以创新经济关键领域为集聚，制定统一的人才引进、培养和稳定政策，增加苏州市科研组织的开发性和灵活性，加快高层次科技人才引进及培养工作，并大力增加R&D（研究与开发）经费的有效投入，改善科研软硬环境，提高基础研究和应用研究的投入比例，在技术引进、消化吸收基础上加强自主创新能力建设的支持力度，为苏州创新经济发展提供充足的人才和研究资金保证。

通过苏州市利用世博会契机发展自身社会经济的案例，可以看出，苏州市在世博会召开期间积极利用世博会提供一些外溢发展要素大力发展自身。张家口市也应在冬奥会举办的过程中，抓住京津冀地区提供的机会进行新一轮的城市发展。

5.4　战略思考：京张文化体育旅游产业竞争力和区域地位提升战略路径

5.4.1　总体思路

贯彻、落实国家和北京市、河北省关于《“十三五”时期京津冀国民经济和社会发展规划》的各项重点任务，扎实有序推进协同发展工作。积极落实《京津冀旅游一体化协同发展规划》等要求，协同密云、延庆、承德共建京北生态（冰雪）旅游圈，协同延庆共建京张文化体育旅游产业带，全面融入京津冀协同发展。

贯彻、落实河北省相关领导在首届河北省旅游发展大会上做的重要讲话精神。积极融入环首都休闲度假旅游圈，大力发展滑雪等产业，打造特色旅游区。借鉴好莱坞、迪士尼等开发衍生品的模式，精心打造旅游商品。进一步完善交通基础设施，打造“快旅慢游”旅游交通网。以“大智移云”建设为引领，快构建覆盖全省、对接全球的旅游信息服务体系，做好“互联网+旅游”。积极打造“重点景区+特色小镇+重点专业村”模式等。

5.4.2 启示与对策

1. 启示

（1）增强宣传力度，提升文化内涵

综上所述，奥运会申办期间，巴塞罗那的名字出现在全世界15 000份报纸的头版，这些报纸的发行量据不完全统计达135亿份；而到了奥运会召开期间，全球有30亿人收看了开幕仪式，国际媒体对于巴塞罗那奥运会的报道更是全方位、多角度、高强度的。在张家口市举办冬奥会期间，应大力宣传自身，提升自己的品牌效应。

张家口市素以蒙元文化见长，但知名度在全国却并算不高。众所周知，北京市以满清文化为主、西安市以秦汉文化等为主，通过自身良好的城市营销，使其在全国大众心里占据一定的地位。因此，在张家口市未来文化体育旅游发展的过程中，应积极增强宣传力度，提升自身的蒙元文化特色。

（2）与周边兄弟旅游城市差异化发展

张家口市周边有一些以旅游资源丰富的城市，如大同市、呼和浩特市、承德市等。要求张家口市要认清自身文化体育旅游产业的优势与劣势，与周边兄弟旅游城市进行差异化发展。例如，张家口市在收益、资源、基础设施、关注度、生态环境方面存在很多优势，在旅游产业发展上与一些城市存在较高的雷同。

建议开展区域城市旅游竞争力比较与提升的研究专题，选取与自身存在竞争关系的周边兄弟旅游城市展开详细比较与分析，以期更好地制定未来发展战略。

（3）加强基础设施建设

在调研的过程中，发现崇礼滑雪场周边的基础设施仍旧薄弱，目前还没有开通直达的班车，人们去崇礼滑雪场仍需要自驾，交通并不便利。因此，加强基础设施的建设仍是张家口文化体育旅游发展的重要路径。

（4）积极对接区域与北京，主动接受其发展要素的外溢

苏州市的案例可以看出，苏州市利用世博会的契机大力发展自身，积极享受中心城市上海市带来的要素外溢。对张家口市而言，应积极融入京津冀（旅游）协同发展，承接环首都旅游圈及北京市外溢的机会与政策，依托2022年京张共同举办冬奥会的契机，实现主动式发展。

2. 策略

（1）发展“互联网+旅游”

以国家旅游局出台的《旅游+互联网行动计划》为指导思考，发展张家口市“互联网+旅游”，与知名企业合作，引进B2C2C[①]电商运营模式，加强与银行、移动等运营商合作，对当地土特产品、手工艺品、景点门票、酒店预订等特色、特许、扶贫商品和旅游产品，进行线上线下销售，着力打造“大好河山张家口”的城市名片，全面提升“冬奥名城”

① B2C2C（business to channel to customens）即商家—渠道—顾客。

的城市影响力。

（2）实现资源有效整合，全方位对接北京

借申奥契机，与北京市合办冬奥会促进双城的共同发展。从承办经验来说，北京具备大型国际赛事的丰富经验，张家口通过跟北京联合承办，可以弥补经验不足的劣势。从比赛项目来说，北京奥运会的场馆加以改造，可以承载冰上项目，张家口冬季雪量大、雪质优、存雪期长，山形地貌条件优越，气温风速适宜，是华北地区最理想的天然滑雪区域，可以承载雪上项目，双方结合，对整个冬奥会实现了资源优势整合。

而赛后如何对接北京市更是需要考虑的问题。京张高铁的建设将大大缩短张家口市到北京市的时间和距离，由此增加与北京市的联系，从人才、资源、资本、企业、旅游等方面全方位对接北京。

（3）打造京张文化体育旅游的精品项目

张家口市以冬奥会为契机，结合滑雪优势资源及草原、森林、葡萄酒、民俗等重要资源，提出“白色基调，五色点亮”的奥运元素创意体系构想，打造多组合多体验的旅游线路设计。白色旅游突出冬奥滑雪旅游资源。红色旅游注重葡萄酒文化、红色文化旅游资源。蓝色旅游强调水域和温泉资源。金色旅游是指三祖文化、民俗文化、乡村休闲旅游资源。绿色旅游打造草原天路等森林草原深度游。

3. 可能带来的不利因素

大事件对促进城市发展带来的有利因素是不言而喻的，但也要看到不利因素，以防患于未然。

首先，举办一届大型体育赛事，拉动一个城市的发展，要注意避免赛后市场牵动力减弱、持续需求不足等情况发生。

其次，体育场馆、基础设施在赛后应当加以充分利用，避免长期大面积闲置的情况发生。

最后，举办一次体育赛事，还可能会带动城市局部地区房地产、物价的临时性上涨，应提前做好应对准备。

因此，举办大型体育赛事，必须制定一个好的、超前的战略，以及与策略相结合的规划，决不能就赛事谈赛事、就眼前谈眼前。上海世博会就是一个值得借鉴的案例。通过世博会，上海有效地实现了黄浦江两岸的互动联系，改善了城市空间结构，带动了旧区的改造再开发，带动了城市整体基础设施建设，场馆后续利用也考虑得比较周到，值得学习和借鉴。

参考文献

陈继祥 . 2005. 产业集群与复杂性 . 上海：上海人民出版社 .

陈剑锋，唐振鹏 . 2002. 国外产业集聚研究综述 . 外国经济与管理，24（8）：22-27.

陈萍 . 2015. 生态脆弱地区保护式旅游开发的空间规划途径——以乌鲁木齐县南山山前地区为例 . 城市发展研究，22（5）：5-10.

陈雪梅 . 2003. 中小企业集聚的理论与实践 . 北京：经济科学出版社 .

符正平 . 2002. 论企业集群的产生条件与形成机制 . 中国工业经济，175（10）：20-26.

盖文启，王缉慈 . 1999. 论区域创新网络对我国高新技术中小企业发展的作用 . 中国软科学，（9）：102-106.

韩杰，韩丁 . 2001. 中外滑雪旅游的比较研究 . 人文地理，16（3）：26-30.

黄健康 . 2005. 产业集聚论 . 南京：东南大学出版社 .

黄恬恬，王斌 . 2012. 山地户外运动与生态环境保护的冲突与协调 . 武汉体育学院学报，46（8）：20-24.

蒋勇 . 2014. 高速公路生态环境恢复与景观综合设计研究 . 广州：华南理工大学硕士学位论文 .

雷如桥，陈继祥 . 2005. 纺织产业集群创新网络形成演化机理研究 . 天津工业大学学报，24（2）：69-72.

李松梅 . 2012. 国外滑雪产业发展现状与主要经验分析 . 哈尔滨体育学院学报，30（4）：6-9.

李植斌 . 2003. 浙江原发性产业集群的形成机制与持续发展 . 地域研究与开发，22（6）：34-36.

刘爱雄 . 2006. 对产业集群竞争力来源的理论分析 . 科学学与科学技术管理，27（1）：73-78.

刘军国 . 2001. 传统产业集聚中的报酬递增 . 技术经济，（1）：57-59.

刘仁辉，李玉新，吴颖 . 2014. 欧美滑雪文化的流变及对中国滑雪文化传播与传承的启示 . 沈阳体育学院学报，33（4）：56-62.

刘颖奇 . 2010. 城市紫线划定研究 . 苏州：苏州科技学院硕士学位论文 .

吕文栋，朱华晟 . 2005. 浙江产业集群的动力机制：基于企业家的视角 . 中国工业经济，2（4）：86-93.

马建会 . 2009. 产业集群成长机理研究 . 北京：中国社会科学出版社 .

裴艳琳 . 2010. 滑雪体育旅游市场营销策略的实证研究——以亚布力为例 . 上海：复旦大学硕士学位论文 .

石玲，李淑艳，程兆豪 . 2013. 国际滑雪旅游业发展模式研究 . 北京林业大学学报：社会科学版，12（3）：75-80.

王宝钧 . 2006. 基于生态联系的京张区域整合研究 . 北京：首都师范大学硕士学位论文 .

王辑慈 . 2001. 创新的空间 . 北京：北京大学出版社 .

王云平 . 2006. 产业集群：发展动力、风险及防范 . 当代财经，（4）：87-89.

魏守华 . 2002. 产业群的动态研究以及实证分析 . 世界地理研究，11（9）：16-24.

伍斌，魏庆华 . 2015. 中国滑雪产业白皮书（2015 年度报告）. http：//www. vanat. ch/2015-China%20Ski%20Idustry%20White%20Book-Ben-ny%20Wu%20（20160503）. pdf. ［2016-04-10］.

赵敏燕，董锁成，苏腾伟，等 . 2016. 世界滑雪旅游产业时空格局与发展趋势研究 . 冰雪运动，38（5）：58-64.

周礼，蒋金亮 . 2015. 长三角城市旅游竞争力综合评价及其空间分异 . 经济地理，35（1）：173-179.

Andrew H. 1998. The use of visitor understanding in skiing management and development decisions at the

Cairngorm Mountains Scotland. Tourism Management, 19 (2): 145-152.

Bao Jigang, Chu Yifang. 2001. Geography of Tourism. Beijing: Higher Education Press. (in Chinese)

Berghammer A, Schmude J. 2014. The Christmas-Easter shift: simulating Alpine ski resorts' future development under climate change conditions using the parameter 'optimal ski day'. Tourism Economics, 20 (2): 323-336.

Beyazit F M, Koc E. 2010. An analysis of snow options for ski resort establishments. Tourism Management, 31 (5): 676-683.

Bicknell S, Mcmanus M. 2006. The canary in the coalmine: Australian ski resorts and their response to climate change. Geographical Research, 44 (4): 386-400.

Brenner T. 2001. Simulating the evolution of localised industrial clusters: An identification of the basic mechanisms. Journal of Artficial Societies and Social Simulation, 4 (3): 4.

Brenner T, Weight N. 2001. The evolution of industrial dusters: Simulating spatial dynamics, Advances in Complex Systerms, 4 (1): 127-147.

Catherine M P, Janice H, Graeme W. 2003. Environmental impacts of tourism on the Australian Alps Protected Areas. Mountain Research and Development, 23 (3): 247-254.

David O, Alphonse G. 1998. Indicators and standards of quality for ski resort management. Journal of Travel Research, 36 (3): 35-41.

Dawson J, Scott D. 2013. Managing for climate change in the alpine ski sector. Tourism Management, 35: 244-254.

Du J. 2012. The research of location method in china alpine skiing fields. Harbin: Harbin Institute of Physical Education. (in Chinese)

Getz D. 2008. Event tourism: definition, evolution, and research. Tourism Management, 29: 403-428.

Gilbert D, Hudson S. 2000. Tourism Demand constraints: A Skiing Participation. Annals of Tourism Research, 27 (4): 906-909.

International Olympic Committee. 2015. Report of the 2022 Evaluation Commission [EB/OL]. https: //www. olympic. org/news/evaluation-commission-report-for-2022-published. [2015-08-01].

Kubota H, Shimano K. 2010. Effects of ski resort management on vegetation. Landscape and Ecological Engineering, 6 (1): 61-74.

Landauer M, Pröbstl U, Haider F. 2012. Managing cross-country skiing destinations under the conditions of climate change-Scenario for destinations in Austria and Finland. Tourism Management, 33 (4): 741-751.

Laurent V. 2015. 2015 International Report on Sno &MountainTourism [DB/OL]. http: //onebookonevote. com/pdf/2015-international-report-on-snow-mountain-tourism. html. [2015-08-20]

Li Xiaolan. 2015. Assessment of soft investment environment for skiing tourism—comparison of skiing tourism between Heilongjiang, Jilin and Hebei. Journal of Wuhan Institute of Physical Education, 6: 51-56. (in Chinese)

Li Xiaolin. 2004. Heilongjiang ice-snow tourist resources and characteristics. China Winter Sports, 35 (2): 69-70. (in Chinese)

Li Yu, Zhao Minyan, Guo Peng, et al. 2016. Comprehensive Evaluation of Ski Resort Development Conditions in Northern China. Chin. Geogra. Sci, 26 (3): 401-409.

Peter H W. 1994. Planning consideration for winter sports resort development. Washington, D. C.: USDA Forest Service.

Pintar M, Mali B, Kraigher H. 2009. The impact of ski slopes management on Krvavec ski resort (Slovenia) on hydrological functions of soils. Biologia, 64 (3): 639-642.

Ratko R, Milica K G, Boris R, et al. 2012. Land degradation at the Stara Plan in a Ski Resort. Environmental Management, 49: 580-592.

Rixen C, Teich M, Lardelli C. 2011. Winter tourism and climate change in the Alps: an assessment of resource consumption, snow reliability, and future snowmaking potential. Mountain Research and Development, 31 (3): 229-236.

Sanjay K N. 2002. Mountain ecotourism and sustainable development. Mountain Research and Development, 22 (2): 104-109.

Stamer M. Systemic Competitireness: Understanding meso-level interventions. Presentation given at UNAM, Mexieo, 2003: 2, 10.

Toeglhofer C, Eigner F, Prettenthaler F. 2011. Impacts of snow conditions on tourism demand in Austrian ski areas. Climate Research, 46 (1): 1-14.

Wang Xinxin. 2010. The world's top 50 ski resorts. Beijing: New Star Press. (in Chinese)

Yang Ning, Zhang Li, Yang Runtian. 2015. The research on the depth development of ski tourism and leisure elements based on an opportunity for a joint bid of Beijing and Zhang Jiakou to host the Winter Olympic Games. Journal of Hebei North University, 6: 1-6. (in Chinese)

Zhang Lingyun, Yang Jingjing. 2007. Ski tourism development and management. Tianjin: Nankai University Press. (in Chinese)

Zhang Lingyun, Yang Shanlin. 2014. The study on influence on major event tourism and its theory system of sustainable development. Tourism Tribune, 29 (7): 126-128. (in Chinese)

附录1　张家口市文化旅游资源概查

序号	单体名称	主类名称	亚类名称	基本类型名称	基本类型代号	县市名称	级别
1	察北生态休闲旅游度假区	F 建筑与设施	FA 综合人文旅游地	休闲度假地	FAB	察北管理区	二级
2	蒙牛乳业（察北）工业旅游园区	F 建筑与设施	FA 综合人文旅游地	产业集聚地	FAL	察北管理区	三级
3	察哈尔文化城	H 人文活动	HE 娱乐休闲	文化产业园区	HEC	察北管理区	三级
4	落凤坡恐龙足迹化石群	E 遗址遗迹	EA 史前人类活动场所	文化层	EAB	赤城县	二级
5	独石口	E 遗址遗迹	EB 社会经济文化活动遗址遗迹	历史事件发生地	EBA	赤城县	二级
6	金刚殿遗址	E 遗址遗迹	EB 社会经济文化活动遗址遗迹	废弃寺庙	EBC	赤城县	二级
7	蚩尤寨遗址	E 遗址遗迹	EB 社会经济文化活动遗址遗迹	废城与聚落遗迹	EBF	赤城县	二级
8	东沟辽遗址	E 遗址遗迹	EB 社会经济文化活动遗址遗迹	废城与聚落遗迹	EBF	赤城县	一级
9	缙云城址	E 遗址遗迹	EB 社会经济文化活动遗址遗迹	废城与聚落遗迹	EBF	赤城县	二级
10	女祁县遗址	E 遗址遗迹	EB 社会经济文化活动遗址遗迹	废城与聚落遗迹	EBF	赤城县	一级
11	太皇太后行宫	E 遗址遗迹	EB 社会经济文化活动遗址遗迹	废城与聚落遗迹	EBF	赤城县	二级
12	御夷镇遗址	E 遗址遗迹	EB 社会经济文化活动遗址遗迹	废城与聚落遗迹	EBF	赤城县	一级
13	长城遗址	E 遗址遗迹	EB 社会经济文化活动遗址遗迹	长城遗迹	EBG	赤城县	三级
14	奥伦达生态旅游度假区	F 建筑与设施	FA 综合人文旅游地	休闲度假地	FAB	赤城县	三级
15	常胜庄高端养老度假村	F 建筑与设施	FA 综合人文旅游地	休闲度假地	FAB	赤城县	二级

续表

序号	单体名称	主类名称	亚类名称	基本类型名称	基本类型代号	县市名称	级别
16	大海陀森林公园度假区	F 建筑与设施	FA 综合人文旅游地	休闲度假地	FAB	赤城县	三级
17	海陀小镇旅游度假区	F 建筑与设施	FA 综合人文旅游地	休闲度假地	FAB	赤城县	三级
18	黑龙山国家级森林公园生态养生旅游区	F 建筑与设施	FA 综合人文旅游地	休闲度假地	FAB	赤城县	三级
19	后城镇国际飞行小镇	F 建筑与设施	FA 综合人文旅游地	休闲度假地	FAB	赤城县	三级
20	龙凤清旅游度假有限公司	F 建筑与设施	FA 综合人文旅游地	休闲度假地	FAB	赤城县	二级
21	塞外仙都旅游温泉度假城	F 建筑与设施	FA 综合人文旅游地	休闲度假地	FAB	赤城县	三级
22	望云国际旅游度假区	F 建筑与设施	FA 综合人文旅游地	休闲度假地	FAB	赤城县	二级
23	金阁山道教文化旅游	F 建筑与设施	FA 综合人文旅游地	宗教与祭祀活动场所	FAC	赤城县	三级
24	龙门峡与护国寺	F 建筑与设施	FA 综合人文旅游地	宗教与祭祀活动场所	FAC	赤城县	二级
25	胜海寺	F 建筑与设施	FA 综合人文旅游地	宗教与祭祀活动场所	FAC	赤城县	二级
26	丹霞风景区	F 建筑与设施	FA 综合人文旅游地	园林游憩区域	FAD	赤城县	三级
27	丹霞顶军事遗迹	F 建筑与设施	FA 综合人文旅游地	军事观光地	FAI	赤城县	二级
28	平北抗日根据地	F 建筑与设施	FA 综合人文旅游地	军事观光地	FAI	赤城县	三级
29	祥田生态农业基地	F 建筑与设施	FA 综合人文旅游地	农业非物质文化生产地	FAM	赤城县	二级
30	摩天岭滑雪场	F 建筑与设施	FA 综合人文旅游地	户外运动休闲区	FAN	赤城县	三级
31	舍身崖	F 建筑与设施	FA 综合人文旅游地	户外运动休闲区	FAN	赤城县	二级
32	新雪国滑雪场	F 建筑与设施	FA 综合人文旅游地	户外运动休闲区	FAN	赤城县	四级
33	上马山漂流	F 建筑与设施	FA 综合人文旅游地	户外运动休闲区	FAN	赤城县	三级
34	CCTV-发现之旅营地项目	F 建筑与设施	FF 交通建筑	旅游集散中心	FAO	赤城县	三级
35	云州湾自驾车房车营地	F 建筑与设施	FF 交通建筑	旅游集散中心	FAO	赤城县	二级
36	京张铁路-中国自行设计建设第一条铁路	F 建筑与设施	FF 交通建筑	交通遗址	FBB	张家口市域	四级
37	碧霞祠	F 建筑与设施	FB 单体活动场馆	祭拜场馆	FBB	赤城县	二级
38	朝阳观	F 建筑与设施	FB 单体活动场馆	祭拜场馆	FBB	赤城县	二级
39	灵真观	F 建筑与设施	FB 单体活动场馆	祭拜场馆	FBB	赤城县	二级
40	丘仙居	F 建筑与设施	FB 单体活动场馆	祭拜场馆	FBB	赤城县	二级
41	水母庙	F 建筑与设施	FB 单体活动场馆	祭拜场馆	FBB	赤城县	一级

续表

序号	单体名称	主类名称	亚类名称	基本类型名称	基本类型代号	县市名称	级别
42	赤城县历史博物馆	F 建筑与设施	FB 单体活动场馆	展示演示场馆	FBC	赤城县	二级
43	宝山寺塔林	F 建筑与设施	FC 景观建筑与附属型建筑	佛塔	FCA	赤城县	二级
44	朝阳洞塔	F 建筑与设施	FC 景观建筑与附属型建筑	佛塔	FCA	赤城县	二级
45	瑞云寺高僧塔	F 建筑与设施	FC 景观建筑与附属型建筑	佛塔	FCA	赤城县	一级
46	长春沟塔群	F 建筑与设施	FC 景观建筑与附属型建筑	佛塔	FCA	赤城县	二级
47	重光塔	F 建筑与设施	FC 景观建筑与附属型建筑	佛塔	FCA	赤城县	三级
48	赤城鼓楼	F 建筑与设施	FC 景观建筑与附属型建筑	楼阁	FCC	赤城县	三级
49	咏归亭	F 建筑与设施	FC 景观建筑与附属型建筑	楼阁	FCC	赤城县	二级
50	朝阳观石窟	F 建筑与设施	FC 景观建筑与附属型建筑	石窟	FCD	赤城县	二级
51	赤城古城	F 建筑与设施	FC 景观建筑与附属型建筑	城（堡）	FCF	赤城县	二级
52	龙门所古城	F 建筑与设施	FC 景观建筑与附属型建筑	城（堡）	FCF	赤城县	二级
53	汤泉河广场	F 建筑与设施	FC 景观建筑与附属型建筑	广场	FCI	赤城县	二级
54	九连洞	F 建筑与设施	FC 景观建筑与附属型建筑	人工洞穴	FCJ	赤城县	三级
55	赤城温泉文化长廊	F 建筑与设施	FC 景观建筑与附属型建筑	建筑小品	FCK	赤城县	二级
56	赤城镇周里沟村	F 建筑与设施	FD 居住地与社区	美丽乡村	FDJ	赤城县	二级
57	大海陀乡大海陀村	F 建筑与设施	FD 居住地与社区	美丽乡村	FDJ	赤城县	二级
58	雕鹗镇康庄村	F 建筑与设施	FD 居住地与社区	美丽乡村	FDJ	赤城县	二级
59	后城镇西山村	F 建筑与设施	FD 居住地与社区	美丽乡村	FDJ	赤城县	二级
60	三道川乡黑龙山村	F 建筑与设施	FD 居住地与社区	美丽乡村	FDJ	赤城县	二级
61	三道川乡老栅子村	F 建筑与设施	FD 居住地与社区	美丽乡村	FDJ	赤城县	二级
62	三道川乡山神庙村	F 建筑与设施	FD 居住地与社区	美丽乡村	FDJ	赤城县	二级
63	样田乡上马山村	F 建筑与设施	FD 居住地与社区	美丽乡村	FDJ	赤城县	二级
64	云州乡云州村	F 建筑与设施	FD 居住地与社区	美丽乡村	FDJ	赤城县	二级
65	革命烈士陵园	F 建筑与设施	FE 归葬地	陵区陵园	FEA	赤城县	一级

续表

序号	单体名称	主类名称	亚类名称	基本类型名称	基本类型代号	县市名称	级别
66	龙关烈士陵园	F 建筑与设施	FE 归葬地	陵区陵园	FEA	赤城县	一级
67	松树梁烈士陵园	F 建筑与设施	FE 归葬地	陵区陵园	FEA	赤城县	一级
68	老农湾墓群	F 建筑与设施	FE 归葬地	墓（群）	FEB	赤城县	二级
69	倪尚忠墓	F 建筑与设施	FE 归葬地	墓（群）	FEB	赤城县	一级
70	向阳村古墓	F 建筑与设施	FE 归葬地	墓（群）	FEB	赤城县	一级
71	杨洪墓	F 建筑与设施	FE 归葬地	墓（群）	FEB	赤城县	二级
72	云州水库	F 建筑与设施	FG 水工建筑	水库观光游憩区段	FGA	赤城县	三级
73	赤城野山榛	G 旅游商品	GA 地方旅游商品	农林畜产品与制品	GAB	赤城县	一级
74	根雕	G 旅游商品	GB 文化创意产品	传统手工产品与工艺品	GBA	赤城县	二级
75	核雕	G 旅游商品	GB 文化创意产品	传统手工产品与工艺品	GBA	赤城县	二级
76	麦秆画	G 旅游商品	GB 文化创意产品	传统手工产品与工艺品	GBA	赤城县	二级
77	倪尚忠	H 人文活动	HA 人事记录	人物	HAA	赤城县	一级
78	风柳调	H 人文活动	HB 艺术	民间音乐	HBD	赤城县	二级
79	马栅子调	H 人文活动	HB 艺术	民间音乐	HBD	赤城县	三级
80	中所秧歌戏	H 人文活动	HB 艺术	传统戏曲	HBF	赤城县	二级
81	大沟门遗址	E 遗址遗迹	EB 社会经济文化活动遗址遗迹	废城与聚落遗迹	EBF	崇礼区	一级
82	东红旗营遗址	E 遗址遗迹	EB 社会经济文化活动遗址遗迹	废城与聚落遗迹	EBF	崇礼区	一级
83	东土城遗址	E 遗址遗迹	EB 社会经济文化活动遗址遗迹	废城与聚落遗迹	EBF	崇礼区	一级
84	寒清坝遗址	E 遗址遗迹	EB 社会经济文化活动遗址遗迹	废城与聚落遗迹	EBF	崇礼区	一级
85	三间房遗址	E 遗址遗迹	EB 社会经济文化活动遗址遗迹	废城与聚落遗迹	EBF	崇礼区	一级
86	石嘴子遗址	E 遗址遗迹	EB 社会经济文化活动遗址遗迹	废城与聚落遗迹	EBF	崇礼区	二级
87	太子城遗址	E 遗址遗迹	EB 社会经济文化活动遗址遗迹	废城与聚落遗迹	EBF	崇礼区	一级
88	下石亩遗址	E 遗址遗迹	EB 社会经济文化活动遗址遗迹	废城与聚落遗迹	EBF	崇礼区	一级
89	崇礼丹佛尚城度假小镇	F 建筑与设施	FA 综合人文旅游地	休闲度假地	FAB	崇礼区	三级

续表

序号	单体名称	主类名称	亚类名称	基本类型名称	基本类型代号	县市名称	级别
90	四季小镇旅游度假区	F 建筑与设施	FA 综合人文旅游地	休闲度假地	FAB	崇礼区	三级
91	王子沟度假小镇	F 建筑与设施	FA 综合人文旅游地	休闲度假地	FAB	崇礼区	三级
92	白桦沟天主教堂	F 建筑与设施	FA 综合人文旅游地	宗教与祭祀活动场所	FAC	崇礼区	二级
93	石窑子天主教堂	F 建筑与设施	FA 综合人文旅游地	宗教与祭祀活动场所	FAC	崇礼区	二级
94	喜鹊梁景区	F 建筑与设施	FA 综合人文旅游地	园林游憩区域	FAD	崇礼区	二级
95	察北军区分区旧址	F 建筑与设施	FA 综合人文旅游地	军事观光地	FAI	崇礼区	二级
96	察北专署旧址	F 建筑与设施	FA 综合人文旅游地	军事观光地	FAI	崇礼区	二级
97	沟门地道遗址	F 建筑与设施	FA 综合人文旅游地	军事观光地	FAI	崇礼区	一级
98	熊尚林牺牲地遗址	F 建筑与设施	FA 综合人文旅游地	军事观光地	FAI	崇礼区	二级
99	中国产业融合示范基地	F 建筑与设施	FA 综合人文旅游地	产业集聚地	FAL	崇礼区	二级
100	中国户外运动产业基地	F 建筑与设施	FA 综合人文旅游地	产业集聚地	FAL	崇礼区	三级
101	中国康复疗养及养老产业示范基地	F 建筑与设施	FA 综合人文旅游地	产业集聚地	FAL	崇礼区	三级
102	翠云山国际旅游度假区	F 建筑与设施	FA 综合人文旅游地	户外运动休闲区	FAN	崇礼区	三级
103	多乐美地滑雪度假山庄	F 建筑与设施	FA 综合人文旅游地	户外运动休闲区	FAN	崇礼区	三级
104	密苑生态旅游度假区	F 建筑与设施	FA 综合人文旅游地	户外运动休闲区	FAN	崇礼区	五级
105	太舞四季文化旅游度假区	F 建筑与设施	FA 综合人文旅游地	户外运动休闲区	FAN	崇礼区	四级
106	万龙滑雪场	F 建筑与设施	FA 综合人文旅游地	户外运动休闲区	FAN	崇礼区	四级
107	东红旗营墓群	F 建筑与设施	FE 归葬地	墓（群）	FEB	崇礼区	一级
108	喇嘛梁墓群	F 建筑与设施	FE 归葬地	墓（群）	FEB	崇礼区	一级
109	南地墓群	F 建筑与设施	FE 归葬地	墓（群）	FEB	崇礼区	一级
110	水晶屯墓群	F 建筑与设施	FE 归葬地	墓（群）	FEB	崇礼区	一级
111	乌拉哈达王墓	F 建筑与设施	FE 归葬地	墓（群）	FEB	崇礼区	一级
112	下车牛沟墓群	F 建筑与设施	FE 归葬地	墓（群）	FEB	崇礼区	一级
113	下双台墓群	F 建筑与设施	FE 归葬地	墓（群）	FEB	崇礼区	一级
114	小坡房梁墓群	F 建筑与设施	FE 归葬地	墓（群）	FEB	崇礼区	一级
115	杨洼梁墓群	F 建筑与设施	FE 归葬地	墓（群）	FEB	崇礼区	一级
116	营盘地墓群	F 建筑与设施	FE 归葬地	墓（群）	FEB	崇礼区	一级
117	中山沟墓群	F 建筑与设施	FE 归葬地	墓（群）	FEB	崇礼区	一级

续表

序号	单体名称	主类名称	亚类名称	基本类型名称	基本类型代号	县市名称	级别
118	崇礼蚕豆	G 旅游商品	GA 地方旅游商品	农林畜产品与制品	GAB	崇礼区	二级
119	2022 年冬奥会	H 人文活动	HD 现代节庆	体育赛事	HDD	崇礼区	五级
120	崇礼国际滑雪节	H 人文活动	HD 现代节庆	体育赛事	HDD	崇礼区	四级
121	崇礼奥林匹克冰雪文化谷	H 人文活动	HE 娱乐休闲	主题公园	HEA	崇礼区	三级
122	中国文学艺术创作基地	H 人文活动	HE 娱乐休闲	文化产业园区	HEC	崇礼区	三级
123	大榆树沟遗址	E 遗址遗迹	EA 史前人类活动场所	人类活动遗址	EAA	沽源县	二级
124	九一遗址	E 遗址遗迹	EA 史前人类活动场所	人类活动遗址	EAA	沽源县	二级
125	梁西遗址	E 遗址遗迹	EA 史前人类活动场所	人类活动遗址	EAA	沽源县	二级
126	前水泉遗址	E 遗址遗迹	EA 史前人类活动场所	人类活动遗址	EAA	沽源县	二级
127	下火石梁遗址	E 遗址遗迹	EA 史前人类活动场所	人类活动遗址	EAA	沽源县	二级
128	小榆林沟遗址	E 遗址遗迹	EA 史前人类活动场所	人类活动遗址	EAA	沽源县	二级
129	大同营遗址	E 遗址遗迹	EB 社会经济文化活动遗址遗迹	军事遗址与古战场	EBB	沽源县	二级
130	二道渠北遗址	E 遗址遗迹	EB 社会经济文化活动遗址遗迹	军事遗址与古战场	EBB	沽源县	二级
131	二道渠南遗址	E 遗址遗迹	EB 社会经济文化活动遗址遗迹	军事遗址与古战场	EBB	沽源县	二级
132	壕堑遗址	E 遗址遗迹	EB 社会经济文化活动遗址遗迹	军事遗址与古战场	EBB	沽源县	二级
133	金届壕遗址	E 遗址遗迹	EB 社会经济文化活动遗址遗迹	军事遗址与古战场	EBB	沽源县	二级
134	艾蒿沟遗址	E 遗址遗迹	EB 社会经济文化活动遗址遗迹	废城与聚落遗迹	EBF	沽源县	一级
135	大宏城遗址	E 遗址遗迹	EB 社会经济文化活动遗址遗迹	废城与聚落遗迹	EBF	沽源县	三级
136	东滩遗址	E 遗址遗迹	EB 社会经济文化活动遗址遗迹	废城与聚落遗迹	EBF	沽源县	一级
137	九连城遗址	E 遗址遗迹	EB 社会经济文化活动遗址遗迹	废城与聚落遗迹	EBF	沽源县	三级

续表

序号	单体名称	主类名称	亚类名称	基本类型名称	基本类型代号	县市名称	级别
138	九连南城遗址	E 遗址遗迹	EB 社会经济文化活动遗址遗迹	废城与聚落遗迹	EBF	沽源县	二级
139	卡路村遗址	E 遗址遗迹	EB 社会经济文化活动遗址遗迹	废城与聚落遗迹	EBF	沽源县	一级
140	李大美遗址	E 遗址遗迹	EB 社会经济文化活动遗址遗迹	废城与聚落遗迹	EBF	沽源县	一级
141	马神庙遗址	E 遗址遗迹	EB 社会经济文化活动遗址遗迹	废城与聚落遗迹	EBF	沽源县	二级
142	脑包沟遗址	E 遗址遗迹	EB 社会经济文化活动遗址遗迹	废城与聚落遗迹	EBF	沽源县	一级
143	石头城遗址	E 遗址遗迹	EB 社会经济文化活动遗址遗迹	废城与聚落遗迹	EBF	沽源县	二级
144	天兴元遗址	E 遗址遗迹	EB 社会经济文化活动遗址遗迹	废城与聚落遗迹	EBF	沽源县	一级
145	田家营遗址	E 遗址遗迹	EB 社会经济文化活动遗址遗迹	废城与聚落遗迹	EBF	沽源县	一级
146	西山坡遗址	E 遗址遗迹	EB 社会经济文化活动遗址遗迹	废城与聚落遗迹	EBF	沽源县	一级
147	席家卜子遗址	E 遗址遗迹	EB 社会经济文化活动遗址遗迹	废城与聚落遗迹	EBF	沽源县	一级
148	小城子城址	E 遗址遗迹	EB 社会经济文化活动遗址遗迹	废城与聚落遗迹	EBF	沽源县	二级
149	小宏城遗址	E 遗址遗迹	EB 社会经济文化活动遗址遗迹	废城与聚落遗迹	EBF	沽源县	三级
150	马神庙烽火台	E 遗址遗迹	EB 社会经济文化活动遗址遗迹	烽燧	EBH	沽源县	一级
151	砖墩洼烽火台	E 遗址遗迹	EB 社会经济文化活动遗址遗迹	烽燧	EBH	沽源县	一级
152	冰山梁	F 建筑与设施	FA 综合人文旅游地	休闲度假地	FAB	沽源县	三级
153	草原乐园	F 建筑与设施	FA 综合人文旅游地	休闲度假地	FAB	沽源县	二级
154	草原天际线景区	F 建筑与设施	FA 综合人文旅游地	休闲度假地	FAB	沽源县	三级
155	沽源草原天路	F 建筑与设施	FA 综合人文旅游地	休闲度假地	FAB	沽源县	四级
156	囫囵淖四季特色生态旅游区	F 建筑与设施	FA 综合人文旅游地	休闲度假地	FAB	沽源县	三级
157	金莲山森林公园旅游区	F 建筑与设施	FA 综合人文旅游地	休闲度假地	FAB	沽源县	三级
158	莲花滩四季休闲度假区	F 建筑与设施	FA 综合人文旅游地	休闲度假地	FAB	沽源县	二级

续表

序号	单体名称	主类名称	亚类名称	基本类型名称	基本类型代号	县市名称	级别
159	滦河神韵	F 建筑与设施	FA 综合人文旅游地	休闲度假地	FAB	沽源县	三级
160	塞外庄园	F 建筑与设施	FA 综合人文旅游地	休闲度假地	FAB	沽源县	二级
161	闪电湖山庄	F 建筑与设施	FA 综合人文旅游地	休闲度假地	FAB	沽源县	三级
162	天鹅湖度假村	F 建筑与设施	FA 综合人文旅游地	休闲度假地	FAB	沽源县	三级
163	滨湖公园	F 建筑与设施	FA 综合人文旅游地	园林游憩区域	FAD	沽源县	二级
164	湿地公园	F 建筑与设施	FA 综合人文旅游地	园林游憩区域	FAD	沽源县	二级
165	库伦湖四季特色生态旅游区	F 建筑与设施	FA 综合人文旅游地	园林游憩区域	FAD	沽源县	三级
166	青年湖	F 建筑与设施	FA 综合人文旅游地	园林游憩区域	FAD	沽源县	二级
167	塞北绿长城	F 建筑与设施	FA 综合人文旅游地	园林游憩区域	FAD	沽源县	三级
168	阳坡	F 建筑与设施	FA 综合人文旅游地	园林游憩区域	FAD	沽源县	二级
169	野马营	F 建筑与设施	FA 综合人文旅游地	园林游憩区域	FAD	沽源县	二级
170	芦草山农田林网观景点	F 建筑与设施	FA 综合人文旅游地	动物与植物展示地	FAH	沽源县	二级
171	九龙泉	F 建筑与设施	FB 单体活动场馆	展示演示场馆	FBC	沽源县	二级
172	蒙元文化博物馆	F 建筑与设施	FB 单体活动场馆	展示演示场馆	FBC	沽源县	三级
173	明代长城	F 建筑与设施	FC 景观建筑与附属型建筑	长城段落	FCE	沽源县	三级
174	水城广场	F 建筑与设施	FC 景观建筑与附属型建筑	广场	FCI	沽源县	二级
175	平定堡镇口道营村	F 建筑与设施	FD 居住地与社区	美丽乡村	FDJ	沽源县	二级
176	平定堡镇双脑包村	F 建筑与设施	FD 居住地与社区	美丽乡村	FDJ	沽源县	二级
177	闪电河乡三旗村	F 建筑与设施	FD 居住地与社区	美丽乡村	FDJ	沽源县	二级
178	闪电河乡转佛庙村	F 建筑与设施	FD 居住地与社区	美丽乡村	FDJ	沽源县	二级
179	西坡烈士祠	F 建筑与设施	FE 归葬地	陵区陵园	FEA	沽源县	一级
180	淖沿村古墓	F 建筑与设施	FE 归葬地	墓（群）	FEB	沽源县	一级
181	梳妆楼元代墓群	F 建筑与设施	FE 归葬地	墓（群）	FEB	沽源县	四级
182	五女墓	F 建筑与设施	FE 归葬地	墓（群）	FEB	沽源县	一级
183	西辛营张墓	F 建筑与设施	FE 归葬地	墓（群）	FEB	沽源县	一级
184	闪电河国家级湿地公园三湖环线风景道	F 建筑与设施	FF 交通建筑	景观道路	FFE	沽源县	三级
185	石门子水库	F 建筑与设施	FG 水工建筑	水库观光游憩区段	FGA	沽源县	二级
186	白酥油	G 旅游商品	GA 地方旅游商品	菜品饮食	GAA	沽源县	一级
187	黄酥油	G 旅游商品	GA 地方旅游商品	菜品饮食	GAA	沽源县	一级
188	酷蛋子	G 旅游商品	GA 地方旅游商品	菜品饮食	GAA	沽源县	一级

续表

序号	单体名称	主类名称	亚类名称	基本类型名称	基本类型代号	县市名称	级别
189	奶皮子	G 旅游商品	GA 地方旅游商品	菜品饮食	GAA	沽源县	一级
190	山药傀儡	G 旅游商品	GA 地方旅游商品	菜品饮食	GAA	沽源县	二级
191	山药烙饼	G 旅游商品	GA 地方旅游商品	菜品饮食	GAA	沽源县	二级
192	山药丸子	G 旅游商品	GA 地方旅游商品	菜品饮食	GAA	沽源县	二级
193	山药鱼	G 旅游商品	GA 地方旅游商品	菜品饮食	GAA	沽源县	二级
194	莜面饸饹	G 旅游商品	GA 地方旅游商品	菜品饮食	GAA	沽源县	二级
195	莜面饺子	G 旅游商品	GA 地方旅游商品	菜品饮食	GAA	沽源县	二级
196	莜面傀儡	G 旅游商品	GA 地方旅游商品	菜品饮食	GAA	沽源县	二级
197	莜面纳糕	G 旅游商品	GA 地方旅游商品	菜品饮食	GAA	沽源县	二级
198	莜面三下锅	G 旅游商品	GA 地方旅游商品	菜品饮食	GAA	沽源县	二级
199	莜面窝窝	G 旅游商品	GA 地方旅游商品	菜品饮食	GAA	沽源县	二级
200	炸油饼	G 旅游商品	GA 地方旅游商品	菜品饮食	GAA	沽源县	一级
201	金莲花茶	G 旅游商品	GA 地方旅游商品	农林畜产品与制品	GAB	沽源县	一级
202	东路二人台	H 人文活动	HB 艺术	传统戏曲	HBF	沽源县	二级
203	二人台	H 人文活动	HB 艺术	传统戏曲	HBF	沽源县	二级
204	剧目	H 人文活动	HB 艺术	传统戏曲	HBF	沽源县	二级
205	评剧	H 人文活动	HB 艺术	传统戏曲	HBF	沽源县	二级
206	山西梆子	H 人文活动	HB 艺术	传统戏曲	HBF	沽源县	二级
207	杂耍	H 人文活动	HC 民间（传统）习俗	民间演艺	HCC	沽源县	二级
208	湿地音乐节	H 人文活动	HD 现代节庆	文化节	HDB	沽源县	三级
209	盘道门村旧石器时代遗址	E 遗址遗迹	EA 史前人类活动场所	人类活动遗址	EAA	怀安县	二级
210	水沟口遗址	E 遗址遗迹	EA 史前人类活动场所	人类活动遗址	EAA	怀安县	二级
211	太平庄新石器时代遗址	E 遗址遗迹	EA 史前人类活动场所	人类活动遗址	EAA	怀安县	二级
212	西大崖遗址	E 遗址遗迹	EA 史前人类活动场所	人类活动遗址	EAA	怀安县	二级
213	日军桥	E 遗址遗迹	EB 社会经济文化活动遗址遗迹	军事遗址与古战场	EBB	怀安县	二级
214	水闸屯侵华日军碉堡	E 遗址遗迹	EB 社会经济文化活动遗址遗迹	军事遗址与古战场	EBB	怀安县	三级
215	原五三三部队营地	E 遗址遗迹	EB 社会经济文化活动遗址遗迹	军事遗址与古战场	EBB	怀安县	二级

续表

序号	单体名称	主类名称	亚类名称	基本类型名称	基本类型代号	县市名称	级别
216	西洋河古城遗址	E 遗址遗迹	EB 社会经济文化活动遗址遗迹	废城与聚落遗迹	EBF	怀安县	二级
217	左卫城遗址	E 遗址遗迹	EB 社会经济文化活动遗址遗迹	废城与聚落遗迹	EBF	怀安县	二级
218	古长城	E 遗址遗迹	EB 社会经济文化活动遗址遗迹	长城遗迹	EBG	怀安县	二级
219	烽火台	E 遗址遗迹	EB 社会经济文化活动遗址遗迹	烽燧	EBH	怀安县	二级
220	“百里洋河”生态湿地休闲带	F 建筑与设施	FA 综合人文旅游地	休闲度假地	FAB	怀安县	三级
221	怀安洋河生态旅游度假区	F 建筑与设施	FA 综合人文旅游地	休闲度假地	FAB	怀安县	三级
222	梦幻绿洲度假区	F 建筑与设施	FA 综合人文旅游地	休闲度假地	FAB	怀安县	三级
223	新东阳戴维营国际度假村	F 建筑与设施	FA 综合人文旅游地	休闲度假地	FAB	怀安县	三级
224	虎卧寺	F 建筑与设施	FA 综合人文旅游地	宗教与祭祀活动场所	FAC	怀安县	三级
225	昭化寺	F 建筑与设施	FA 综合人文旅游地	宗教与祭祀活动场所	FAC	怀安县	四级
226	锐师公园	F 建筑与设施	FA 综合人文旅游地	园林游憩区域	FAD	怀安县	二级
227	世恩广场	F 建筑与设施	FA 综合人文旅游地	园林游憩区域	FAD	怀安县	一级
228	寿桃山森林公园	F 建筑与设施	FA 综合人文旅游地	园林游憩区域	FAD	怀安县	二级
229	新区文化广场	F 建筑与设施	FA 综合人文旅游地	园林游憩区域	FAD	怀安县	一级
230	兴安公园	F 建筑与设施	FA 综合人文旅游地	园林游憩区域	FAD	怀安县	二级
231	龙泉山庄	F 建筑与设施	FA 综合人文旅游地	园林游憩区域	FAD	怀安县	一级
232	熊耳山森林公园	F 建筑与设施	FA 综合人文旅游地	园林游憩区域	FAD	怀安县	三级
233	仟姿盛牡丹观光园	F 建筑与设施	FA 综合人文旅游地	动物与植物展示地	FAH	怀安县	三级
234	东房子采摘园	F 建筑与设施	FA 综合人文旅游地	农业非物质文化生产地	FAM	怀安县	二级
235	灵官庙	F 建筑与设施	FB 单体活动场馆	祭拜场馆	FBB	怀安县	一级
236	夷舆书画院	F 建筑与设施	FB 单体活动场馆	展示演示场馆	FBC	怀安县	二级
237	素女楼	F 建筑与设施	FC 景观建筑与附属型建筑	楼阁	FCC	怀安县	二级
238	古戏台	F 建筑与设施	FC 景观建筑与附属型建筑	建筑小品	FCK	怀安县	二级
239	怀安古民居	F 建筑与设施	FD 居住地与社区	传统与乡土建筑	FDA	怀安县	二级

续表

序号	单体名称	主类名称	亚类名称	基本类型名称	基本类型代号	县市名称	级别
240	碹窑	F 建筑与设施	FD 居住地与社区	传统与乡土建筑	FDA	怀安县	二级
241	阮慕韩纪念馆	F 建筑与设施	FD 居住地与社区	名人故居与历史纪念建筑	FDD	怀安县	一级
242	武士敏故居	F 建筑与设施	FD 居住地与社区	名人故居与历史纪念建筑	FDD	怀安县	二级
243	第六屯乡二堡子村	F 建筑与设施	FD 居住地与社区	美丽乡村	FDJ	怀安县	一级
244	左卫镇叶家辛窑村	F 建筑与设施	FD 居住地与社区	美丽乡村	FDJ	怀安县	二级
245	柴沟堡烈士陵园	F 建筑与设施	FE 归葬地	陵区陵园	FEA	怀安县	一级
246	柴沟堡熏肉	G 旅游商品	GA 地方旅游商品	菜品饮食	GAA	怀安县	三级
247	马市口一窝丝	G 旅游商品	GA 地方旅游商品	菜品饮食	GAA	怀安县	三级
248	核桃	G 旅游商品	GA 地方旅游商品	农林畜产品与制品	GAB	怀安县	一级
249	苹果	G 旅游商品	GA 地方旅游商品	农林畜产品与制品	GAB	怀安县	一级
250	葡萄	G 旅游商品	GA 地方旅游商品	农林畜产品与制品	GAB	怀安县	二级
251	杏扁	G 旅游商品	GA 地方旅游商品	农林畜产品与制品	GAB	怀安县	二级
252	怀安豆腐皮	G 旅游商品	GA 地方旅游商品	农林畜产品与制品	GAB	怀安县	一级
253	草编工艺品	G 旅游商品	GB 文化创意产品	传统手工产品与工艺品	CBA	怀安县	三级
254	牡丹产品	G 旅游商品	GB 文化创意产品	传统手工产品与工艺品	GBA	怀安县	三级
255	石雕工艺品	G 旅游商品	GB 文化创意产品	传统手工产品与工艺品	GBA	怀安县	三级
256	黄大元	H 人文活动	HA 人事记录	人物	HAA	怀安县	一级
257	康世恩	H 人文活动	HA 人事记录	人物	HAA	怀安县	一级
258	李宾	H 人文活动	HA 人事记录	人物	HAA	怀安县	一级
259	秦国丞相蔡泽	H 人文活动	HA 人事记录	人物	HAA	怀安县	二级
260	岳伦	H 人文活动	HA 人事记录	人物	HAA	怀安县	二级
261	蹦鼓子舞	H 人文活动	HB 艺术	民间舞蹈	HBE	怀安县	二级
262	灯会	H 人文活动	HC 民间（传统）习俗	民间节庆	HCB	怀安县	二级
263	元宵节花灯展	H 人文活动	HC 民间（传统）习俗	民间节庆	HCB	怀安县	三级

续表

序号	单体名称	主类名称	亚类名称	基本类型名称	基本类型代号	县市名称	级别
264	蹦鼓子	H 人文活动	HC 民间（传统）习俗	民间演艺	HCC	怀安县	二级
265	踩高跷	H 人文活动	HC 民间（传统）习俗	民间演艺	HCC	怀安县	二级
266	二人台	H 人文活动	HC 民间（传统）习俗	民间演艺	HCC	怀安县	二级
267	九曲黄河灯	H 人文活动	HC 民间（传统）习俗	民间演艺	HCC	怀安县	二级
268	软秧歌	H 人文活动	HC 民间（传统）习俗	民间演艺	HCC	怀安县	二级
269	围棋文化	H 人文活动	HC 民间（传统）习俗	民间（传统）体育活动与赛事	HCD	怀安县	四级
270	庙会	H 人文活动	HC 民间（传统）习俗	庙会与民间集会	HCF	怀安县	二级
271	砍山鞋	H 人文活动	HC 民间（传统）习俗	特色服饰	HCH	怀安县	二级
272	牛鼻鞋	H 人文活动	HC 民间（传统）习俗	特色服饰	HCH	怀安县	二级
273	环城长跑赛	H 人文活动	HD 现代节庆	体育赛事	HDD	怀安县	二级
274	中国·怀安杯全国业余围棋公开赛	H 人文活动	HD 现代节庆	体育赛事	HDD	怀安县	三级
275	迎国庆书画展	H 人文活动	HD 现代节庆	展览展销	HDE	怀安县	一级
276	洋河湿地冰雪主题公园	H 人文活动	HE 娱乐休闲	主题公园	HEA	怀安县	三级
277	怀安三宝饮食文化产业园	H 人文活动	HE 娱乐休闲	文化产业园区	HEC	怀安县	三级
278	怀安艺术石雕文化产业园	H 人文活动	HE 娱乐休闲	文化产业园区	HEC	怀安县	二级
279	精武雕刻艺术城	H 人文活动	HE 娱乐休闲	文化产业园区	HEC	怀安县	二级
280	南山汽车文化产业园	H 人文活动	HE 娱乐休闲	文化产业园区	HEC	怀安县	二级
281	塞北江南稻草文化产业园	H 人文活动	HE 娱乐休闲	文化产业园区	HEC	怀安县	三级
282	围棋文化产业园	H 人文活动	HE 娱乐休闲	文化产业园区	HEC	怀安县	三级
283	碹窑文化旅游基地	H 人文活动	HE 娱乐休闲	文化产业园区	HEC	怀安县	二级
284	马站遗址	E 遗址遗迹	EA 史前人类活动场所	人类活动遗址	EAA	怀来县	一级
285	天皇山古崖居	E 遗址遗迹	EA 史前人类活动场所	人类活动遗址	EAA	怀来县	一级

续表

序号	单体名称	主类名称	亚类名称	基本类型名称	基本类型代号	县市名称	级别
286	明朝"土木之变"遗址	E 遗址遗迹	EB 社会经济文化活动遗址遗迹	历史事件发生地	EBA	怀来县	三级
287	土木镇	E 遗址遗迹	EB 社会经济文化活动遗址遗迹	历史事件发生地	EBA	怀来县	二级
288	新保安镇	E 遗址遗迹	EB 社会经济文化活动遗址遗迹	历史事件发生地	EBA	怀来县	二级
289	平津战役	E 遗址遗迹	EB 社会经济文化活动遗址遗迹	军事遗址与古战场	EBB	怀来县	二级
290	谷郡郡治沮阳城遗址	E 遗址遗迹	EB 社会经济文化活动遗址遗迹	军事遗址与古战场	EBB	怀来县	二级
291	新保安战场遗址	E 遗址遗迹	EB 社会经济文化活动遗址遗迹	军事遗址与古战场	EBB	怀来县	三级
292	镇边城	E 遗址遗迹	EB 社会经济文化活动遗址遗迹	废城与聚落遗迹	EBF	怀来县	二级
293	白龙潭	F 建筑与设施	FA 综合人文旅游地	休闲度假地	FAB	怀来县	二级
294	戴维营国际高端生态旅游度假示范区	F 建筑与设施	FA 综合人文旅游地	休闲度假地	FAB	怀来县	三级
295	官厅湖湿地公园	F 建筑与设施	FA 综合人文旅游地	休闲度假地	FAB	怀来县	三级
296	河北建投东沟休闲度假区	F 建筑与设施	FA 综合人文旅游地	休闲度假地	FAB	怀来县	三级
297	花果温泉基地	F 建筑与设施	FA 综合人文旅游地	休闲度假地	FAB	怀来县	二级
298	怀来国际温泉城	F 建筑与设施	FA 综合人文旅游地	休闲度假地	FAB	怀来县	三级
299	怀来长城摄影俱乐部	F 建筑与设施	FA 综合人文旅游地	休闲度假地	FAB	怀来县	三级
300	黄龙山庄旅游区	F 建筑与设施	FA 综合人文旅游地	休闲度假地	FAB	怀来县	三级
301	鸡鸣驿国际旅游度假城开发项目	F 建筑与设施	FA 综合人文旅游地	休闲度假地	FAB	怀来县	三级
302	老君山5A级生态风景区及温泉托老中心项目	F 建筑与设施	FA 综合人文旅游地	休闲度假地	FAB	怀来县	三级
303	老君山生态风景区	F 建筑与设施	FA 综合人文旅游地	休闲度假地	FAB	怀来县	三级
304	龙驹驿苑	F 建筑与设施	FA 综合人文旅游地	休闲度假地	FAB	怀来县	二级
305	葡萄酒温泉基地	F 建筑与设施	FA 综合人文旅游地	休闲度假地	FAB	怀来县	三级
306	桑园镇后郝窖村温泉新城建设项目	F 建筑与设施	FA 综合人文旅游地	休闲度假地	FAB	怀来县	三级
307	上谷水郡	F 建筑与设施	FA 综合人文旅游地	休闲度假地	FAB	怀来县	二级
308	盛唐葡萄酒庄园有限公司	F 建筑与设施	FA 综合人文旅游地	休闲度假地	FAB	怀来县	一级
309	温泉水院	F 建筑与设施	FA 综合人文旅游地	休闲度假地	FAB	怀来县	三级

续表

序号	单体名称	主类名称	亚类名称	基本类型名称	基本类型代号	县市名称	级别
310	亿豪国际度假庄园	F 建筑与设施	FA 综合人文旅游地	休闲度假地	FAB	怀来县	二级
311	永定河源头国家湿地公园	F 建筑与设施	FA 综合人文旅游地	休闲度假地	FAB	怀来县	三级
312	云中草原（黄龙山庄提升）	F 建筑与设施	FA 综合人文旅游地	休闲度假地	FAB	怀来县	三级
313	怀来养生公园	F 建筑与设施	FA 综合人文旅游地	园林游憩区域	FAD	怀来县	二级
314	京西草原	F 建筑与设施	FA 综合人文旅游地	园林游憩区域	FAD	怀来县	二级
315	矿山公园	F 建筑与设施	FA 综合人文旅游地	园林游憩区域	FAD	怀来县	二级
316	月亮湾	F 建筑与设施	FA 综合人文旅游地	园林游憩区域	FAD	怀来县	二级
317	光雕长廊	F 建筑与设施	FA 综合人文旅游地	文化活动场所	FAE	怀来县	二级
318	田园新城	F 建筑与设施	FA 综合人文旅游地	文化活动场所	FAE	怀来县	二级
319	国际葡萄酒展销中心	F 建筑与设施	FA 综合人文旅游地	社会与商贸活动场所	FAG	怀来县	三级
320	冠军林	F 建筑与设施	FA 综合人文旅游地	动物与植物展示地	FAH	怀来县	一级
321	国家国防乐园	F 建筑与设施	FA 综合人文旅游地	军事观光地	FAI	怀来县	三级
322	怀来观光塔	F 建筑与设施	FA 综合人文旅游地	景物观赏点	FAK	怀来县	二级
323	国网京张国家大数据产业基地	F 建筑与设施	FA 综合人文旅游地	产业集聚地	FAL	怀来县	三级
324	龙泉葡萄原酒厂	F 建筑与设施	FA 综合人文旅游地	产业集聚地	FAL	怀来县	二级
325	艾伦酒庄	F 建筑与设施	FA 综合人文旅游地	农业非物质文化生产地	FAM	怀来县	二级
326	八棱海棠园	F 建筑与设施	FA 综合人文旅游地	农业非物质文化生产地	FAM	怀来县	一级
327	北辛堡久保桃采摘园	F 建筑与设施	FA 综合人文旅游地	农业非物质文化生产地	FAM	怀来县	二级
328	草庙子国光苹果采摘园	F 建筑与设施	FA 综合人文旅游地	农业非物质文化生产地	FAM	怀来县	二级
329	大棚草莓采摘园桑园万亩葡萄观光园	F 建筑与设施	FA 综合人文旅游地	农业非物质文化生产地	FAM	怀来县	一级
330	德尚葡萄酒庄园	F 建筑与设施	FA 综合人文旅游地	农业非物质文化生产地	FAM	怀来县	一级
331	蛾皇酒庄	F 建筑与设施	FA 综合人文旅游地	农业非物质文化生产地	FAM	怀来县	二级
332	国际葡萄酒庄园	F 建筑与设施	FA 综合人文旅游地	农业非物质文化生产地	FAM	怀来县	三级
333	河北杰帝葡萄酒庄	F 建筑与设施	FA 综合人文旅游地	农业非物质文化生产地	FAM	怀来县	二级

续表

序号	单体名称	主类名称	亚类名称	基本类型名称	基本类型代号	县市名称	级别
334	红叶葡萄酒庄	F 建筑与设施	FA 综合人文旅游地	农业非物质文化生产地	FAM	怀来县	一级
335	家和葡萄酒庄	F 建筑与设施	FA 综合人文旅游地	农业非物质文化生产地	FAM	怀来县	二级
336	旧庄窝枣园	F 建筑与设施	FA 综合人文旅游地	农业非物质文化生产地	FAM	怀来县	一级
337	老君庄草莓采摘园	F 建筑与设施	FA 综合人文旅游地	农业非物质文化生产地	FAM	怀来县	二级
338	梨生产基地	F 建筑与设施	FA 综合人文旅游地	农业非物质文化生产地	FAM	怀来县	一级
339	马丁葡萄酒庄	F 建筑与设施	FA 综合人文旅游地	农业非物质文化生产地	FAM	怀来县	二级
340	炮儿村草莓采摘园	F 建筑与设施	FA 综合人文旅游地	农业非物质文化生产地	FAM	怀来县	一级
341	苹果生产基地	F 建筑与设施	FA 综合人文旅游地	农业非物质文化生产地	FAM	怀来县	二级
342	葡萄基地	F 建筑与设施	FA 综合人文旅游地	农业非物质文化生产地	FAM	怀来县	二级
343	葡萄酒窖基地	F 建筑与设施	FA 综合人文旅游地	农业非物质文化生产地	FAM	怀来县	一级
344	容辰葡萄庄园	F 建筑与设施	FA 综合人文旅游地	农业非物质文化生产地	FAM	怀来县	二级
345	容辰庄园	F 建筑与设施	FA 综合人文旅游地	农业非物质文化生产地	FAM	怀来县	三级
346	瑞云酒庄	F 建筑与设施	FA 综合人文旅游地	农业非物质文化生产地	FAM	怀来县	二级
347	桑干葡萄酒城	F 建筑与设施	FA 综合人文旅游地	农业非物质文化生产地	FAM	怀来县	三级
348	生态农业示范园	F 建筑与设施	FA 综合人文旅游地	农业非物质文化生产地	FAM	怀来县	二级
349	盛唐酒庄	F 建筑与设施	FA 综合人文旅游地	农业非物质文化生产地	FAM	怀来县	二级
350	石洞彩苹果采摘园	F 建筑与设施	FA 综合人文旅游地	农业非物质文化生产地	FAM	怀来县	一级
351	石片黄杏园	F 建筑与设施	FA 综合人文旅游地	农业非物质文化生产地	FAM	怀来县	二级
352	斯帕多内葡萄酒庄	F 建筑与设施	FA 综合人文旅游地	农业非物质文化生产地	FAM	怀来县	二级

续表

序号	单体名称	主类名称	亚类名称	基本类型名称	基本类型代号	县市名称	级别
353	桃生产基地	F 建筑与设施	FA 综合人文旅游地	农业非物质文化生产地	FAM	怀来县	一级
354	香水湾葡萄酒品游样板示范区	F 建筑与设施	FA 综合人文旅游地	农业非物质文化生产地	FAM	怀来县	三级
355	杏生产基地	F 建筑与设施	FA 综合人文旅游地	农业非物质文化生产地	FAM	怀来县	一级
356	优质核桃基地	F 建筑与设施	FA 综合人文旅游地	农业非物质文化生产地	FAM	怀来县	二级
357	优质杏扁基地	F 建筑与设施	FA 综合人文旅游地	农业非物质文化生产地	FAM	怀来县	二级
358	长城桑干葡萄酒庄	F 建筑与设施	FA 综合人文旅游地	农业非物质文化生产地	FAM	怀来县	三级
359	中法葡萄示范农场	F 建筑与设施	FA 综合人文旅游地	农业非物质文化生产地	FAM	怀来县	三级
360	中法庄园	F 建筑与设施	FA 综合人文旅游地	农业非物质文化生产地	FAM	怀来县	三级
361	紫晶葡萄酒庄园	F 建筑与设施	FA 综合人文旅游地	农业非物质文化生产地	FAM	怀来县	二级
362	紫晶庄园	F 建筑与设施	FA 综合人文旅游地	农业非物质文化生产地	FAM	怀来县	二级
363	帆船俱乐部	F 建筑与设施	FA 综合人文旅游地	户外运动休闲区	FAN	怀来县	二级
364	官厅湖帆船基地	F 建筑与设施	FA 综合人文旅游地	户外运动休闲区	FAN	怀来县	二级
365	环官厅湖体育运动	F 建筑与设施	FA 综合人文旅游地	户外运动休闲区	FAN	怀来县	二级
366	东花园镇集散中心	F 建筑与设施	FF 交通建筑	旅游集散中心	FAO	怀来县	二级
367	怀来城市旅游综合体	F 建筑与设施	FF 交通建筑	旅游集散中心	FAO	怀来县	三级
368	显忠祠	F 建筑与设施	FB 单体活动场馆	祭拜场馆	FBB	怀来县	二级
369	桑干葡萄酒博物馆	F 建筑与设施	FB 单体活动场馆	展示演示场馆	FBC	怀来县	三级
370	新保安战役博物馆	F 建筑与设施	FB 单体活动场馆	展示演示场馆	FBC	怀来县	三级
371	天皇山北魏石窟	F 建筑与设施	FC 景观建筑与附属型建筑	石窟	FCD	怀来县	二级
372	大营盘长城	F 建筑与设施	FC 景观建筑与附属型建筑	长城段落	FCE	怀来县	一级
373	水头长城	F 建筑与设施	FC 景观建筑与附属型建筑	长城段落	FCE	怀来县	二级
374	样边长城	F 建筑与设施	FC 景观建筑与附属型建筑	长城段落	FCE	怀来县	二级
375	鸡鸣驿	F 建筑与设施	FC 景观建筑与附属型建筑	城（堡）	FCF	怀来县	四级

续表

序号	单体名称	主类名称	亚类名称	基本类型名称	基本类型代号	县市名称	级别
376	镇边城	F 建筑与设施	FC 景观建筑与附属型建筑	城（堡）	FCF	怀来县	二级
377	法兰西风情小镇	F 建筑与设施	FD 居住地与社区	特色社区	FDC	怀来县	二级
378	官厅公共艺术小镇	F 建筑与设施	FD 居住地与社区	特色社区	FDC	怀来县	三级
379	河北省乡村旅游示范点	F 建筑与设施	FD 居住地与社区	特色社区	FDC	怀来县	三级
380	英雄小镇	F 建筑与设施	FD 居住地与社区	特色社区	FDC	怀来县	二级
381	董存瑞纪念馆	F 建筑与设施	FD 居住地与社区	名人故居与历史纪念建筑	FDD	怀来县	三级
382	蚩尤冢	F 建筑与设施	FE 归葬地	墓（群）	FEB	怀来县	二级
383	环官厅湖生态绿道	F 建筑与设施	FF 交通建筑	景观道路	FFE	怀来县	三级
384	火锅柴鸡	G 旅游商品	GA 地方旅游商品	菜品饮食	GAA	怀来县	二级
385	搅拿糕	G 旅游商品	GA 地方旅游商品	菜品饮食	GAA	怀来县	二级
386	铁锅鱼	G 旅游商品	GA 地方旅游商品	菜品饮食	GAA	怀来县	二级
387	杏仁拌蕨菜	G 旅游商品	GA 地方旅游商品	菜品饮食	GAA	怀来县	二级
388	莜麦	G 旅游商品	GA 地方旅游商品	菜品饮食	GAA	怀来县	二级
389	槟子	G 旅游商品	GA 地方旅游商品	农林畜产品与制品	GAB	怀来县	二级
390	池沼公鱼	G 旅游商品	GA 地方旅游商品	农林畜产品与制品	GAB	怀来县	二级
391	大枣	G 旅游商品	GA 地方旅游商品	农林畜产品与制品	GAB	怀来县	二级
392	官厅湖鱼虾	G 旅游商品	GA 地方旅游商品	农林畜产品与制品	GAB	怀来县	二级
393	海棠	G 旅游商品	GA 地方旅游商品	农林畜产品与制品	GAB	怀来县	一级
394	黄酒	G 旅游商品	GA 地方旅游商品	农林畜产品与制品	GAB	怀来县	二级
395	黄杏	G 旅游商品	GA 地方旅游商品	农林畜产品与制品	GAB	怀来县	一级
396	久保桃	G 旅游商品	GA 地方旅游商品	农林畜产品与制品	GAB	怀来县	一级
397	苹果	G 旅游商品	GA 地方旅游商品	农林畜产品与制品	GAB	怀来县	二级
398	葡萄	G 旅游商品	GA 地方旅游商品	农林畜产品与制品	GAB	怀来县	三级
399	葡萄酒	G 旅游商品	GA 地方旅游商品	农林畜产品与制品	GAB	怀来县	四级

续表

序号	单体名称	主类名称	亚类名称	基本类型名称	基本类型代号	县市名称	级别
400	杏扁	G 旅游商品	GA 地方旅游商品	农林畜产品与制品	GAB	怀来县	一级
401	紫皮大蒜	G 旅游商品	GA 地方旅游商品	农林畜产品与制品	GAB	怀来县	二级
402	董存瑞	H 人文活动	HA 人事记录	人物	HAA	怀来县	三级
403	高行周	H 人文活动	HA 人事记录	人物	HAA	怀来县	一级
404	高怀德	H 人文活动	HA 人事记录	人物	HAA	怀来县	一级
405	楷书之祖王次仲	H 人文活动	HA 人事记录	人物	HAA	怀来县	三级
406	海棠花节	H 人文活动	HD 现代节庆	旅游节	HDA	怀来县	二级
407	怀来红色旅游文化节	H 人文活动	HD 现代节庆	文化节	HDB	怀来县	二级
408	怀来民俗文化节	H 人文活动	HD 现代节庆	文化节	HDB	怀来县	二级
409	怀来温泉养生节	H 人文活动	HD 现代节庆	文化节	HDB	怀来县	二级
410	中国·怀来葡萄采摘暨葡萄酒节	H 人文活动	HD 现代节庆	文化节	HDB	怀来县	三级
411	中国·怀来鸡鸣驿邮驿文化节	H 人文活动	HD 现代节庆	文化节	HDB	怀来县	三级
412	官厅石片黄杏采摘节	H 人文活动	HD 现代节庆	商贸农事节	HDC	怀来县	二级
413	怀来·老君庄草莓观光采摘节	H 人文活动	HD 现代节庆	商贸农事节	HDC	怀来县	二级
414	怀来存瑞镇草庙子国光苹果采摘节	H 人文活动	HD 现代节庆	商贸农事节	HDC	怀来县	二级
415	怀来北辛堡久保桃品尝节	H 人文活动	HD 现代节庆	商贸农事节	HDC	怀来县	二级
416	中国·怀来海棠花节	H 人文活动	HD 现代节庆	商贸农事节	HDC	怀来县	三级
417	鸡鸣山登山节	H 人文活动	HD 现代节庆	体育节	HDD	怀来县	三级
418	奥林匹克汽车运动文化主题公园	H 人文活动	HE 娱乐休闲	主题公园	HEA	怀来县	三级
419	怀来国家农业公园	H 人文活动	HE 娱乐休闲	主题公园	HEA	怀来县	三级
420	中国邮驿影视乐园	H 人文活动	HE 娱乐休闲	主题公园	HEA	怀来县	三级
421	“爱之梦” 国际文化交流园	H 人文活动	HE 娱乐休闲	文化产业园区	HEC	怀来县	二级
422	东沟国际生态健康产业园	H 人文活动	HE 娱乐休闲	文化产业园区	HEC	怀来县	二级
423	国际文化城	H 人文活动	HE 娱乐休闲	文化产业园区	HEC	怀来县	三级
424	恒大葡萄酒文化城	H 人文活动	HE 娱乐休闲	文化产业园区	HEC	怀来县	三级
425	怀来文化创意产业园	H 人文活动	HE 娱乐休闲	文化产业园区	HEC	怀来县	三级
426	王次仲文化产业园	H 人文活动	HE 娱乐休闲	文化产业园区	HEC	怀来县	三级

续表

序号	单体名称	主类名称	亚类名称	基本类型名称	基本类型代号	县市名称	级别
427	崖居艺术部落	H 人文活动	HE 娱乐休闲	文化产业园区	HEC	怀来县	三级
428	样边长城国际文化交流园	H 人文活动	HE 娱乐休闲	文化产业园区	HEC	怀来县	二级
429	阿不盖庙遗址	E 遗址遗迹	EB 社会经济文化活动遗址遗迹	废弃寺庙	EBC	康保县	一级
430	古盐池遗址	E 遗址遗迹	EB 社会经济文化活动遗址遗迹	废城与聚落遗迹	EBF	康保县	一级
431	金代抚州城	E 遗址遗迹	EB 社会经济文化活动遗址遗迹	废城与聚落遗迹	EBF	康保县	一级
432	王子府遗址	E 遗址遗迹	EB 社会经济文化活动遗址遗迹	废城与聚落遗迹	EBF	康保县	一级
433	西土城遗址	E 遗址遗迹	EB 社会经济文化活动遗址遗迹	废城与聚落遗迹	EBF	康保县	二级
434	小兰城城址	E 遗址遗迹	EB 社会经济文化活动遗址遗迹	废城与聚落遗迹	EBF	康保县	二级
435	军马场景区	F 建筑与设施	FA 综合人文旅游地	休闲度假地	FAB	康保县	二级
436	康巴诺尔湖湿地公园	F 建筑与设施	FA 综合人文旅游地	休闲度假地	FAB	康保县	三级
437	林场景区	F 建筑与设施	FA 综合人文旅游地	休闲度假地	FAB	康保县	二级
438	南天门景区	F 建筑与设施	FA 综合人文旅游地	休闲度假地	FAB	康保县	三级
439	卧龙图	F 建筑与设施	FA 综合人文旅游地	休闲度假地	FAB	康保县	二级
440	大石脑包保安寺	F 建筑与设施	FA 综合人文旅游地	宗教与祭祀活动场所	FAC	康保县	一级
441	拉普隆庙	F 建筑与设施	FA 综合人文旅游地	宗教与祭祀活动场所	FAC	康保县	一级
442	西大庙	F 建筑与设施	FA 综合人文旅游地	宗教与祭祀活动场所	FAC	康保县	一级
443	古树孤榆	F 建筑与设施	FA 综合人文旅游地	动物与植物展示地	FAH	康保县	二级
444	王子坟草原动植物保护区	F 建筑与设施	FA 综合人文旅游地	动物与植物展示地	FAH	康保县	二级
445	六代长城	F 建筑与设施	FC 景观建筑与附属型建筑	长城段落	FCE	康保县	二级
446	拔丝山药	G 旅游商品	GA 地方旅游商品	菜品饮食	GAA	康保县	一级
447	擦酥糖饼	G 旅游商品	GA 地方旅游商品	菜品饮食	GAA	康保县	一级
448	开花馒头	G 旅游商品	GA 地方旅游商品	菜品饮食	GAA	康保县	一级
449	山药饼	G 旅游商品	GA 地方旅游商品	菜品饮食	GAA	康保县	一级
450	山药糕	G 旅游商品	GA 地方旅游商品	菜品饮食	GAA	康保县	一级

续表

序号	单体名称	主类名称	亚类名称	基本类型名称	基本类型代号	县市名称	级别
451	山药鱼	G 旅游商品	GA 地方旅游商品	菜品饮食	GAA	康保县	一级
452	手把羊肉	G 旅游商品	GA 地方旅游商品	菜品饮食	GAA	康保县	一级
453	涮羊肉	G 旅游商品	GA 地方旅游商品	菜品饮食	GAA	康保县	一级
454	杂粮杂豆	G 旅游商品	GA 地方旅游商品	农林畜产品与制品	GAB	康保县	三级
455	康保二人台	H 人文活动	HB 艺术	传统戏曲	HBF	康保县	三级
456	康保二人台艺术节	H 人文活动	HD 现代节庆	文化节	HDB	康保县	三级
457	康保草原国际风筝友谊赛	H 人文活动	HD 现代节庆	体育节	HDD	康保县	三级
458	康保草原国际马拉松	H 人文活动	HD 现代节庆	体育节	HDD	康保县	三级
459	草原影视基地	H 人文活动	HE 娱乐休闲	文化产业园区	HEC	康保县	二级
460	民众抗日同盟军收复察东失地阵亡将士纪念塔	E 遗址遗迹	EB 社会经济文化活动遗址遗迹	军事遗址与古战场	EBB	桥东区	三级
461	桥东区智慧能源管理	F 建筑与设施	FA 综合人文旅游地	产业集聚地	FAL	桥东区	二级
462	桥东区智云网络科技	F 建筑与设施	FA 综合人文旅游地	产业集聚地	FAL	桥东区	三级
463	乳业产业集群	F 建筑与设施	FA 综合人文旅游地	产业集聚地	FAL	桥东区	三级
464	东榆林威远楼	F 建筑与设施	FC 景观建筑与附属型建筑	塔形建筑物	FCB	桥东区	二级
465	爱吾庐冯玉祥图书馆	F 建筑与设施	FC 景观建筑与附属型建筑	楼阁	FCC	桥东区	二级
466	察哈尔烈士陵园	F 建筑与设施	FD 居住地与社区	名人故居与历史纪念建筑	FDD	桥东区	三级
467	俄罗斯风情园	F 建筑与设施	FE 归葬地	陵区陵园	FEA	桥东区	二级
468	张库国际古商道	E 遗址遗迹	EB 社会经济文化活动遗址遗迹	交通遗迹	EBE	桥西区	三级
469	檀邑溪谷旅游度假村	F 建筑与设施	FA 综合人文旅游地	休闲度假地	FAB	桥西区	二级
470	张库古道文化生态旅游	F 建筑与设施	FA 综合人文旅游地	休闲度假地	FAB	桥西区	三级
471	赐儿山云泉寺	F 建筑与设施	FA 综合人文旅游地	宗教与祭祀活动场所	FAC	桥西区	三级
472	文昌阁	F 建筑与设施	FA 综合人文旅游地	宗教与祭祀活动场所	FAC	桥西区	三级
473	水母宫景区	F 建筑与设施	FA 综合人文旅游地	园林游憩区域	FAD	桥西区	二级
474	察哈尔会展中心	F 建筑与设施	FA 综合人文旅游地	文化活动场所	FAE	桥西区	二级
475	文化艺术中心	F 建筑与设施	FA 综合人文旅游地	文化活动场所	FAE	桥西区	二级

续表

序号	单体名称	主类名称	亚类名称	基本类型名称	基本类型代号	县市名称	级别
476	现代音乐汇演中心剧场（音乐厅）	F 建筑与设施	FA 综合人文旅游地	文化活动场所	FAE	桥西区	三级
477	张家口大戏剧院	F 建筑与设施	FA 综合人文旅游地	文化活动场所	FAE	桥西区	二级
478	历史文化博物馆	F 建筑与设施	FA 综合人文旅游地	动物与植物展示地	FAH	桥西区	三级
479	互联网数据中心	F 建筑与设施	FA 综合人文旅游地	产业集聚地	FAL	桥西区	三级
480	张小全全媒体融合生产平台	F 建筑与设施	FA 综合人文旅游地	产业集聚地	FAL	桥西区	二级
481	张家口旅游集散接待中心	F 建筑与设施	FF 交通建筑	旅游集散中心	FAO	桥西区	三级
482	西北国民军二十九军抗日英雄烈士祠	F 建筑与设施	FB 单体活动场馆	祭拜场馆	FBB	桥西区	二级
483	张库古商道历史博物馆	F 建筑与设施	FB 单体活动场馆	展示演示场馆	FBC	桥西区	三级
484	奥运体育场（中心）	F 建筑与设施	FB 单体活动场馆	体育场馆	FBF	桥西区	三级
485	大境门	F 建筑与设施	FC 景观建筑与附属型建筑	长城段落	FCE	桥西区	四级
486	来远堡	F 建筑与设施	FC 景观建筑与附属型建筑	城（堡）	FCF	桥西区	三级
487	张家口堡	F 建筑与设施	FC 景观建筑与附属型建筑	城（堡）	FCF	桥西区	四级
488	正沟街摩崖石刻	F 建筑与设施	FC 景观建筑与附属型建筑	摩崖字画	FCG	桥西区	二级
489	奥运举办纪念塔（馆）	F 建筑与设施	FC 景观建筑与附属型建筑	建筑小品	FCK	桥西区	三级
490	冰雪运动雕像	F 建筑与设施	FC 景观建筑与附属型建筑	建筑小品	FCK	桥西区	三级
491	察哈尔都统署旧址	F 建筑与设施	FD 居住地与社区	名人故居与历史纪念建筑	FDD	桥西区	四级
492	察哈尔农民协会旧址	F 建筑与设施	FD 居住地与社区	名人故居与历史纪念建筑	FDD	桥西区	二级
493	晋察冀军区司令部旧址	F 建筑与设施	FD 居住地与社区	名人故居与历史纪念建筑	FDD	桥西区	三级
494	张家口火车站北站	F 建筑与设施	FF 交通建筑	车站	FFB	桥西区	三级
495	大境门庙会	H 人文活动	HC 民间（传统）习俗	庙会与民间集会	HCF	桥西区	二级
496	堡子里旅游节	H 人文活动	HD 现代节庆	旅游节	HDA	桥西区	三级

续表

序号	单体名称	主类名称	亚类名称	基本类型名称	基本类型代号	县市名称	级别
497	中国·张家口大境门文化旅游节	H 人文活动	HD 现代节庆	旅游节	HDA	桥西区	四级
498	大好河山张家口国际摄影展	H 人文活动	HD 现代节庆	艺术展览	HDF	桥西区	四级
499	京张心连心文艺演出	H 人文活动	HE 娱乐休闲	文艺演出	HEB	桥西区	三级
500	张家口奥运文化广场	H 人文活动	HE 娱乐休闲	文化产业园区	HEC	桥西区	三级
501	弘基实业	F 建筑与设施	FA 综合人文旅游地	产业集聚地	FAL	塞北管理区	二级
502	塞北立众生态农业开发及综合旅游	F 建筑与设施	FA 综合人文旅游地	产业集聚地	FAL	塞北管理区	二级
503	旗帜婴儿乳品工业旅游园区	F 建筑与设施	FA 综合人文旅游地	产业集聚地	FAL	塞北管理区	三级
504	塞北玫瑰城景区	H 人文活动	HE 娱乐休闲	文化产业园区	HEC	塞北管理区	三级
505	贲贲淖遗址	E 遗址遗迹	EA 史前人类活动场所	人类活动遗址	EAA	尚义县	三级
506	大苏计村遗址	E 遗址遗迹	EA 史前人类活动场所	人类活动遗址	EAA	尚义县	二级
507	大王茂沟遗址	E 遗址遗迹	EA 史前人类活动场所	人类活动遗址	EAA	尚义县	二级
508	二道沟遗址	E 遗址遗迹	EA 史前人类活动场所	人类活动遗址	EAA	尚义县	二级
509	惠家村遗址	E 遗址遗迹	EA 史前人类活动场所	人类活动遗址	EAA	尚义县	二级
510	旧庙西平遗址	E 遗址遗迹	EA 史前人类活动场所	人类活动遗址	EAA	尚义县	二级
511	狼卜地遗址	E 遗址遗迹	EA 史前人类活动场所	人类活动遗址	EAA	尚义县	二级
512	六号地狼卜遗址	E 遗址遗迹	EA 史前人类活动场所	人类活动遗址	EAA	尚义县	二级
513	七令沟遗址	E 遗址遗迹	EA 史前人类活动场所	人类活动遗址	EAA	尚义县	三级
514	柔玄镇遗址	E 遗址遗迹	EA 史前人类活动场所	人类活动遗址	EAA	尚义县	二级
515	土城子遗址	E 遗址遗迹	EA 史前人类活动场所	人类活动遗址	EAA	尚义县	二级
516	西平遗址	E 遗址遗迹	EA 史前人类活动场所	人类活动遗址	EAA	尚义县	二级
517	席麻沟遗址	E 遗址遗迹	EA 史前人类活动场所	人类活动遗址	EAA	尚义县	二级

续表

序号	单体名称	主类名称	亚类名称	基本类型名称	基本类型代号	县市名称	级别
518	下马圈乱坟滩遗址	E 遗址遗迹	EA 史前人类活动场所	人类活动遗址	EAA	尚义县	三级
519	新庙遗址	E 遗址遗迹	EA 史前人类活动场所	人类活动遗址	EAA	尚义县	二级
520	窑子沟遗址	E 遗址遗迹	EA 史前人类活动场所	人类活动遗址	EAA	尚义县	三级
521	四台蒙古营村遗址	E 遗址遗迹	EB 社会经济文化活动遗址遗迹	废城与聚落遗迹	EBF	尚义县	三级
522	长城遗址	E 遗址遗迹	EB 社会经济文化活动遗址遗迹	长城遗迹	EBG	尚义县	三级
523	草原天路西线景区	F 建筑与设施	FA 综合人文旅游地	休闲度假地	FAB	尚义县	三级
524	韩家庄察哈尔私人牧场	F 建筑与设施	FA 综合人文旅游地	休闲度假地	FAB	尚义县	二级
525	磨攀山生态旅游区	F 建筑与设施	FA 综合人文旅游地	休闲度假地	FAB	尚义县	二级
526	四台蒙古营	F 建筑与设施	FA 综合人文旅游地	休闲度假地	FAB	尚义县	三级
527	五台蒙古营	F 建筑与设施	FA 综合人文旅游地	休闲度假地	FAB	尚义县	二级
528	白先生庙	F 建筑与设施	FA 综合人文旅游地	宗教与祭祀活动场所	FAC	尚义县	二级
529	崇德寺	F 建筑与设施	FA 综合人文旅游地	宗教与祭祀活动场所	FAC	尚义县	三级
530	大青沟关帝庙	F 建筑与设施	FA 综合人文旅游地	宗教与祭祀活动场所	FAC	尚义县	二级
531	豆腐窑胡神庙	F 建筑与设施	FA 综合人文旅游地	宗教与祭祀活动场所	FAC	尚义县	二级
532	套里庄龙王庙	F 建筑与设施	FA 综合人文旅游地	宗教与祭祀活动场所	FAC	尚义县	二级
533	土木路奶奶庙	F 建筑与设施	FA 综合人文旅游地	宗教与祭祀活动场所	FAC	尚义县	二级
534	乌里雅苏台公子庙	F 建筑与设施	FA 综合人文旅游地	宗教与祭祀活动场所	FAC	尚义县	二级
535	乌里雅苏台老爷庙	F 建筑与设施	FA 综合人文旅游地	宗教与祭祀活动场所	FAC	尚义县	二级
536	西城窑奶奶庙	F 建筑与设施	FA 综合人文旅游地	宗教与祭祀活动场所	FAC	尚义县	二级
537	小蒜沟大庙	F 建筑与设施	FA 综合人文旅游地	宗教与祭祀活动场所	FAC	尚义县	二级
538	小西沟奶奶庙	F 建筑与设施	FA 综合人文旅游地	宗教与祭祀活动场所	FAC	尚义县	二级

续表

序号	单体名称	主类名称	亚类名称	基本类型名称	基本类型代号	县市名称	级别
539	风电山庄	F 建筑与设施	FA 综合人文旅游地	园林游憩区域	FAD	尚义县	三级
540	赛羊大会主会场	F 建筑与设施	FA 综合人文旅游地	文化活动场所	FAE	尚义县	三级
541	大营盘乡光伏示范基地	F 建筑与设施	FA 综合人文旅游地	农业非物质文化生产地	FAM	尚义县	二级
542	黑枸杞基地	F 建筑与设施	FA 综合人文旅游地	农业非物质文化生产地	FAM	尚义县	三级
543	蔬菜种植示范园	F 建筑与设施	FA 综合人文旅游地	农业非物质文化生产地	FAM	尚义县	三级
544	明长城	F 建筑与设施	FC 景观建筑与附属型建筑	长城段落	FCE	尚义县	三级
545	豆府窑村	F 建筑与设施	FD 居住地与社区	美丽乡村	FDJ	尚义县	三级
546	十二号村	F 建筑与设施	FD 居住地与社区	美丽乡村	FDJ	尚义县	二级
547	大王茂沟蒙古王墓	F 建筑与设施	FE 归葬地	墓（群）	FEB	尚义县	二级
548	甲石河古墓	F 建筑与设施	FE 归葬地	墓（群）	FEB	尚义县	二级
549	甲石河乡辽代王墓	F 建筑与设施	FE 归葬地	墓（群）	FEB	尚义县	二级
550	下纳岭古墓	F 建筑与设施	FE 归葬地	墓（群）	FEB	尚义县	二级
551	下营盘辽王墓	F 建筑与设施	FE 归葬地	墓（群）	FEB	尚义县	二级
552	博岱花水库	F 建筑与设施	FG 水工建筑	水库观光游憩区段	FGA	尚义县	三级
553	哈拉沟水库	F 建筑与设施	FG 水工建筑	水库观光游憩区段	FGA	尚义县	二级
554	武家村水库	F 建筑与设施	FG 水工建筑	水库观光游憩区段	FGA	尚义县	二级
555	剪纸	G 旅游商品	GB 文化创意产品	传统手工产品与工艺品	GBA	尚义县	二级
556	吹歌	H 人文活动	HB 艺术	民间音乐	HBD	尚义县	二级
557	蒙古长调	H 人文活动	HB 艺术	民间音乐	HBD	尚义县	三级
558	拳笙	H 人文活动	HB 艺术	民间音乐	HBD	尚义县	二级
559	顶灯舞	H 人文活动	HB 艺术	民间舞蹈	HBE	尚义县	三级
560	九头灯舞	H 人文活动	HB 艺术	民间舞蹈	HBE	尚义县	二级
561	干壳（瓜嘴）	H 人文活动	HB 艺术	传统戏曲	HBF	尚义县	二级
562	灯展	H 人文活动	HC 民间（传统）习俗	民间节庆	HCB	尚义县	二级
563	赛羊会	H 人文活动	HC 民间（传统）习俗	民间节庆	HCB	尚义县	三级
564	赛车	H 人文活动	HD 现代节庆	体育节	HDD	尚义县	二级
565	北新屯大水沟	F 建筑与设施	FA 综合人文旅游地	休闲度假地	FAB	万全区	三级

续表

序号	单体名称	主类名称	亚类名称	基本类型名称	基本类型代号	县市名称	级别
566	华北山庄	F 建筑与设施	FA 综合人文旅游地	休闲度假地	FAB	万全区	二级
567	明德山生态庄园	F 建筑与设施	FA 综合人文旅游地	休闲度假地	FAB	万全区	二级
568	雾柳山庄	F 建筑与设施	FA 综合人文旅游地	休闲度假地	FAB	万全区	三级
569	新羊屯神水庙	F 建筑与设施	FA 综合人文旅游地	宗教与祭祀活动场所	FAC	万全区	二级
570	八〇二观礼台	F 建筑与设施	FA 综合人文旅游地	军事观光地	FAI	万全区	三级
571	祥康采摘园	F 建筑与设施	FA 综合人文旅游地	农业非物质文化生产地	FAM	万全区	二级
572	杏花沟	F 建筑与设施	FA 综合人文旅游地	农业非物质文化生产地	FAM	万全区	三级
573	旧羊屯戏楼	F 建筑与设施	FC 景观建筑与附属型建筑	楼阁	FCC	万全区	二级
574	洗马林玉皇阁	F 建筑与设施	FC 景观建筑与附属型建筑	楼阁	FCC	万全区	三级
575	明长城	F 建筑与设施	FC 景观建筑与附属型建筑	长城段落	FCE	万全区	三级
576	万全卫城	F 建筑与设施	FC 景观建筑与附属型建筑	城（堡）	FCF	万全区	四级
577	洗马林城（墙）	F 建筑与设施	FC 景观建筑与附属型建筑	城（堡）	FCF	万全区	四级
578	万全神水泉	F 建筑与设施	FC 景观建筑与附属型建筑	建筑小品	FCK	万全区	二级
579	康宁湖休闲农业与乡村旅游示范园	F 建筑与设施	FD 居住地与社区	美丽乡村	FDJ	万全区	三级
580	老龙湾汉墓群	F 建筑与设施	FE 归葬地	墓（群）	FEB	万全区	一级
581	万全马肉	G 旅游商品	GA 地方旅游商品	农林畜产品与制品	GAB	万全区	一级
582	万全鲜食玉米	G 旅游商品	GA 地方旅游商品	农林畜产品与制品	GAB	万全区	二级
583	侯俊山	H 人文活动	HA 人事记录	人物	HAA	万全区	一级
584	六月六玉皇阁晾经	H 人文活动	HC 民间（传统）习俗	地方风俗与民间礼仪	HCA	万全区	一级
585	踩高跷	H 人文活动	HC 民间（传统）习俗	民间（传统）体育活动与赛事	HCD	万全区	二级
586	扭旱船	H 人文活动	HC 民间（传统）习俗	民间（传统）体育活动与赛事	HCD	万全区	二级
587	万全打棍	H 人文活动	HC 民间（传统）习俗	民间（传统）体育活动与赛事	HCD	万全区	二级

续表

序号	单体名称	主类名称	亚类名称	基本类型名称	基本类型代号	县市名称	级别
588	四月十八奶奶庙会	H 人文活动	HC 民间（传统）习俗	庙会与民间集会	HCF	万全区	二级
589	五月初五神水庙会	H 人文活动	HC 民间（传统）习俗	庙会与民间集会	HCF	万全区	二级
590	风雨沧桑古代国	E 遗址遗迹	EB 社会经济文化活动遗址遗迹	历史事件发生地	EBA	蔚县	二级
591	宁城互市	E 遗址遗迹	EB 社会经济文化活动遗址遗迹	历史事件发生地	EBA	蔚县	二级
592	契丹与张家口	E 遗址遗迹	EB 社会经济文化活动遗址遗迹	历史事件发生地	EBA	蔚县	二级
593	代王城遗址	E 遗址遗迹	EB 社会经济文化活动遗址遗迹	废城与聚落遗迹	EBF	蔚县	二级
594	东坡遗址	E 遗址遗迹	EB 社会经济文化活动遗址遗迹	废城与聚落遗迹	EBF	蔚县	二级
595	三关遗址	E 遗址遗迹	EB 社会经济文化活动遗址遗迹	废城与聚落遗迹	EBF	蔚县	二级
596	筛子绫罗遗址	E 遗址遗迹	EB 社会经济文化活动遗址遗迹	废城与聚落遗迹	EBF	蔚县	四级
597	辛孟庄古瓷窑址	E 遗址遗迹	EB 社会经济文化活动遗址遗迹	废城与聚落遗迹	EBF	蔚县	二级
598	庄窠遗址	E 遗址遗迹	EB 社会经济文化活动遗址遗迹	废城与聚落遗迹	EBF	蔚县	三级
599	龙壶湾度假区	F 建筑与设施	FA 综合人文旅游地	休闲度假地	FAB	蔚县	三级
600	峰山寺	F 建筑与设施	FA 综合人文旅游地	宗教与祭祀活动场所	FAC	蔚县	二级
601	故城寺	F 建筑与设施	FA 综合人文旅游地	宗教与祭祀活动场所	FAC	蔚县	三级
602	关帝庙	F 建筑与设施	FA 综合人文旅游地	宗教与祭祀活动场所	FAC	蔚县	三级
603	金河寺	F 建筑与设施	FA 综合人文旅游地	宗教与祭祀活动场所	FAC	蔚县	二级
604	灵严寺	F 建筑与设施	FA 综合人文旅游地	宗教与祭祀活动场所	FAC	蔚县	三级
605	弥勒寺	F 建筑与设施	FA 综合人文旅游地	宗教与祭祀活动场所	FAC	蔚县	二级
606	暖泉华严寺	F 建筑与设施	FA 综合人文旅游地	宗教与祭祀活动场所	FAC	蔚县	四级

续表

序号	单体名称	主类名称	亚类名称	基本类型名称	基本类型代号	县市名称	级别
607	沙子坡老君观	F建筑与设施	FA综合人文旅游地	宗教与祭祀活动场所	FAC	蔚县	二级
608	释迦寺	F建筑与设施	FA综合人文旅游地	宗教与祭祀活动场所	FAC	蔚县	四级
609	天齐庙	F建筑与设施	FA综合人文旅游地	宗教与祭祀活动场所	FAC	蔚县	三级
610	玉泉寺	F建筑与设施	FA综合人文旅游地	宗教与祭祀活动场所	FAC	蔚县	三级
611	真武庙	F建筑与设施	FA综合人文旅游地	宗教与祭祀活动场所	FAC	蔚县	三级
612	重泰寺	F建筑与设施	FA综合人文旅游地	宗教与祭祀活动场所	FAC	蔚县	三级
613	活阳山老君洞景区	F建筑与设施	FA综合人文旅游地	园林游憩区域	FAD	蔚县	三级
614	十八堂景区	F建筑与设施	FA综合人文旅游地	园林游憩区域	FAD	蔚县	二级
615	松枝口峪	F建筑与设施	FA综合人文旅游地	园林游憩区域	FAD	蔚县	二级
616	蔚县山巅天路景区	F建筑与设施	FA综合人文旅游地	园林游憩区域	FAD	蔚县	二级
617	玉泉山景区	F建筑与设施	FA综合人文旅游地	园林游憩区域	FAD	蔚县	二级
618	蔚县常平仓博物馆	F建筑与设施	FB单体活动场馆	展示演示场馆	FBC	蔚县	四级
619	蔚县非遗文化博物馆	F建筑与设施	FB单体活动场馆	展示演示场馆	FBC	蔚县	三级
620	蔚县廉政文化博物馆	F建筑与设施	FB单体活动场馆	展示演示场馆	FBC	蔚县	二级
621	蔚县寺庙壁画艺术馆	F建筑与设施	FB单体活动场馆	展示演示场馆	FBC	蔚县	二级
622	蔚县五谷文化博物馆	F建筑与设施	FB单体活动场馆	展示演示场馆	FBC	蔚县	二级
623	蔚县小五台山博物馆	F建筑与设施	FB单体活动场馆	展示演示场馆	FBC	蔚县	二级
624	蔚州博物馆	F建筑与设施	FB单体活动场馆	展示演示场馆	FBC	蔚县	三级
625	金河寺悬空庵塔群	F建筑与设施	FC景观建筑与附属型建筑	佛塔	FCA	蔚县	四级
626	南安寺塔	F建筑与设施	FC景观建筑与附属型建筑	佛塔	FCA	蔚县	四级
627	塔林	F建筑与设施	FC景观建筑与附属型建筑	佛塔	FCA	蔚县	二级
628	宋家庄穿心戏楼	F建筑与设施	FC景观建筑与附属型建筑	楼阁	FCC	蔚县	三级
629	蔚县吉星楼	F建筑与设施	FC景观建筑与附属型建筑	楼阁	FCC	蔚县	三级
630	玉皇阁	F建筑与设施	FC景观建筑与附属型建筑	楼阁	FCC	蔚县	四级

续表

序号	单体名称	主类名称	亚类名称	基本类型名称	基本类型代号	县市名称	级别
631	苑庄灯影台	F 建筑与设施	FC 景观建筑与附属型建筑	楼阁	FCC	蔚县	二级
632	北方城	F 建筑与设施	FC 景观建筑与附属型建筑	城（堡）	FCF	蔚县	二级
633	浮图堡	F 建筑与设施	FC 景观建筑与附属型建筑	城（堡）	FCF	蔚县	二级
634	南留庄堡	F 建筑与设施	FC 景观建筑与附属型建筑	城（堡）	FCF	蔚县	三级
635	暖泉古镇	F 建筑与设施	FC 景观建筑与附属型建筑	城（堡）	FCF	蔚县	四级
636	上苏庄	F 建筑与设施	FC 景观建筑与附属型建筑	城（堡）	FCF	蔚县	二级
637	石家庄村	F 建筑与设施	FC 景观建筑与附属型建筑	城（堡）	FCF	蔚县	二级
638	史家堡	F 建筑与设施	FC 景观建筑与附属型建筑	城（堡）	FCF	蔚县	二级
639	水东堡	F 建筑与设施	FC 景观建筑与附属型建筑	城（堡）	FCF	蔚县	二级
640	水西堡	F 建筑与设施	FC 景观建筑与附属型建筑	城（堡）	FCF	蔚县	二级
641	宋家庄镇	F 建筑与设施	FC 景观建筑与附属型建筑	城（堡）	FCF	蔚县	二级
642	蔚州古城（墙）	F 建筑与设施	FC 景观建筑与附属型建筑	城（堡）	FCF	蔚县	四级
643	蔚州蜀	F 建筑与设施	FC 景观建筑与附属型建筑	城（堡）	FCF	蔚县	三级
644	西古堡	F 建筑与设施	FC 景观建筑与附属型建筑	城（堡）	FCF	蔚县	四级
645	邢家庄古堡	F 建筑与设施	FC 景观建筑与附属型建筑	城（堡）	FCF	蔚县	二级
646	单候村石旗杆	F 建筑与设施	FC 景观建筑与附属型建筑	碑碣（林）	FCH	蔚县	三级
647	天仙子碑	F 建筑与设施	FC 景观建筑与附属型建筑	碑碣（林）	FCH	蔚县	一级
648	陀罗尼经幢	F 建筑与设施	FC 景观建筑与附属型建筑	碑碣（林）	FCH	蔚县	一级
649	杨赟碑	F 建筑与设施	FC 景观建筑与附属型建筑	碑碣（林）	FCH	蔚县	二级

续表

序号	单体名称	主类名称	亚类名称	基本类型名称	基本类型代号	县市名称	级别
650	老君洞	F 建筑与设施	FC 景观建筑与附属型建筑	人工洞穴	FCJ	蔚县	一级
651	白后堡村	F 建筑与设施	FD 居住地与社区	美丽乡村	FDJ	蔚县	二级
652	北官堡村	F 建筑与设施	FD 居住地与社区	美丽乡村	FDJ	蔚县	二级
653	曹疃村	F 建筑与设施	FD 居住地与社区	美丽乡村	FDJ	蔚县	二级
654	代王城墓群	F 建筑与设施	FE 归葬地	墓（群）	FEB	蔚县	二级
655	吕家庄汉墓群	F 建筑与设施	FE 归葬地	墓（群）	FEB	蔚县	一级
656	杨赟家族墓群	F 建筑与设施	FE 归葬地	墓（群）	FEB	蔚县	三级
657	八大碗	G 旅游商品	GA 地方旅游商品	菜品饮食	GAA	蔚县	三级
658	哈猴包子	G 旅游商品	GA 地方旅游商品	菜品饮食	GAA	蔚县	二级
659	花椒饼	G 旅游商品	GA 地方旅游商品	菜品饮食	GAA	蔚县	一级
660	麻花	G 旅游商品	GA 地方旅游商品	菜品饮食	GAA	蔚县	一级
661	荞面饸烙	G 旅游商品	GA 地方旅游商品	菜品饮食	GAA	蔚县	一级
662	散子	G 旅游商品	GA 地方旅游商品	菜品饮食	GAA	蔚县	一级
663	粉坨	G 旅游商品	GA 地方旅游商品	菜品饮食	GAA	蔚县	一级
664	素卤豆腐脑	G 旅游商品	GA 地方旅游商品	菜品饮食	GAA	蔚县	二级
665	糖麻叶	G 旅游商品	GA 地方旅游商品	菜品饮食	GAA	蔚县	二级
666	五香豆腐干	G 旅游商品	GA 地方旅游商品	菜品饮食	GAA	蔚县	二级
667	五香葵花籽	G 旅游商品	GA 地方旅游商品	菜品饮食	GAA	蔚县	一级
668	小米煎饼	G 旅游商品	GA 地方旅游商品	菜品饮食	GAA	蔚县	一级
669	莜豆面	G 旅游商品	GA 地方旅游商品	菜品饮食	GAA	蔚县	二级
670	蔚州贡米	G 旅游商品	GA 地方旅游商品	农林畜产品与制品	GAB	蔚县	三级
671	蔚州杏扁	G 旅游商品	GA 地方旅游商品	农林畜产品与制品	GAB	蔚县	三级
672	瓷土花盆	G 旅游商品	GB 文化创意产品	传统手工产品与工艺品	GBA	蔚县	二级
673	刺绣	G 旅游商品	GB 文化创意产品	传统手工产品与工艺品	GBA	蔚县	二级
674	挂毯	G 旅游商品	GB 文化创意产品	传统手工产品与工艺品	GBA	蔚县	二级
675	蔚县剪纸	G 旅游商品	GB 文化创意产品	传统手工产品与工艺品	GBA	蔚县	四级
676	蔚县泥人	G 旅游商品	GB 文化创意产品	传统手工产品与工艺品	GBA	蔚县	三级
677	蔚县青砂器	G 旅游商品	GB 文化创意产品	传统手工产品与工艺品	GBA	蔚县	三级

续表

序号	单体名称	主类名称	亚类名称	基本类型名称	基本类型代号	县市名称	级别
678	北魏卫操	H 人文活动	HA 人事记录	人物	HAA	蔚县	一级
679	董福	H 人文活动	HA 人事记录	人物	HAA	蔚县	一级
680	冯唐	H 人文活动	HA 人事记录	人物	HAA	蔚县	二级
681	盖寓	H 人文活动	HA 人事记录	人物	HAA	蔚县	一级
682	国家之宝古弼	H 人文活动	HA 人事记录	人物	HAA	蔚县	一级
683	康福	H 人文活动	HA 人事记录	人物	HAA	蔚县	一级
684	康君立	H 人文活动	HA 人事记录	人物	HAA	蔚县	一级
685	李百川	H 人文活动	HA 人事记录	人物	HAA	蔚县	一级
686	李周望	H 人文活动	HA 人事记录	人物	HAA	蔚县	一级
687	马宝玉	H 人文活动	HA 人事记录	人物	HAA	蔚县	二级
688	马芳	H 人文活动	HA 人事记录	人物	HAA	蔚县	一级
689	墨学家鲁胜	H 人文活动	HA 人事记录	人物	HAA	蔚县	一级
690	田琢	H 人文活动	HA 人事记录	人物	HAA	蔚县	一级
691	王老赏	H 人文活动	HA 人事记录	人物	HAA	蔚县	三级
692	王敏	H 人文活动	HA 人事记录	人物	HAA	蔚县	一级
693	王振	H 人文活动	HA 人事记录	人物	HAA	蔚县	一级
694	西晋名士赵至	H 人文活动	HA 人事记录	人物	HAA	蔚县	一级
695	杨赟	H 人文活动	HA 人事记录	人物	HAA	蔚县	一级
696	尹耕	H 人文活动	HA 人事记录	人物	HAA	蔚县	一级
697	张苏	H 人文活动	HA 人事记录	人物	HAA	蔚县	一级
698	赵秉温	H 人文活动	HA 人事记录	人物	HAA	蔚县	一级
699	镇远将军燕凤	H 人文活动	HA 人事记录	人物	HAA	蔚县	一级
700	山西北路梆子和山西中路梆子	H 人文活动	HB 艺术	民间音乐	HBD	蔚县	二级
701	弦子腔	H 人文活动	HB 艺术	民间音乐	HBD	蔚县	二级
702	推车舞	H 人文活动	HB 艺术	民间舞蹈	HBE	蔚县	二级
703	蔚州活马舞	H 人文活动	HB 艺术	民间舞蹈	HBE	蔚县	三级
704	晋剧《蝶双飞》	H 人文活动	HB 艺术	传统戏曲	HBF	蔚县	二级
705	晋剧《仙锅记》	H 人文活动	HB 艺术	传统戏曲	HBF	蔚县	二级
706	皮影戏	H 人文活动	HB 艺术	传统戏曲	HBF	蔚县	一级
707	器乐合奏《古道乡音》	H 人文活动	HB 艺术	传统戏曲	HBF	蔚县	三级
708	曲艺《二尺八》	H 人文活动	HB 艺术	传统戏曲	HBF	蔚县	二级
709	蔚州道情戏	H 人文活动	HB 艺术	传统戏曲	HBF	蔚县	二级
710	新编口梆子现代戏《少年董存瑞》	H 人文活动	HB 艺术	传统戏曲	HBF	蔚县	二级

续表

序号	单体名称	主类名称	亚类名称	基本类型名称	基本类型代号	县市名称	级别
711	新编历史晋剧《梳妆楼》	H 人文活动	HB 艺术	传统戏曲	HBF	蔚县	二级
712	新编历史剧《泥河湾》	H 人文活动	HB 艺术	传统戏曲	HBF	蔚县	二级
713	新编历史口梆子剧《合符釜山》	H 人文活动	HB 艺术	传统戏曲	HBF	蔚县	二级
714	电视剧《大境门》	H 人文活动	HB 艺术	影视作品	HBG	蔚县	二级
715	电视剧《为了新中国前进》	H 人文活动	HB 艺术	影视作品	HBG	蔚县	二级
716	电影《骏马少年》	H 人文活动	HB 艺术	影视作品	HBG	蔚县	二级
717	广播剧《喜鹊沟三部曲》	H 人文活动	HB 艺术	影视作品	HBG	蔚县	二级
718	纪录片《发现黄帝城》	H 人文活动	HB 艺术	影视作品	HBG	蔚县	二级
719	纪录片《发现元中都》	H 人文活动	HB 艺术	影视作品	HBG	蔚县	二级
720	纪录片《泥河湾》	H 人文活动	HB 艺术	影视作品	HBG	蔚县	二级
721	纪录片《梳妆楼揭秘》	H 人文活动	HB 艺术	影视作品	HBG	蔚县	二级
722	灯会	H 人文活动	HC 民间（传统）习俗	民间节庆	HCB	蔚县	二级
723	龙灯	H 人文活动	HC 民间（传统）习俗	地方风俗与民间礼仪	HCA	蔚县	二级
724	焰火	H 人文活动	HC 民间（传统）习俗	地方风俗与民间礼仪	HCA	蔚县	二级
725	拜灯山	H 人文活动	HC 民间（传统）习俗	民间演艺	HCC	蔚县	二级
726	背阁	H 人文活动	HC 民间（传统）习俗	民间演艺	HCC	蔚县	二级
727	打架人	H 人文活动	HC 民间（传统）习俗	民间演艺	HCC	蔚县	二级
728	打树花	H 人文活动	HC 民间（传统）习俗	民间演艺	HCC	蔚县	四级
729	大头人	H 人文活动	HC 民间（传统）习俗	民间演艺	HCC	蔚县	二级
730	代国战鼓	H 人文活动	HC 民间（传统）习俗	民间演艺	HCC	蔚县	三级

续表

序号	单体名称	主类名称	亚类名称	基本类型名称	基本类型代号	县市名称	级别
731	独杆桥	H 人文活动	HC 民间（传统）习俗	民间演艺	HCC	蔚县	二级
732	高跷	H 人文活动	HC 民间（传统）习俗	民间演艺	HCC	蔚县	二级
733	旱船	H 人文活动	HC 民间（传统）习俗	民间演艺	HCC	蔚县	二级
734	晃	H 人文活动	HC 民间（传统）习俗	民间演艺	HCC	蔚县	二级
735	活马	H 人文活动	HC 民间（传统）习俗	民间演艺	HCC	蔚县	二级
736	扛阁	H 人文活动	HC 民间（传统）习俗	民间演艺	HCC	蔚县	二级
737	老汉背妻	H 人文活动	HC 民间（传统）习俗	民间演艺	HCC	蔚县	二级
738	牛斗虎	H 人文活动	HC 民间（传统）习俗	民间演艺	HCC	蔚县	二级
739	跑驴	H 人文活动	HC 民间（传统）习俗	民间演艺	HCC	蔚县	二级
740	抬阁	H 人文活动	HC 民间（传统）习俗	民间演艺	HCC	蔚县	二级
741	蔚县鼓书	H 人文活动	HC 民间（传统）习俗	民间演艺	HCC	蔚县	二级
742	蔚县秧歌	H 人文活动	HC 民间（传统）习俗	民间演艺	HCC	蔚县	三级
743	蔚县杂技	H 人文活动	HC 民间（传统）习俗	民间演艺	HCC	蔚县	三级
744	舞狮	H 人文活动	HC 民间（传统）习俗	民间演艺	HCC	蔚县	二级
745	舞台高跷	H 人文活动	HC 民间（传统）习俗	民间演艺	HCC	蔚县	二级
746	中国剪纸艺术节	H 人文活动	HD 现代节庆	文化节	HDB	蔚县	四级
747	蔚州·风情	H 人文活动	HE 娱乐休闲	文艺演出	HEB	蔚县	三级
748	民俗文化生态大区	H 人文活动	HE 娱乐休闲	文化产业园区	HEC	蔚县	三级
749	蔚县圆通创意文化有限责任公司	H 人文活动	HE 娱乐休闲	文化产业园区	HEC	蔚县	三级
750	小五台健康养老研学旅游产业园区	H 人文活动	HE 娱乐休闲	文化产业园区	HEC	蔚县	三级

续表

序号	单体名称	主类名称	亚类名称	基本类型名称	基本类型代号	县市名称	级别
751	中国蔚县剪纸文化产业园区	H 人文活动	HE 娱乐休闲	文化产业园区	HEC	蔚县	三级
752	防空洞	E 遗址遗迹	EB 社会经济文化活动遗址遗迹	军事遗址与古战场	EBB	下花园区	一级
753	老龙背战备公路	E 遗址遗迹	EB 社会经济文化活动遗址遗迹	军事遗址与古战场	EBB	下花园区	一级
754	东顶庙宇遗址	E 遗址遗迹	EB 社会经济文化活动遗址遗迹	废弃寺庙	EBC	下花园区	一级
755	磁炮窑遗址	E 遗址遗迹	EB 社会经济文化活动遗址遗迹	废弃生产地	EBD	下花园区	一级
756	文体活动中心遗址	E 遗址遗迹	EB 社会经济文化活动遗址遗迹	废弃生产地	EBD	下花园区	一级
757	玉带山井（花园矿）遗址	E 遗址遗迹	EB 社会经济文化活动遗址遗迹	废弃生产地	EBD	下花园区	一级
758	上花园烽火台	E 遗址遗迹	EB 社会经济文化活动遗址遗迹	烽燧	EBH	下花园区	二级
759	定方水生态小镇	F 建筑与设施	FA 综合人文旅游地	休闲度假地	FAB	下花园区	二级
760	段家堡生态小镇	F 建筑与设施	FA 综合人文旅游地	休闲度假地	FAB	下花园区	二级
761	古城梁山体公园	F 建筑与设施	FA 综合人文旅游地	休闲度假地	FAB	下花园区	二级
762	鸡鸣山文化小镇	F 建筑与设施	FA 综合人文旅游地	休闲度假地	FAB	下花园区	三级
763	鸡鸣山洋水国际度假区	F 建筑与设施	FA 综合人文旅游地	休闲度假地	FAB	下花园区	三级
764	石佛山养生小镇	F 建筑与设施	FA 综合人文旅游地	休闲度假地	FAB	下花园区	二级
765	下花园区矿山地质公园	F 建筑与设施	FA 综合人文旅游地	休闲度假地	FAB	下花园区	三级
766	洋河河谷湿地	F 建筑与设施	FA 综合人文旅游地	休闲度假地	FAB	下花园区	二级
767	养老康复基地建设项目	F 建筑与设施	FA 综合人文旅游地	休闲度假地	FAB	下花园区	二级
768	观音庙	F 建筑与设施	FA 综合人文旅游地	宗教与祭祀活动场所	FAC	下花园区	一级
769	龙王庙	F 建筑与设施	FA 综合人文旅游地	宗教与祭祀活动场所	FAC	下花园区	一级
770	慢梁村古庙	F 建筑与设施	FA 综合人文旅游地	宗教与祭祀活动场所	FAC	下花园区	一级
771	孟家坟天主教堂	F 建筑与设施	FA 综合人文旅游地	宗教与祭祀活动场所	FAC	下花园区	二级
772	奶奶庙	F 建筑与设施	FA 综合人文旅游地	宗教与祭祀活动场所	FAC	下花园区	一级

续表

序号	单体名称	主类名称	亚类名称	基本类型名称	基本类型代号	县市名称	级别
773	永宁寺	F 建筑与设施	FA 综合人文旅游地	宗教与祭祀活动场所	FAC	下花园区	一级
774	石佛山森林公园	F 建筑与设施	FA 综合人文旅游地	园林游憩区域	FAD	下花园区	三级
775	水泉公园	F 建筑与设施	FA 综合人文旅游地	园林游憩区域	FAD	下花园区	二级
776	体育公园	F 建筑与设施	FA 综合人文旅游地	园林游憩区域	FAD	下花园区	二级
777	鸡鸣山煤矿	F 建筑与设施	FA 综合人文旅游地	建设工程与生产地	FAF	下花园区	一级
778	下花园电石厂	F 建筑与设施	FA 综合人文旅游地	建设工程与生产地	FAF	下花园区	一级
779	下花园发电厂	F 建筑与设施	FA 综合人文旅游地	建设工程与生产地	FAF	下花园区	一级
780	下花园煤矿一号井	F 建筑与设施	FA 综合人文旅游地	建设工程与生产地	FAF	下花园区	二级
781	辛庄子汽车交易园区	F 建筑与设施	FA 综合人文旅游地	社会与商贸活动场所	FAG	下花园区	三级
782	智慧环境科技产业园	F 建筑与设施	FA 综合人文旅游地	产业集聚地	FAL	下花园区	二级
783	定方水乡张杂谷制种、科普基地项目	F 建筑与设施	FA 综合人文旅游地	农业非物质文化生产地	FAM	下花园区	二级
784	汇智科技农场	F 建筑与设施	FA 综合人文旅游地	农业非物质文化生产地	FAM	下花园区	二级
785	辛庄子洋河河谷现代农业产业园	F 建筑与设施	FA 综合人文旅游地	农业非物质文化生产地	FAM	下花园区	三级
786	张杂谷科普基地	F 建筑与设施	FA 综合人文旅游地	农业非物质文化生产地	FAM	下花园区	二级
787	黄羊滩汽车越野赛道	F 建筑与设施	FA 综合人文旅游地	户外运动休闲区	FAN	下花园区	二级
788	鸡鸣山户外拓展基地	F 建筑与设施	FA 综合人文旅游地	户外运动休闲区	FAN	下花园区	二级
789	下花园区段家堡休闲滑雪	F 建筑与设施	FA 综合人文旅游地	户外运动休闲区	FAN	下花园区	三级
790	碧霞元君殿	F 建筑与设施	FB 单体活动场馆	祭拜场馆	FBB	下花园区	二级
791	万人坑展览馆	F 建筑与设施	FB 单体活动场馆	展示演示场馆	FBC	下花园区	二级
792	孟家坟贵珍堂绣楼	F 建筑与设施	FC 景观建筑与附属型建筑	楼阁	FCC	下花园区	二级
793	北魏石窟	F 建筑与设施	FC 景观建筑与附属型建筑	石窟	FCD	下花园区	二级
794	万人坑纪念碑	F 建筑与设施	FC 景观建筑与附属型建筑	碑碣（林）	FCH	下花园区	二级
795	下花园区革命烈士纪念碑	F 建筑与设施	FC 景观建筑与附属型建筑	碑碣（林）	FCH	下花园区	二级

续表

序号	单体名称	主类名称	亚类名称	基本类型名称	基本类型代号	县市名称	级别
796	响水铺石碑	F 建筑与设施	FC 景观建筑与附属型建筑	碑碣（林）	FCH	下花园区	二级
797	戴家营戏台	F 建筑与设施	FC 景观建筑与附属型建筑	建筑小品	FCK	下花园区	二级
798	青山寺戏台	F 建筑与设施	FC 景观建筑与附属型建筑	建筑小品	FCK	下花园区	二级
799	孟家坟老宅	F 建筑与设施	FD 居住地与社区	传统与乡土建筑	FDA	下花园区	二级
800	徐家窑窑洞	F 建筑与设施	FD 居住地与社区	传统与乡土建筑	FDA	下花园区	二级
801	闫富海老宅	F 建筑与设施	FD 居住地与社区	传统与乡土建筑	FDA	下花园区	二级
802	滨水休闲街区	F 建筑与设施	FD 居住地与社区	特色社区	FDC	下花园区	二级
803	洋河湿地创意小镇	F 建筑与设施	FD 居住地与社区	特色社区	FDC	下花园区	三级
804	段家堡乡观音堂村	F 建筑与设施	FD 居住地与社区	美丽乡村	FDJ	下花园区	三级
805	河南坊	F 建筑与设施	FD 居住地与社区	美丽乡村	FDJ	下花园区	二级
806	慢梁村	F 建筑与设施	FD 居住地与社区	美丽乡村	FDJ	下花园区	二级
807	孟家坟	F 建筑与设施	FD 居住地与社区	美丽乡村	FDJ	下花园区	二级
808	武家庄	F 建筑与设施	FD 居住地与社区	美丽乡村	FDJ	下花园区	二级
809	北辛堡墓群	F 建筑与设施	FE 归葬地	墓（群）	FEB	下花园区	二级
810	戴家营墓地	F 建筑与设施	FE 归葬地	墓（群）	FEB	下花园区	一级
811	将军坟	F 建筑与设施	FE 归葬地	墓（群）	FEB	下花园区	二级
812	康氏墓群	F 建筑与设施	FE 归葬地	墓（群）	FEB	下花园区	一级
813	马氏墓群	F 建筑与设施	FE 归葬地	墓（群）	FEB	下花园区	一级
814	上花园墓葬	F 建筑与设施	FE 归葬地	墓（群）	FEB	下花园区	一级
815	孙氏墓群	F 建筑与设施	FE 归葬地	墓（群）	FEB	下花园区	一级
816	昭太后墓	F 建筑与设施	FE 归葬地	墓（群）	FEB	下花园区	二级
817	山地自行车赛道	F 建筑与设施	FF 交通建筑	景观道路	FFE	下花园区	二级
818	生态休闲步道	F 建筑与设施	FF 交通建筑	景观道路	FFE	下花园区	三级
819	洋河水路	F 建筑与设施	FF 交通建筑	景观道路	FFE	下花园区	二级
820	自行车绿道	F 建筑与设施	FF 交通建筑	景观道路	FFE	下花园区	三级
821	粉铬碴	G 旅游商品	GA 地方旅游商品	菜品饮食	GAA	下花园区	二级
822	鸡鸣山驿酒	G 旅游商品	GA 地方旅游商品	菜品饮食	GAA	下花园区	二级
823	地皮菜	G 旅游商品	GA 地方旅游商品	农林畜产品与制品	GAB	下花园区	二级
824	甜杏仁	G 旅游商品	GA 地方旅游商品	农林畜产品与制品	GAB	下花园区	二级
825	赵永泉自创太极拳法	H 人文活动	HC 民间（传统）习俗	民间（传统）体育活动与赛事	HCD	下花园区	二级

续表

序号	单体名称	主类名称	亚类名称	基本类型名称	基本类型代号	县市名称	级别
826	观音庙庙会	H 人文活动	HC 民间（传统）习俗	庙会与民间集会	HCF	下花园区	一级
827	奶奶庙庙会	H 人文活动	HC 民间（传统）习俗	庙会与民间集会	HCF	下花园区	一级
828	石佛山登山节	H 人文活动	HD 现代节庆	体育节	HDD	下花园区	三级
829	奥运主题公园	H 人文活动	HE 娱乐休闲	主题公园	HEA	下花园区	三级
830	冰雪花园	H 人文活动	HE 娱乐休闲	主题公园	HEA	下花园区	二级
831	黄土风情园	H 人文活动	HE 娱乐休闲	主题公园	HEA	下花园区	三级
832	京西沙漠城	H 人文活动	HE 娱乐休闲	主题公园	HEA	下花园区	二级
833	下花园区文化创意产业新区	H 人文活动	HE 娱乐休闲	文化产业园区	HEC	下花园区	三级
834	旭昊文化创意产业园	H 人文活动	HE 娱乐休闲	文化产业园区	HEC	下花园区	二级
835	艺术文化展示中心	H 人文活动	HE 娱乐休闲	文化产业园区	HEC	下花园区	二级
836	智慧休闲谷	H 人文活动	HE 娱乐休闲	文化产业园区	HEC	下花园区	三级
837	大井沟遗址	E 遗址遗迹	EA 史前人类活动场所	人类活动遗址	EAA	宣化县	一级
838	关子口遗址	E 遗址遗迹	EA 史前人类活动场所	人类活动遗址	EAA	宣化县	二级
839	水泉遗址	E 遗址遗迹	EA 史前人类活动场所	人类活动遗址	EAA	宣化县	一级
840	王家窑遗址	E 遗址遗迹	EA 史前人类活动场所	人类活动遗址	EAA	宣化县	一级
841	出纳马象牙化石	E 遗址遗迹	EA 史前人类活动场所	文化层	EAB	宣化县	一级
842	庞骨鹿化石	E 遗址遗迹	EA 史前人类活动场所	文化层	EAB	宣化县	一级
843	羊房堡古遗址	E 遗址遗迹	EB 社会经济文化活动遗址遗迹	废城与聚落遗迹	EBF	宣化县	三级
844	龙门堡遗址	E 遗址遗迹	EB 社会经济文化活动遗址遗迹	废城与聚落遗迹	EBF	宣化县	一级
845	石门屯夯土墙遗址	E 遗址遗迹	EB 社会经济文化活动遗址遗迹	废城与聚落遗迹	EBF	宣化县	一级
846	县治城堡	E 遗址遗迹	EB 社会经济文化活动遗址遗迹	废城与聚落遗迹	EBF	宣化县	一级
847	小白阳城堡	E 遗址遗迹	EB 社会经济文化活动遗址遗迹	废城与聚落遗迹	EBF	宣化县	二级
848	赵川城堡	E 遗址遗迹	EB 社会经济文化活动遗址遗迹	废城与聚落遗迹	EBF	宣化县	一级

续表

序号	单体名称	主类名称	亚类名称	基本类型名称	基本类型代号	县市名称	级别
849	浩林山庄	F 建筑与设施	FA 综合人文旅游地	休闲度假地	FAB	宣化县	二级
850	红石山温泉滑雪度假区	F 建筑与设施	FA 综合人文旅游地	休闲度假地	FAB	宣化县	三级
851	黄羊山生态文化旅游区	F 建筑与设施	FA 综合人文旅游地	休闲度假地	FAB	宣化县	三级
852	假日绿岛	F 建筑与设施	FA 综合人文旅游地	休闲度假地	FAB	宣化县	二级
853	桑干河大峡谷旅游景区	F 建筑与设施	FA 综合人文旅游地	休闲度假地	FAB	宣化县	三级
854	护福寺	F 建筑与设施	FA 综合人文旅游地	宗教与祭祀活动场所	FAC	宣化县	二级
855	千年古刹柏林寺	F 建筑与设施	FA 综合人文旅游地	宗教与祭祀活动场所	FAC	宣化县	四级
856	桥庙	F 建筑与设施	FA 综合人文旅游地	宗教与祭祀活动场所	FAC	宣化县	二级
857	清泉寺	F 建筑与设施	FA 综合人文旅游地	宗教与祭祀活动场所	FAC	宣化县	二级
858	清真寺	F 建筑与设施	FA 综合人文旅游地	宗教与祭祀活动场所	FAC	宣化县	三级
859	时恩寺	F 建筑与设施	FA 综合人文旅游地	宗教与祭祀活动场所	FAC	宣化县	三级
860	大主教堂	F 建筑与设施	FA 综合人文旅游地	宗教与祭祀活动场所	FAC	宣化县	三级
861	玄空寺	F 建筑与设施	FA 综合人文旅游地	宗教与祭祀活动场所	FAC	宣化县	二级
862	五龙壁砖雕	F 建筑与设施	FA 综合人文旅游地	宗教与祭祀活动场所	FAC	宣化县	三级
863	青泉珠宝玛瑙国际商城	F 建筑与设施	FA 综合人文旅游地	社会与商贸活动场所	FAG	宣化县	三级
864	古北京丁香	F 建筑与设施	FA 综合人文旅游地	动物与植物展示地	FAH	宣化县	二级
865	古杜松	F 建筑与设施	FA 综合人文旅游地	动物与植物展示地	FAH	宣化县	二级
866	古旱柳	F 建筑与设施	FA 综合人文旅游地	动物与植物展示地	FAH	宣化县	二级
867	古旱榆	F 建筑与设施	FA 综合人文旅游地	动物与植物展示地	FAH	宣化县	二级
868	古槐	F 建筑与设施	FA 综合人文旅游地	动物与植物展示地	FAH	宣化县	二级

续表

序号	单体名称	主类名称	亚类名称	基本类型名称	基本类型代号	县市名称	级别
869	河北第一见证杨	F 建筑与设施	FA 综合人文旅游地	动物与植物展示地	FAH	宣化县	二级
870	华北第一龙爪榆	F 建筑与设施	FA 综合人文旅游地	动物与植物展示地	FAH	宣化县	二级
871	京西第一蛤蟆榆	F 建筑与设施	FA 综合人文旅游地	动物与植物展示地	FAH	宣化县	二级
872	东方普罗旺斯熏衣草风情园	F 建筑与设施	FA 综合人文旅游地	农业非物质文化生产地	FAM	宣化县	三级
873	古葡萄园	F 建筑与设施	FA 综合人文旅游地	农业非物质文化生产地	FAM	宣化县	三级
874	河之西采摘园	F 建筑与设施	FA 综合人文旅游地	农业非物质文化生产地	FAM	宣化县	二级
875	上禾油牡丹种植观光园	F 建筑与设施	FA 综合人文旅游地	农业非物质文化生产地	FAM	宣化县	二级
876	王亮农家乐	F 建筑与设施	FA 综合人文旅游地	农业非物质文化生产地	FAM	宣化县	二级
877	宣化区芦苇农场	F 建筑与设施	FA 综合人文旅游地	农业非物质文化生产地	FAM	宣化县	二级
878	炮兵博物馆	F 建筑与设施	FB 单体活动场馆	展示演示场馆	FBC	宣化县	三级
879	宣化博物馆	F 建筑与设施	FB 单体活动场馆	展示演示场馆	FBC	宣化县	三级
880	佛真猞猁迤逻尼塔	F 建筑与设施	FC 景观建筑与附属型建筑	佛塔	FCA	宣化县	四级
881	立化寺塔	F 建筑与设施	FC 景观建筑与附属型建筑	佛塔	FCA	宣化县	二级
882	拱极楼	F 建筑与设施	FC 景观建筑与附属型建筑	楼阁	FCC	宣化县	二级
883	清远楼	F 建筑与设施	FC 景观建筑与附属型建筑	楼阁	FCC	宣化县	三级
884	镇朔楼	F 建筑与设施	FC 景观建筑与附属型建筑	楼阁	FCC	宣化县	三级
885	长城	F 建筑与设施	FC 景观建筑与附属型建筑	长城段落	FCE	宣化县	二级
886	常峪口堡	F 建筑与设施	FC 景观建筑与附属型建筑	城（堡）	FCF	宣化县	二级
887	大白阳城堡	F 建筑与设施	FC 景观建筑与附属型建筑	城（堡）	FCF	宣化县	二级
888	葛峪堡	F 建筑与设施	FC 景观建筑与附属型建筑	城（堡）	FCF	宣化县	二级

续表

序号	单体名称	主类名称	亚类名称	基本类型名称	基本类型代号	县市名称	级别
889	关底堡	F 建筑与设施	FC 景观建筑与附属型建筑	城（堡）	FCF	宣化县	二级
890	青边口堡	F 建筑与设施	FC 景观建筑与附属型建筑	城（堡）	FCF	宣化县	二级
891	深井堡	F 建筑与设施	FC 景观建筑与附属型建筑	城（堡）	FCF	宣化县	二级
892	西阳古城堡	F 建筑与设施	FC 景观建筑与附属型建筑	城（堡）	FCF	宣化县	三级
893	宣化古城（墙）	F 建筑与设施	FC 景观建筑与附属型建筑	城（堡）	FCF	宣化县	四级
894	羊房堡	F 建筑与设施	FC 景观建筑与附属型建筑	城（堡）	FCF	宣化县	二级
895	茶道图	F 建筑与设施	FC 景观建筑与附属型建筑	摩崖字画	FCG	宣化县	二级
896	出行图	F 建筑与设施	FC 景观建筑与附属型建筑	摩崖字画	FCG	宣化县	二级
897	马市图	F 建筑与设施	FC 景观建筑与附属型建筑	摩崖字画	FCG	宣化县	二级
898	散乐图	F 建筑与设施	FC 景观建筑与附属型建筑	摩崖字画	FCG	宣化县	二级
899	天文图	F 建筑与设施	FC 景观建筑与附属型建筑	摩崖字画	FCG	宣化县	二级
900	南关	F 建筑与设施	FC 景观建筑与附属型建筑	广场	FCI	宣化县	二级
901	象光洞	F 建筑与设施	FC 景观建筑与附属型建筑	人工洞穴	FCJ	宣化县	二级
902	马宅	F 建筑与设施	FD 居住地与社区	传统与乡土建筑	FDA	宣化县	三级
903	张自忠故居	F 建筑与设施	FD 居住地与社区	传统与乡土建筑	FDA	宣化县	二级
904	宣化北大街等历史文化街区	F 建筑与设施	FD 居住地与社区	特色街巷	FDB	宣化县	三级
905	察哈尔省民主政府旧址	F 建筑与设施	FD 居住地与社区	名人故居与历史纪念建筑	FDD	宣化县	四级
906	柳川书院	F 建筑与设施	FD 居住地与社区	书院	FDE	宣化县	二级
907	玛瑙交易市场	F 建筑与设施	FD 居住地与社区	特色市场	FDH	宣化县	二级
908	保府庄明代墓	F 建筑与设施	FE 归葬地	墓（群）	FEB	宣化县	一级
909	高家圪垯古墓	F 建筑与设施	FE 归葬地	墓（群）	FEB	宣化县	一级
910	李大人庄古墓	F 建筑与设施	FE 归葬地	墓（群）	FEB	宣化县	一级
911	南洋店汉墓群	F 建筑与设施	FE 归葬地	墓（群）	FEB	宣化县	一级

续表

序号	单体名称	主类名称	亚类名称	基本类型名称	基本类型代号	县市名称	级别
912	下八里辽墓群	F 建筑与设施	FE 归葬地	墓（群）	FEB	宣化县	四级
913	小白阳古墓	F 建筑与设施	FE 归葬地	墓（群）	FEB	宣化县	二级
914	寨山坡村金代石棺墓	F 建筑与设施	FE 归葬地	墓（群）	FEB	宣化县	一级
915	宣化火车站	F 建筑与设施	FF 交通建筑	车站	FFB	宣化县	三级
916	黄米糕	G 旅游商品	GA 地方旅游商品	菜品饮食	GAA	宣化县	二级
917	河之西枣	G 旅游商品	GA 地方旅游商品	农林畜产品与制品	GAB	宣化县	二级
918	刘家窑西瓜	G 旅游商品	GA 地方旅游商品	农林畜产品与制品	GAB	宣化县	二级
919	糯玉米	G 旅游商品	GA 地方旅游商品	农林畜产品与制品	GAB	宣化县	二级
920	宣化葡萄	G 旅游商品	GA 地方旅游商品	农林畜产品与制品	GAB	宣化县	三级
921	羊坊路口西芹	G 旅游商品	GA 地方旅游商品	农林畜产品与制品	GAB	宣化县	一级
922	鹦哥绿豆	G 旅游商品	GA 地方旅游商品	农林畜产品与制品	GAB	宣化县	三级
923	钟楼啤酒	G 旅游商品	GA 地方旅游商品	农林畜产品与制品	GAB	宣化县	三级
924	宣化国玉陶瓷	G 旅游商品	GB 文化创意产品	传统手工产品与工艺品	GBA	宣化县	三级
925	战国红玉石	G 旅游商品	GB 文化创意产品	传统手工产品与工艺品	GBA	宣化县	四级
926	元三代重臣刘敏	H 人文活动	HA 人事记录	人物	HAA	宣化县	一级
927	郑魁士	H 人文活动	HA 人事记录	人物	HAA	宣化县	一级
928	背人舞	H 人文活动	HB 艺术	民间舞蹈	HBE	宣化县	二级
929	龙灯舞	H 人文活动	HB 艺术	民间舞蹈	HBE	宣化县	二级
930	狮子舞	H 人文活动	HB 艺术	民间舞蹈	HBE	宣化县	二级
931	摔跤舞	H 人文活动	HB 艺术	民间舞蹈	HBE	宣化县	二级
932	背阁	H 人文活动	HC 民间（传统）习俗	民间演艺	HCC	宣化县	二级
933	踩高跷	H 人文活动	HC 民间（传统）习俗	民间演艺	HCC	宣化县	二级
934	放焰火	H 人文活动	HC 民间（传统）习俗	民间演艺	HCC	宣化县	二级
935	花灯	H 人文活动	HC 民间（传统）习俗	民间演艺	HCC	宣化县	二级

续表

序号	单体名称	主类名称	亚类名称	基本类型名称	基本类型代号	县市名称	级别
936	跑旱船	H 人文活动	HC 民间（传统）习俗	民间演艺	HCC	宣化县	二级
937	跑驴	H 人文活动	HC 民间（传统）习俗	民间演艺	HCC	宣化县	二级
938	皮影戏	H 人文活动	HC 民间（传统）习俗	民间演艺	HCC	宣化县	二级
939	抬阁	H 人文活动	HC 民间（传统）习俗	民间演艺	HCC	宣化县	二级
940	王河湾挎鼓	H 人文活动	HC 民间（传统）习俗	民间演艺	HCC	宣化县	三级
941	秧歌舞	H 人文活动	HC 民间（传统）习俗	民间演艺	HCC	宣化县	二级
942	圣恩寺佛教文化园	H 人文活动	HE 娱乐休闲	文化产业园区	HEC	宣化县	三级
943	半山遗址	E 遗址遗迹	EA 史前人类活动场所	人类活动遗址	EAA	阳原县	二级
944	大长梁遗址	E 遗址遗迹	EA 史前人类活动场所	人类活动遗址	EAA	阳原县	二级
945	东谷坨遗址	E 遗址遗迹	EA 史前人类活动场所	人类活动遗址	EAA	阳原县	二级
946	飞梁遗址	E 遗址遗迹	EA 史前人类活动场所	人类活动遗址	EAA	阳原县	三级
947	侯家窑遗址	E 遗址遗迹	EA 史前人类活动场所	人类活动遗址	EAA	阳原县	二级
948	虎头梁遗址	E 遗址遗迹	EA 史前人类活动场所	人类活动遗址	EAA	阳原县	二级
949	霍家地遗址	E 遗址遗迹	EA 史前人类活动场所	人类活动遗址	EAA	阳原县	三级
950	姜家梁遗址	E 遗址遗迹	EA 史前人类活动场所	人类活动遗址	EAA	阳原县	三级
951	马鞍山遗址	E 遗址遗迹	EA 史前人类活动场所	人类活动遗址	EAA	阳原县	三级
952	马圈沟遗址	E 遗址遗迹	EA 史前人类活动场所	人类活动遗址	EAA	阳原县	二级
953	泥河湾遗址群	E 遗址遗迹	EA 史前人类活动场所	人类活动遗址	EAA	阳原县	五级
954	雀儿沟遗址	E 遗址遗迹	EA 史前人类活动场所	人类活动遗址	EAA	阳原县	二级

续表

序号	单体名称	主类名称	亚类名称	基本类型名称	基本类型代号	县市名称	级别
955	西白马营遗址	E 遗址遗迹	EA 史前人类活动场所	人类活动遗址	EAA	阳原县	二级
956	小长梁遗址	E 遗址遗迹	EA 史前人类活动场所	人类活动遗址	EAA	阳原县	三级
957	于家沟遗址	E 遗址遗迹	EA 史前人类活动场所	人类活动遗址	EAA	阳原县	三级
958	泥河湾湖盆	E 遗址遗迹	EA 史前人类活动场所	文化层	EAB	阳原县	四级
959	古烽火台	E 遗址遗迹	EA 史前人类活动场所	烽燧	EBH	阳原县	二级
960	泥河湾国家考古遗址	F 建筑与设施	FA 综合人文旅游地	教学科研实验场所	FAA	阳原县	三级
961	泥河湾温泉休闲度假苑	F 建筑与设施	FA 综合人文旅游地	休闲度假地	FAB	阳原县	三级
962	青元山旅游区	F 建筑与设施	FA 综合人文旅游地	休闲度假地	FAB	阳原县	三级
963	大觉寺	F 建筑与设施	FA 综合人文旅游地	宗教与祭祀活动场所	FAC	阳原县	二级
964	青龙寺	F 建筑与设施	FA 综合人文旅游地	宗教与祭祀活动场所	FAC	阳原县	二级
965	澍鹫寺塔	F 建筑与设施	FA 综合人文旅游地	宗教与祭祀活动场所	FAC	阳原县	三级
966	阳原国际裘皮城	F 建筑与设施	FA 综合人文旅游地	社会与商贸活动场所	FAG	阳原县	三级
967	姜家梁万亩生态观光景区	F 建筑与设施	FA 综合人文旅游地	农业非物质文化生产地	FAM	阳原县	三级
968	泥河湾原始生态村落及旅游农业开发区	F 建筑与设施	FA 综合人文旅游地	农业非物质文化生产地	FAM	阳原县	二级
969	泥河湾博物馆	F 建筑与设施	FB 单体活动场馆	展示演示场馆	FBC	阳原县	四级
970	阳原毛皮文化博物馆	F 建筑与设施	FB 单体活动场馆	展示演示场馆	FBC	阳原县	三级
971	古村堡	F 建筑与设施	FC 景观建筑与附属型建筑	城（堡）	FCF	阳原县	二级
972	开阳堡	F 建筑与设施	FC 景观建筑与附属型建筑	城（堡）	FCF	阳原县	三级
973	双树堡	F 建筑与设施	FC 景观建筑与附属型建筑	城（堡）	FCF	阳原县	二级
974	三汾沟墓群	F 建筑与设施	FE 归葬地	墓（群）	FEB	阳原县	一级
975	糕	G 旅游商品	GA 地方旅游商品	菜品饮食	GAA	阳原县	二级
976	蒿子面	G 旅游商品	GA 地方旅游商品	菜品饮食	GAA	阳原县	二级

续表

序号	单体名称	主类名称	亚类名称	基本类型名称	基本类型代号	县市名称	级别
977	糊糊	G 旅游商品	GA 地方旅游商品	菜品饮食	GAA	阳原县	二级
978	焖山药	G 旅游商品	GA 地方旅游商品	菜品饮食	GAA	阳原县	二级
979	面茶	G 旅游商品	GA 地方旅游商品	菜品饮食	GAA	阳原县	一级
980	摊黄	G 旅游商品	GA 地方旅游商品	菜品饮食	GAA	阳原县	二级
981	下鱼子	G 旅游商品	GA 地方旅游商品	菜品饮食	GAA	阳原县	二级
982	供佛杏	G 旅游商品	GA 地方旅游商品	农林畜产品与制品	GAB	阳原县	一级
983	刺绣	G 旅游商品	GB 文化创意产品	传统手工产品与工艺品	GBA	阳原县	一级
984	剪纸	G 旅游商品	GB 文化创意产品	传统手工产品与工艺品	GBA	阳原县	一级
985	毛毛匠	G 旅游商品	GB 文化创意产品	传统手工产品与工艺品	GBA	阳原县	一级
986	木雕	G 旅游商品	GB 文化创意产品	传统手工产品与工艺品	GBA	阳原县	三级
987	皮毛	G 旅游商品	GB 文化创意产品	传统手工产品与工艺品	GBA	阳原县	三级
988	石雕	G 旅游商品	GB 文化创意产品	传统手工产品与工艺品	GBA	阳原县	三级
989	冯子存	H 人文活动	HA 人事记录	人物	HAA	阳原县	二级
990	魏子平	H 人文活动	HA 人事记录	人物	HAA	阳原县	二级
991	易学家范升	H 人文活动	HA 人事记录	人物	HAA	阳原县	二级
992	竹林寺寺庙音乐	H 人文活动	HB 艺术	民间音乐	HBD	阳原县	三级
993	东白家泉皮影戏	H 人文活动	HB 艺术	传统戏曲	HBF	阳原县	二级
994	二人台	H 人文活动	HB 艺术	传统戏曲	HBF	阳原县	二级
995	京东大鼓	H 人文活动	HB 艺术	传统戏曲	HBF	阳原县	二级
996	曲长城背阁	H 人文活动	HB 艺术	传统戏曲	HBF	阳原县	二级
997	曲长城木偶戏	H 人文活动	HB 艺术	传统戏曲	HBF	阳原县	三级
998	阳原秧歌	H 人文活动	HB 艺术	传统戏曲	HBF	阳原县	三级
999	阳原国际皮草节	H 人文活动	HD 现代节庆	展览展销	HDE	阳原县	三级
1000	草包梁遗址	E 遗址遗迹	EA 史前人类活动场所	人类活动遗址	EAA	张北县	一级
1001	方家营遗址	E 遗址遗迹	EA 史前人类活动场所	人类活动遗址	EAA	张北县	一级
1002	妈东遗址	E 遗址遗迹	EA 史前人类活动场所	人类活动遗址	EAA	张北县	一级

续表

序号	单体名称	主类名称	亚类名称	基本类型名称	基本类型代号	县市名称	级别
1003	前阳坡遗址	E 遗址遗迹	EA 史前人类活动场所	人类活动遗址	EAA	张北县	一级
1004	西坡遗址	E 遗址遗迹	EA 史前人类活动场所	人类活动遗址	EAA	张北县	一级
1005	杨家坊遗址	E 遗址遗迹	EA 史前人类活动场所	人类活动遗址	EAA	张北县	一级
1006	大圪垯石柱群	E 遗址遗迹	EA 史前人类活动场所	文物散落地	EAC	张北县	二级
1007	东山沟海螺古化石遗址	E 遗址遗迹	EA 史前人类活动场所	文物散落地	EAC	张北县	二级
1008	野狐岭军事要塞	E 遗址遗迹	EB 社会经济文化活动遗址遗迹	军事遗址与古战场	EBB	张北县	三级
1009	元中都遗址	E 遗址遗迹	EB 社会经济文化活动遗址遗迹	废城与聚落遗迹	EBF	张北县	四级
1010	六代长城遗址	E 遗址遗迹	EB 社会经济文化活动遗址遗迹	长城遗迹	EBG	张北县	二级
1011	安固里草原度假村	F 建筑与设施	FA 综合人文旅游地	休闲度假地	FAB	张北县	三级
1012	草原天路景区	F 建筑与设施	FA 综合人文旅游地	休闲度假地	FAB	张北县	三级
1013	察哈尔私人牧场	F 建筑与设施	FA 综合人文旅游地	休闲度假地	FAB	张北县	二级
1014	察汗淖尔国家湿地公园	F 建筑与设施	FA 综合人文旅游地	休闲度假地	FAB	张北县	三级
1015	灯笼素湿地公园	F 建筑与设施	FA 综合人文旅游地	休闲度假地	FAB	张北县	二级
1016	花田草海假日酒店	F 建筑与设施	FA 综合人文旅游地	休闲度假地	FAB	张北县	二级
1017	华安生态园	F 建筑与设施	FA 综合人文旅游地	休闲度假地	FAB	张北县	二级
1018	黄花滩景区	F 建筑与设施	FA 综合人文旅游地	休闲度假地	FAB	张北县	二级
1019	羚角沟生态旅游区	F 建筑与设施	FA 综合人文旅游地	休闲度假地	FAB	张北县	三级
1020	满井风电山庄	F 建筑与设施	FA 综合人文旅游地	休闲度假地	FAB	张北县	一级
1021	泉林山庄	F 建筑与设施	FA 综合人文旅游地	休闲度假地	FAB	张北县	二级
1022	塞北康谊苑	F 建筑与设施	FA 综合人文旅游地	休闲度假地	FAB	张北县	二级
1023	塞那都国际生态度假村	F 建筑与设施	FA 综合人文旅游地	休闲度假地	FAB	张北县	三级
1024	三台蒙古营	F 建筑与设施	FA 综合人文旅游地	休闲度假地	FAB	张北县	二级
1025	十三号村窑洞酒店	F 建筑与设施	FA 综合人文旅游地	休闲度假地	FAB	张北县	二级
1026	石人背地质公园	F 建筑与设施	FA 综合人文旅游地	休闲度假地	FAB	张北县	二级
1027	塔娜谷	F 建筑与设施	FA 综合人文旅游地	休闲度假地	FAB	张北县	二级
1028	天保旅游度假区	F 建筑与设施	FA 综合人文旅游地	休闲度假地	FAB	张北县	二级
1029	杏树坡	F 建筑与设施	FA 综合人文旅游地	休闲度假地	FAB	张北县	二级

续表

序号	单体名称	主类名称	亚类名称	基本类型名称	基本类型代号	县市名称	级别
1030	阎片山	F 建筑与设施	FA 综合人文旅游地	休闲度假地	FAB	张北县	二级
1031	鸳鸯湖国际露营公园	F 建筑与设施	FA 综合人文旅游地	休闲度假地	FAB	张北县	三级
1032	中都草原	F 建筑与设施	FA 综合人文旅游地	休闲度假地	FAB	张北县	三级
1033	中都太子湖山庄	F 建筑与设施	FA 综合人文旅游地	休闲度假地	FAB	张北县	三级
1034	卓绅旅游度假村	F 建筑与设施	FA 综合人文旅游地	休闲度假地	FAB	张北县	二级
1035	阿拉庙	F 建筑与设施	FA 综合人文旅游地	宗教与祭祀活动场所	FAC	张北县	一级
1036	波罗钗察寺	F 建筑与设施	FA 综合人文旅游地	宗教与祭祀活动场所	FAC	张北县	一级
1037	崇禧寺	F 建筑与设施	FA 综合人文旅游地	宗教与祭祀活动场所	FAC	张北县	一级
1038	达拉齐庙	F 建筑与设施	FA 综合人文旅游地	宗教与祭祀活动场所	FAC	张北县	一级
1039	大圪垯教堂	F 建筑与设施	FA 综合人文旅游地	宗教与祭祀活动场所	FAC	张北县	三级
1040	德言庆寺	F 建筑与设施	FA 综合人文旅游地	宗教与祭祀活动场所	FAC	张北县	一级
1041	对九卜奶奶庙	F 建筑与设施	FA 综合人文旅游地	宗教与祭祀活动场所	FAC	张北县	二级
1042	法轮寺	F 建筑与设施	FA 综合人文旅游地	宗教与祭祀活动场所	FAC	张北县	一级
1043	古佛庙	F 建筑与设施	FA 综合人文旅游地	宗教与祭祀活动场所	FAC	张北县	二级
1044	关帝庙	F 建筑与设施	FA 综合人文旅游地	宗教与祭祀活动场所	FAC	张北县	一级
1045	龙王庙	F 建筑与设施	FA 综合人文旅游地	宗教与祭祀活动场所	FAC	张北县	一级
1046	山庙	F 建筑与设施	FA 综合人文旅游地	宗教与祭祀活动场所	FAC	张北县	一级
1047	寿康寺	F 建筑与设施	FA 综合人文旅游地	宗教与祭祀活动场所	FAC	张北县	二级
1048	万佛寺	F 建筑与设施	FA 综合人文旅游地	宗教与祭祀活动场所	FAC	张北县	一级
1049	兆丰寺	F 建筑与设施	FA 综合人文旅游地	宗教与祭祀活动场所	FAC	张北县	二级
1050	八岔沟旅游景区	F 建筑与设施	FA 综合人文旅游地	园林游憩区域	FAD	张北县	二级
1051	半家沟农家旅游区	F 建筑与设施	FA 综合人文旅游地	园林游憩区域	FAD	张北县	二级
1052	车道沟旅游景区	F 建筑与设施	FA 综合人文旅游地	园林游憩区域	FAD	张北县	二级

续表

序号	单体名称	主类名称	亚类名称	基本类型名称	基本类型代号	县市名称	级别
1053	大青山森林公园	F 建筑与设施	FA 综合人文旅游地	园林游憩区域	FAD	张北县	三级
1054	高沿沟旅游景区	F 建筑与设施	FA 综合人文旅游地	园林游憩区域	FAD	张北县	二级
1055	桦皮岭旅游景区	F 建筑与设施	FA 综合人文旅游地	园林游憩区域	FAD	张北县	三级
1056	水泉洼农家旅游区	F 建筑与设施	FA 综合人文旅游地	园林游憩区域	FAD	张北县	二级
1057	天泉洞旅游景区	F 建筑与设施	FA 综合人文旅游地	园林游憩区域	FAD	张北县	二级
1058	鱼儿山	F 建筑与设施	FA 综合人文旅游地	园林游憩区域	FAD	张北县	二级
1059	月亮湖风景区	F 建筑与设施	FA 综合人文旅游地	园林游憩区域	FAD	张北县	三级
1060	桂沟山生态植物园	F 建筑与设施	FA 综合人文旅游地	动物与植物展示地	FAH	张北县	二级
1061	麒麟山生态园	F 建筑与设施	FA 综合人文旅游地	动物与植物展示地	FAH	张北县	二级
1062	乌拉哈达杜松林	F 建筑与设施	FA 综合人文旅游地	动物与植物展示地	FAH	张北县	二级
1063	科技园	F 建筑与设施	FA 综合人文旅游地	产业集聚地	FAL	张北县	二级
1064	伊利乳业景区	F 建筑与设施	FA 综合人文旅游地	产业集聚地	FAL	张北县	三级
1065	张北云计算产业园	F 建筑与设施	FA 综合人文旅游地	产业集聚地	FAL	张北县	二级
1066	佳圣现代农业科技园	F 建筑与设施	FA 综合人文旅游地	农业非物质文化生产地	FAM	张北县	二级
1067	生态现代农业园	F 建筑与设施	FA 综合人文旅游地	农业非物质文化生产地	FAM	张北县	二级
1068	张北游客服务中心	F 建筑与设施	FF 交通建筑	旅游集散中心	FAO	张北县	二级
1069	苏蒙联军烈士纪念塔	F 建筑与设施	FB 单体活动场馆	祭拜场馆	FBB	张北县	二级
1070	元中都博物馆	F 建筑与设施	FB 单体活动场馆	展示演示场馆	FBC	张北县	三级
1071	大红山隐字碑	F 建筑与设施	FC 景观建筑与附属型建筑	碑碣（林）	FCH	张北县	三级
1072	白龙洞	F 建筑与设施	FC 景观建筑与附属型建筑	人工洞穴	FCJ	张北县	二级
1073	美食小镇	F 建筑与设施	FD 居住地与社区	特色社区	FDC	张北县	二级
1074	三宝营盘村	F 建筑与设施	FD 居住地与社区	特色社区	FDC	张北县	二级
1075	色带沟红色旅游小镇	F 建筑与设施	FD 居住地与社区	特色社区	FDC	张北县	二级
1076	马术俱乐部	F 建筑与设施	FD 居住地与社区	会馆	FDF	张北县	二级
1077	水云间假日会馆	F 建筑与设施	FD 居住地与社区	会馆	FDF	张北县	二级
1078	东湾胡家村	F 建筑与设施	FD 居住地与社区	美丽乡村	FDJ	张北县	二级
1079	南壕堑镇十三号村	F 建筑与设施	FD 居住地与社区	美丽乡村	FDJ	张北县	三级
1080	五台蒙古营村	F 建筑与设施	FD 居住地与社区	美丽乡村	FDJ	张北县	二级
1081	油篓沟乡喜顺沟村	F 建筑与设施	FD 居住地与社区	美丽乡村	FDJ	张北县	三级

续表

序号	单体名称	主类名称	亚类名称	基本类型名称	基本类型代号	县市名称	级别
1082	鸳鸯河三桥并架	F 建筑与设施	FF 交通建筑	桥	FFA	张北县	二级
1083	尚义万顷林海、百里绿廊	F 建筑与设施	FF 交通建筑	景观道路	FFE	张北县	三级
1084	博岱花水库	F 建筑与设施	FG 水工建筑	水库观光游憩区段	FGA	张北县	二级
1085	前大营滩水库	F 建筑与设施	FG 水工建筑	水库观光游憩区段	FGA	张北县	二级
1086	熬鱼	G 旅游商品	GA 地方旅游商品	菜品饮食	GAA	张北县	一级
1087	莜面囤囤	G 旅游商品	GA 地方旅游商品	菜品饮食	GAA	张北县	二级
1088	大头娃娃舞	H 人文活动	HB 艺术	民间舞蹈	HBE	张北县	二级
1089	金钱鞭	H 人文活动	HB 艺术	民间舞蹈	HBE	张北县	二级
1090	羌姆舞	H 人文活动	HB 艺术	民间舞蹈	HBE	张北县	二级
1091	二人台	H 人文活动	HB 艺术	传统戏曲	HBF	张北县	二级
1092	威风锣鼓	H 人文活动	HC 民间（传统）习俗	民间演艺	HCC	张北县	二级
1093	焰火	H 人文活动	HC 民间（传统）习俗	民间演艺	HCC	张北县	一级
1094	腰鼓	H 人文活动	HC 民间（传统）习俗	民间演艺	HCC	张北县	二级
1095	张北大鼓	H 人文活动	HC 民间（传统）习俗	民间演艺	HCC	张北县	二级
1096	张北快板	H 人文活动	HC 民间（传统）习俗	民间演艺	HCC	张北县	二级
1097	冰雪文化旅游节	H 人文活动	HD 现代节庆	旅游节	HDA	张北县	三级
1098	草原旅游节	H 人文活动	HD 现代节庆	旅游节	HDA	张北县	二级
1099	草原音乐节	H 人文活动	HD 现代节庆	文化节	HDB	张北县	四级
1100	中国·尚义国际汽车冰雪漂移嘉年华	H 人文活动	HD 现代节庆	体育赛事	HDD	张北县	三级
1101	中国·尚义赛羊会	H 人文活动	HD 现代节庆	体育赛事	HDD	张北县	三级
1102	中国·北方风车大世界	H 人文活动	HE 娱乐休闲	文化产业园区	HEC	张北县	二级
1103	八卦村	E 遗址遗迹	EB 社会经济文化活动遗址遗迹	历史事件发生地	EBA	涿鹿县	一级
1104	阪泉	E 遗址遗迹	EB 社会经济文化活动遗址遗迹	历史事件发生地	EBA	涿鹿县	二级
1105	定车台	E 遗址遗迹	EB 社会经济文化活动遗址遗迹	历史事件发生地	EBA	涿鹿县	二级

续表

序号	单体名称	主类名称	亚类名称	基本类型名称	基本类型代号	县市名称	级别
1106	釜山	E 遗址遗迹	EB 社会经济文化活动遗址遗迹	历史事件发生地	EBA	涿鹿县	二级
1107	轿马地	E 遗址遗迹	EB 社会经济文化活动遗址遗迹	历史事件发生地	EBA	涿鹿县	二级
1108	上下七旗	E 遗址遗迹	EB 社会经济文化活动遗址遗迹	历史事件发生地	EBA	涿鹿县	一级
1109	水关	E 遗址遗迹	EB 社会经济文化活动遗址遗迹	历史事件发生地	EBA	涿鹿县	一级
1110	舜耕耘遗址	E 遗址遗迹	EB 社会经济文化活动遗址遗迹	历史事件发生地	EBA	涿鹿县	二级
1111	涿水	E 遗址遗迹	EB 社会经济文化活动遗址遗迹	历史事件发生地	EBA	涿鹿县	二级
1112	黄帝庙遗址	E 遗址遗迹	EB 社会经济文化活动遗址遗迹	废弃寺庙	EBC	涿鹿县	二级
1113	炎帝庙	E 遗址遗迹	EB 社会经济文化活动遗址遗迹	废弃寺庙	EBC	涿鹿县	二级
1114	尧舜庙遗址	E 遗址遗迹	EB 社会经济文化活动遗址遗迹	废弃寺庙	EBC	涿鹿县	二级
1115	历山石洞穴	E 遗址遗迹	EB 社会经济文化活动遗址遗迹	废弃生产地	EBD	涿鹿县	二级
1116	蚩尤城	E 遗址遗迹	EB 社会经济文化活动遗址遗迹	废城与聚落遗迹	EBF	涿鹿县	二级
1117	蚩尤寨	E 遗址遗迹	EB 社会经济文化活动遗址遗迹	废城与聚落遗迹	EBF	涿鹿县	二级
1118	黄帝城遗址	E 遗址遗迹	EB 社会经济文化活动遗址遗迹	废城与聚落遗迹	EBF	涿鹿县	三级
1119	潘城遗迹	E 遗址遗迹	EB 社会经济文化活动遗址遗迹	废城与聚落遗迹	EBF	涿鹿县	二级
1120	舜都	E 遗址遗迹	EB 社会经济文化活动遗址遗迹	废城与聚落遗迹	EBF	涿鹿县	二级
1121	温泉行宫	E 遗址遗迹	EB 社会经济文化活动遗址遗迹	废城与聚落遗迹	EBF	涿鹿县	二级
1122	下沙河遗址	E 遗址遗迹	EB 社会经济文化活动遗址遗迹	废城与聚落遗迹	EBF	涿鹿县	一级
1123	炎帝营	E 遗址遗迹	EB 社会经济文化活动遗址遗迹	废城与聚落遗迹	EBF	涿鹿县	二级
1124	宝峰寺	F 建筑与设施	FA 综合人文旅游地	宗教与祭祀活动场所	FAC	涿鹿县	二级

续表

序号	单体名称	主类名称	亚类名称	基本类型名称	基本类型代号	县市名称	级别
1125	观音寺	F 建筑与设施	FA 综合人文旅游地	宗教与祭祀活动场所	FAC	涿鹿县	二级
1126	广恩屯观音庙	F 建筑与设施	FA 综合人文旅游地	宗教与祭祀活动场所	FAC	涿鹿县	三级
1127	黑虎沟张老爷庙	F 建筑与设施	FA 综合人文旅游地	宗教与祭祀活动场所	FAC	涿鹿县	一级
1128	黄羊山香峰寺	F 建筑与设施	FA 综合人文旅游地	宗教与祭祀活动场所	FAC	涿鹿县	二级
1129	龙王庙	F 建筑与设施	FA 综合人文旅游地	宗教与祭祀活动场所	FAC	涿鹿县	二级
1130	龙王堂	F 建筑与设施	FA 综合人文旅游地	宗教与祭祀活动场所	FAC	涿鹿县	二级
1131	南大寺	F 建筑与设施	FA 综合人文旅游地	宗教与祭祀活动场所	FAC	涿鹿县	二级
1132	清凉寺	F 建筑与设施	FA 综合人文旅游地	宗教与祭祀活动场所	FAC	涿鹿县	三级
1133	清真寺	F 建筑与设施	FA 综合人文旅游地	宗教与祭祀活动场所	FAC	涿鹿县	二级
1134	中华三祖堂	F 建筑与设施	FA 综合人文旅游地	宗教与祭祀活动场所	FAC	涿鹿县	四级
1135	东灵山风景区	F 建筑与设施	FA 综合人文旅游地	园林游憩区域	FAD	涿鹿县	二级
1136	黄羊山国家森林公园	F 建筑与设施	FA 综合人文旅游地	园林游憩区域	FAD	涿鹿县	三级
1137	燕王沟东阁生态园	F 建筑与设施	FA 综合人文旅游地	园林游憩区域	FAD	涿鹿县	三级
1138	黄帝杨	F 建筑与设施	FA 综合人文旅游地	动物与植物展示地	FAH	涿鹿县	二级
1139	东灵山动物乐园	F 建筑与设施	FA 综合人文旅游地	动物与植物展示地	FAH	涿鹿县	二级
1140	蚩尤泉	F 建筑与设施	FA 综合人文旅游地	景物观赏点	FAK	涿鹿县	二级
1141	黄帝泉	F 建筑与设施	FA 综合人文旅游地	景物观赏点	FAK	涿鹿县	三级
1142	涿鹿现代农业创业园	F 建筑与设施	FA 综合人文旅游地	产业集聚地	FAL	涿鹿县	二级
1143	保岱镇采摘园	F 建筑与设施	FA 综合人文旅游地	农业非物质文化生产地	FAM	涿鹿县	二级
1144	桑干生态农庄	F 建筑与设施	FA 综合人文旅游地	农业非物质文化生产地	FAM	涿鹿县	二级
1145	万里葡萄园	F 建筑与设施	FA 综合人文旅游地	农业非物质文化生产地	FAM	涿鹿县	三级
1146	肖家堡采摘园	F 建筑与设施	FA 综合人文旅游地	农业非物质文化生产地	FAM	涿鹿县	二级

续表

序号	单体名称	主类名称	亚类名称	基本类型名称	基本类型代号	县市名称	级别
1147	鸦沟村十里杏花坡	F 建筑与设施	FA 综合人文旅游地	农业非物质文化生产地	FAM	涿鹿县	三级
1148	燕王沟采摘园	F 建筑与设施	FA 综合人文旅游地	农业非物质文化生产地	FAM	涿鹿县	二级
1149	长疃果品采摘园	F 建筑与设施	FA 综合人文旅游地	农业非物质文化生产地	FAM	涿鹿县	二级
1150	黄帝城旅游接待基地	F 建筑与设施	FF 交通建筑	旅游集散中心	FAO	涿鹿县	二级
1151	蚩尤祠	F 建筑与设施	FB 单体活动场馆	祭拜场馆	FBB	涿鹿县	二级
1152	黄帝祠	F 建筑与设施	FB 单体活动场馆	祭拜场馆	FBB	涿鹿县	二级
1153	黄帝殿	F 建筑与设施	FB 单体活动场馆	祭拜场馆	FBB	涿鹿县	三级
1154	燕峰山炬禅师灵塔	F 建筑与设施	FC 景观建筑与附属型建筑	佛塔	FCA	涿鹿县	三级
1155	镇水塔	F 建筑与设施	FC 景观建筑与附属型建筑	佛塔	FCA	涿鹿县	二级
1156	鼓楼	F 建筑与设施	FC 景观建筑与附属型建筑	楼阁	FCC	涿鹿县	二级
1157	魁星楼	F 建筑与设施	FC 景观建筑与附属型建筑	楼阁	FCC	涿鹿县	三级
1158	狼窝明清建筑组群	F 建筑与设施	FC 景观建筑与附属型建筑	楼阁	FCC	涿鹿县	三级
1159	澳土归根碑	F 建筑与设施	FC 景观建筑与附属型建筑	碑碣（林）	FCH	涿鹿县	二级
1160	港土归根碑	F 建筑与设施	FC 景观建筑与附属型建筑	碑碣（林）	FCH	涿鹿县	二级
1161	中华合符坛	F 建筑与设施	FC 景观建筑与附属型建筑	建筑小品	FCK	涿鹿县	四级
1162	丁玲纪念馆	F 建筑与设施	FD 居住地与社区	名人故居与历史纪念建筑	FDD	涿鹿县	三级
1163	龙门书院	F 建筑与设施	FD 居住地与社区	书院	FDE	涿鹿县	二级
1164	矾山镇肖家堡村	F 建筑与设施	FD 居住地与社区	美丽乡村	FDJ	涿鹿县	二级
1165	矾山镇燕王沟村	F 建筑与设施	FD 居住地与社区	美丽乡村	FDJ	涿鹿县	二级
1166	辉耀镇辉耀村	F 建筑与设施	FD 居住地与社区	美丽乡村	FDJ	涿鹿县	二级
1167	五堡镇杨窑村	F 建筑与设施	FD 居住地与社区	美丽乡村	FDJ	涿鹿县	二级
1168	武家沟镇东窑沟村	F 建筑与设施	FD 居住地与社区	美丽乡村	FDJ	涿鹿县	二级
1169	武家沟镇溪源村	F 建筑与设施	FD 居住地与社区	美丽乡村	FDJ	涿鹿县	二级
1170	黄帝陵寝	F 建筑与设施	FE 归葬地	陵区陵园	FEA	涿鹿县	二级
1171	蚩尤东坟	F 建筑与设施	FE 归葬地	墓（群）	FEB	涿鹿县	一级

续表

序号	单体名称	主类名称	亚类名称	基本类型名称	基本类型代号	县市名称	级别
1172	蚩尤南坟	F 建筑与设施	FE 归葬地	墓（群）	FEB	涿鹿县	一级
1173	大荆寺古墓	F 建筑与设施	FE 归葬地	墓（群）	FEB	涿鹿县	一级
1174	积石冢群	F 建筑与设施	FE 归葬地	墓（群）	FEB	涿鹿县	一级
1175	谭庄古墓	F 建筑与设施	FE 归葬地	墓（群）	FEB	涿鹿县	一级
1176	温顺礼墓	F 建筑与设施	FE 归葬地	墓（群）	FEB	涿鹿县	一级
1177	小矾山汉墓	F 建筑与设施	FE 归葬地	墓（群）	FEB	涿鹿县	一级
1178	窑子头汉墓	F 建筑与设施	FE 归葬地	墓（群）	FEB	涿鹿县	一级
1179	拱形石桥	F 建筑与设施	FF 交通建筑	桥	FFA	涿鹿县	一级
1180	轩辕湖	F 建筑与设施	FG 水工建筑	水库观光游憩区段	FGA	涿鹿县	一级
1181	缸炉饼	G 旅游商品	GA 地方旅游商品	菜品饮食	GAA	涿鹿县	一级
1182	三里鹏伏椒	G 旅游商品	GA 地方旅游商品	菜品饮食	GAA	涿鹿县	二级
1183	腌酸	G 旅游商品	GA 地方旅游商品	菜品饮食	GAA	涿鹿县	一级
1184	玉米面凉粉	G 旅游商品	GA 地方旅游商品	菜品饮食	GAA	涿鹿县	一级
1185	玉米面拿糕	G 旅游商品	GA 地方旅游商品	菜品饮食	GAA	涿鹿县	一级
1186	保安大米	G 旅游商品	GA 地方旅游商品	农林畜产品与制品	GAB	涿鹿县	三级
1187	槟果	G 旅游商品	GA 地方旅游商品	农林畜产品与制品	GAB	涿鹿县	一级
1188	东黄良小米	G 旅游商品	GA 地方旅游商品	农林畜产品与制品	GAB	涿鹿县	三级
1189	红地球葡萄	G 旅游商品	GA 地方旅游商品	农林畜产品与制品	GAB	涿鹿县	二级
1190	金土地红薯	G 旅游商品	GA 地方旅游商品	农林畜产品与制品	GAB	涿鹿县	二级
1191	龙眼葡萄	G 旅游商品	GA 地方旅游商品	农林畜产品与制品	GAB	涿鹿县	二级
1192	楸子	G 旅游商品	GA 地方旅游商品	农林畜产品与制品	GAB	涿鹿县	一级
1193	上葫芦苇子	G 旅游商品	GA 地方旅游商品	农林畜产品与制品	GAB	涿鹿县	二级
1194	悠悠枣	G 旅游商品	GA 地方旅游商品	农林畜产品与制品	GAB	涿鹿县	三级
1195	剪纸	G 旅游商品	GB 文化创意产品	传统手工产品与工艺品	GBA	涿鹿县	二级
1196	南将石文玩核桃	G 旅游商品	GB 文化创意产品	传统手工产品与工艺品	GBA	涿鹿县	三级

续表

序号	单体名称	主类名称	亚类名称	基本类型名称	基本类型代号	县市名称	级别
1197	砖雕	G 旅游商品	GB 文化创意产品	传统手工产品与工艺品	GBA	涿鹿县	二级
1198	篆刻	G 旅游商品	GB 文化创意产品	传统手工产品与工艺品	GBA	涿鹿县	二级
1199	涿鹿绕花	G 旅游商品	GB 文化创意产品	传统手工产品与工艺品	GBA	涿鹿县	三级
1200	北魏诗人陆凯	H 人文活动	HA 人事记录	人物	HAA	涿鹿县	一级
1201	靖安民	H 人文活动	HA 人事记录	人物	HAA	涿鹿县	一级
1202	罗平	H 人文活动	HA 人事记录	人物	HAA	涿鹿县	二级
1203	吕复	H 人文活动	HA 人事记录	人物	HAA	涿鹿县	二级
1204	平文皇后王氏	H 人文活动	HA 人事记录	人物	HAA	涿鹿县	二级
1205	王振铎	H 人文活动	HA 人事记录	人物	HAA	涿鹿县	一级
1206	鲜于枢	H 人文活动	HA 人事记录	人物	HAA	涿鹿县	一级
1207	背人舞	H 人文活动	HB 艺术	民间舞蹈	HBE	涿鹿县	二级
1208	高跷舞	H 人文活动	HB 艺术	民间舞蹈	HBE	涿鹿县	二级
1209	旱船舞	H 人文活动	HB 艺术	民间舞蹈	HBE	涿鹿县	二级
1210	龙舞	H 人文活动	HB 艺术	民间舞蹈	HBE	涿鹿县	二级
1211	跑驴	H 人文活动	HB 艺术	民间舞蹈	HBE	涿鹿县	二级
1212	舞狮子	H 人文活动	HB 艺术	民间舞蹈	HBE	涿鹿县	二级
1213	海内外华人涿鹿共祭中华三祖大典	H 人文活动	HD 现代节庆	文化节	HDB	涿鹿县	五级
1214	“三祖文化”创意产品开发基地	H 人文活动	HE 娱乐休闲	文化产业园区	HEC	涿鹿县	三级
1215	葡萄酒文化产业园	H 人文活动	HE 娱乐休闲	文化产业园区	HEC	涿鹿县	二级

附录2　张家口市户外体育旅游资源概查

序号	单体名称	亚类名称	基本类型名称	户外体育旅游资源代码	所在县区	资源等级
1	金阁山	AA 综合自然旅游地	AAA 山丘型旅游地	aaa、aba、afb、aea	赤城县	二级
2	鱼儿山	AA 综合自然旅游地	AAA 山丘型旅游地	aaa、aba、afb、aea	尚义县	三级
3	玉泉山景区	AA 综合自然旅游地	AAA 山丘型旅游地	aaa、aba、afb、aea	蔚县	三级
4	青天背	AA 综合自然旅游地	AAA 山丘型旅游地	aaa、aba、afb、aea	阳原县	三级
5	白龙洞山	AA 综合自然旅游地	AAA 山丘型旅游地	aaa、aba、afb、aea	张北县	二级
6	鸡冠山	AA 综合自然旅游地	AAA 山丘型旅游地	aaa、aba、afb、aea	张北县	二级
7	阎片山	AA 综合自然旅游地	AAA 山丘型旅游地	aaa、aba、afb、aea	张北县	二级
8	桦皮岭旅游景区	AA 综合自然旅游地	AAA 山丘型旅游地	aaa、aba、afb、aea	张北县	三级
9	生态山岭	AA 综合自然旅游地	AAA 山丘型旅游地	aaa、aba、afb、aea	张北县	三级
10	东灵山	AA 综合自然旅游地	AAA 山丘型旅游地	aaa、aba、afb、aea	涿鹿县	二级
11	小五台山	AA 综合自然旅游地	AAA 山丘型旅游地	aaa、aba、afb、aea	涿鹿县	四级
12	鸡鸣山景区	AA 综合自然旅游地	AAA 山丘型旅游地	aaa、aba、afb、aea	下花园区	三级
13	天皇山	AA 综合自然旅游地	AAA 山丘型旅游地	aaa、aba、afb、aea	怀来区	三级
14	西灵山	AA 综合自然旅游地	AAA 山丘型旅游地	aaa、aba、afb、aea	涿鹿县	二级
15	安家沟景区	AA 综合自然旅游地	AAB 谷地型旅游地	aba、afb、aea	桥西区	三级
16	杏花沟	AA 综合自然旅游地	AAB 谷地型旅游地	aba、afb、aea	万全	三级
17	北新屯大柳沟	AA 综合自然旅游地	AAB 谷地型旅游地	aba、afb、aea	万全	二级
18	塔娜谷	AA 综合自然旅游地	AAB 谷地型旅游地	aba、afb、aea	张北县	二级
19	桑干河大峡谷	AA 综合自然旅游地	AAB 谷地型旅游地	aba、afb、aea	宣化县	三级
20	黄花滩景区	AA 综合自然旅游地	AAB 谷地型旅游地	aba、afb、aea	张北县	二级
21	大海陀国家级自然保护区	AA 综合自然旅游地	AAA 山丘型旅游地	aaa、aba、afb、aea	赤城县	四级
22	奥运山地综合体	AA 综合自然旅游地	AAA 山丘型旅游地	aaa、aba、afb、aea	崇礼县、赤城县	五级
23	冰山梁	AB 沉积与构造	ABA 断层景观	aba、afb、aea	赤城县、沽源县	三级
24	石人背地质公园	AB 沉积与构造	ABA 断层景观	aba、afb、aeb、ada、adb、adc	尚义县	三级
25	滴水崖	AC 地质地貌过程形迹	ACF 岩壁与岩缝	aeb、ada、adb、adc	赤城县	三级

续表

序号	单体名称	亚类名称	基本类型名称	户外体育旅游资源代码	所在县区	资源等级
26	丹霞地貌	AC 地质地貌过程形迹	ACF 岩壁与岩缝	aeb、ada、adb、adc	赤城县	五级
27	舍身崖	AC 地质地貌过程形迹	ACF 岩壁与岩缝	aeb、ada、adb、adc	赤城县	三级
28	上马山漂流	BA 河段	BAA 观光游憩河段	aeb、bba	赤城县	三级
29	闪电河	BA 河段	BAA 观光游憩河段	aeb、bba	沽源县	三级
30	滦河	BA 河段	BAA 观光游憩河段	aeb、bba	沽源县	三级
31	桑干河	BA 河段	BAA 观光游憩河段	aeb、bba	涿鹿县	三级
32	康巴诺尔湿地	BB 天然湖泊与池沼	BBB 沼泽与湿地	aaa、afb	康保县	三级
33	洋河湿地	BB 天然湖泊与池沼	BBB 沼泽与湿地	aaa、afb	怀安县	三级
34	灯笼素湿地	BB 天然湖泊与池沼	BBB 沼泽与湿地	aaa、afb	张北县	五级
35	塞外仙都温泉	BD 泉	BDB 地热与温泉	aec	赤城县	三级
36	赤城温泉	BD 泉	BDB 地热与温泉	aec	赤城县	四级
37	金莲山森林公园	CA 树木	CAA 林地	aba、afb、aea、daa	沽源县	三级
38	黑龙山国家级森林公园	CA 树木	CAA 林地	aba、afb、aea、daa	赤城县	三级
39	林场景区	CA 树木	CAA 林地	aba、afb、aea、daa	康保县	二级
40	熊耳山森林公园	CA 树木	CAA 林地	aba、afb、aea、daa	怀安县	二级
41	大青山森林公园	CA 树木	CAA 林地	aba、afb、aea、daa	尚义县	二级
42	白龙洞山林场	CA 树木	CAA 林地	aba、afb、aea、daa	张北县	二级
43	黄羊山国家森林公园	CA 树木	CAA 林地	aba、afb、aea、daa	涿鹿县	三级
44	卧龙图	CB 草原与草地	CBA 草地	aba、afb、aea、aha	康保县	三级
45	空中草原景	CB 草原与草地	CBA 草地	aba、afb、aea、aha	蔚县	四级
46	中都草原	CB 草原与草地	CBA 草地	aba、afb、aea、aha	张北县	三级
47	草原天路	CB 草原与草地	CBA 草地	aba、afb、aea、aha	张北县	五级
48	黄花滩草原	CB 草原与草地	CBA 草地	aba、afb、aea、aha	张北县	三级
49	生态草原	CB 草原与草地	CBA 草地	aba、afb、aea、aha	张北县	二级
50	张库国际古商道	EB 社会经济文化互动遗址遗迹	EBA 交通遗迹	aaa、aea	桥西区	三级
51	鸳鸯湖国际露营公园	FA 综合人文旅游地	FAB 康体游乐休闲度假地	aec	尚义县	三级
52	明长城遗址	FC 景观建筑与附属建筑	FCE 长城段落	aaa、aea	万全、怀安县	四级
53	六代长城遗址	FC 景观建筑与附属建筑	FCE 长城段落	aaa、aea	张北县	四级
54	青年湖库区	FG 水工建筑	FGA 水库观光旅游	aaa、aea、bba、bda	沽源县	二级

续表

序号	单体名称	亚类名称	基本类型名称	户外体育旅游资源代码	所在县区	资源等级
55	石门子库区	FG 水工建筑	FGA 水库观光旅游	aaa、aea、bba、bda	沽源县	二级
56	前大营滩水库	FG 水工建筑	FGA 水库观光旅游	aaa、aea、bba、bda	张北县	二级
57	石头城水库	FG 水工建筑	FGA 水库观光旅游	aaa、aea、bba、bda	沽源县	二级
58	壶流河水库	FG 水工建筑	FGA 水库观光旅游	aaa、aea、bba、bda	蔚县	二级
59	官厅湖	FG 水工建筑	FGA 水库观光旅游	aaa、aea、bba、bda	怀来县	四级
60	云州水库	FG 水工建筑	FGA 水库观光旅游	aaa、aea、bba、bda	赤城县	三级
61	各类滑雪赛事	HD 现代节庆	HDD 体育节事	eaa、eba、eca	崇礼区	二级
62	草原马拉松	HD 现代节庆	HDD 体育节事	eaa、eba、eca	康保县	三级
63	中国风筝节	HD 现代节庆	HD 现代节庆	eaa	康保县	三级

附录3　张家口市文化体育旅游公众需求评价调查问卷

（问卷数1011份）

第1题　您听说过张家口市吗？　［单选题］

选项	小计	比例
A. 听说过	959	94.86%
B. 没有听说过	52	5.14%
本题有效填写人次	1011	

第2题　您听说过张家口市，是因为：　［多选题］

选项	小计	比例
A. 2022年冬奥会	539	56.15%
B. 滑雪	216	22.5%
C. 草原	287	29.9%
D. 远古历史文化	173	18.02%
E. 军事文化	104	10.83%
F. 民俗文化	108	11.25%
G. 葡萄酒	88	9.17%
H. 常识	325	33.85%
I. 其他	55	5.73%
J. 没听说过	8	0.83%
（空）	1	0.1%
本题有效填写人次	960	

第3题　您来过张家口市旅游吗？　［单选题］

选项	小计	比例
A. 0次	669	66.18%
B. 1次	190	18.79%
C. 2次	62	6.13%
D. 3次	24	2.37%
E. 4次及以上	66	6.53%
本题有效填写人次	1011	

第 4 题 您认为来张家口市旅游的主要目的是：［多选题］

选项	小计	比例
A. 欣赏美好的自然风光	850	84.08%
B. 感受良好的空气质量	470	46.49%
C. 参加体育项目	162	16.02%
D. 从事社交活动	90	8.9%
E. 了解当地文化风情	428	42.33%
F. 进行学习科研活动	81	8.01%
G. 其他	24	2.37%
本题有效填写人次	1011	

第 5 题 您希望与谁一起来张家口市：［多选题］

选项	小计	比例
A. 自己出游	207	20.47%
B. 和家人一起出游	783	77.45%
C. 和男/女朋友一起旅游	404	39.96%
D. 和同事一起出游	311	30.76%
E. 俱乐部活动	89	8.8%
F. 其他	12	1.19%
本题有效填写人次	1011	

第 6 题 您希望来张家口市出游多少天？［单选题］

选项	小计	比例
A. 1 天	33	3.26%
B. 2 天	203	20.08%
C. 3 天	418	41.35%
D. 4～7 天	292	28.88%
E. 7 天以上	65	6.43%
本题有效填写人次	1011	

第 7 题 您希望来张家口市出游的人均花费多少元？［单选题］

选项	小计	比例
A. 1500 元以下	499	49.36%
B. 1500～3000 元	405	40.06%
C. 3000～5000 元	93	9.2%
D. 5000 元以上	14	1.38%
本题有效填写人次	1011	

第 8 题　您对张家口市旅游的总体印象评价是：　[单选题]

选项	小计	比例
A. 非常好	221	21.85%
B. 好	473	46.79%
C. 一般	302	29.87%
D. 不好	12	1.19%
E. 非常不好	3	0.3%
本题有效填写人次	1011	

第 9 题　去张家口市旅游前，您会选择什么渠道获得旅游信息：　[多选题]

选项	小计	比例
A. 联系旅行社	305	30.17%
B. 亲朋好友推荐	488	48.27%
C. 旅游网站	587	58.06%
D. 手机 APP	286	28.29%
E. 微信公众号	200	19.78%
F. 报刊杂志	42	4.15%
G. 电视广告	52	5.14%
H. 广播	6	0.59%
I. 旅游攻略书	283	27.99%
J. 户外广告	32	3.17%
K. 其他	18	1.78%
本题有效填写人次	1011	

第 10 题　在张家口市旅游时，您一般通过哪些途径获得旅游信息？　[多选题]

选项	小计	比例
A. 解说标牌	395	39.07%
B. 宣传折页	364	36%
C. 展板海报	225	22.26%
D. 书籍	178	17.61%
E. 宣传片	267	26.41%
F. 游客中心	239	23.64%
G. 科普展厅	73	7.22%
H. 路边触摸屏	73	7.22%
I. 电子导览器（讲解器）	97	9.59%
J. 微信平台	300	29.67%
K. 手机 APP	250	24.73%
L. 讲解员服务	123	12.17%

续表

选项	小计	比例
M. 参与活动	69	6.82%
N. 其他	32	3.17%
本题有效填写人次	1011	

第 11 题　来张家口市旅游，您会选择的交通方式：　[多选题]

选项	小计	比例
A. 自驾车	542	53.61%
B. 高铁、动车	541	53.51%
C. 火车	362	35.81%
D. 飞机	158	15.63%
E. 公共巴士	126	12.46%
F. 随团大巴	189	18.69%
G. 其他	7	0.69%
本题有效填写人次	1011	

第 12 题　来张家口市旅游，您会选择的住宿标准：　[多选题]

选项	小计	比例
A. 高星级酒店	206	20.38%
B. 低星级酒店	418	41.35%
C. 家庭旅馆	391	38.67%
D. 汽车旅馆	47	4.65%
E. 露营	118	11.67%
F. 蒙古包特色住宿	332	32.84%
G. 农家乐	311	30.76%
H. 借宿亲朋好友	61	6.03%
I. 房车	19	1.88%
本题有效填写人次	1011	

第 13 题　选择住宿时，您最关心的是：　[多选题]

选项	小计	比例
A. 价格	466	46.09%
B. 安全	786	77.74%
C. 交通方便	395	39.07%
D. 卫生	657	64.99%
E. 内部设施	156	15.43%
F. 服务热情	105	10.39%

续表

选项	小计	比例
G. 特色新奇度	63	6.23%
H. 其他	3	0.3%
本题有效填写人次	1011	

第 14 题　在旅游过程中，您最喜欢的就餐方式：［单选题］

选项	小计	比例
A. 高档餐厅	31	3.07%
B. 一般饭馆	170	16.82%
C. 当地特色农家饭菜	777	76.85%
D. 快餐盒饭	18	1.78%
E. 自带食物	15	1.48%
本题有效填写人次	1011	

第 15 题　您能接受的餐饮价格是：［单选题］

选项	小计	比例
A. 低于 50 元/(人・d)	159	15.73%
B. 51 ~ 100 元/(人・d)	589	58.26%
C. 101 ~ 150 元/(人・d)	172	17.01%
D. 151 ~ 200 元/(人・d)	77	7.62%
E. 高于 200 元/(人・d)	14	1.38%
本题有效填写人次	1011	

第 16 题　您希望在张家口市购买的旅游商品是：［多选题］

选项	小计	比例
A. 日用品	72	7.12%
B. 工艺品	417	41.25%
C. 土特产	822	81.31%
D. 服装	108	10.68%
E. 景区光盘书籍等	63	6.23%
F. 体育用品	57	5.64%
G. 冬奥会纪念品	436	43.13%
H. 其他	15	1.48%
本题有效填写人次	1011	

第17题 您对张家口市哪些旅游资源感兴趣？ [矩阵单选题]

题目\选项	非常感兴趣	感兴趣	一般	不感兴趣	非常不感兴趣
赤城温泉	296（29.28%）	399（39.47%）	265（26.21%）	42（4.15%）	9（0.89%）
宣化葡萄庄园	250（24.73%）	399（39.47%）	289（28.59%）	55（5.44%）	18（1.77%）
冰山梁	183（18.1%）	375（37.09%）	368（36.4%）	67（6.63%）	18（1.78%）
滴水崖	227（22.45%）	399（39.47%）	309（30.56%）	61（6.03%）	15（1.49%）
闪电河（湖）	229（22.65%）	411（40.65%）	295（29.18%）	59（5.84%）	17（1.68%）
官厅水库	183（18.1%）	315（31.16%）	391（38.67%）	100（9.89%）	22（2.18%）
京西沙漠（天漠）	281（27.79%）	429（42.43%）	236（23.34%）	54（5.35%）	11（1.09%）
鸡鸣山	206（20.38%）	355（35.11%）	357（35.31%）	81（8.01%）	12（1.19%）
鸡鸣驿	185（18.3%）	331（32.74%）	400（39.56%）	81（8.01%）	14（1.39%）
大海陀自然保护区	287（28.39%）	425（42.04%）	234（23.15%）	54（5.35%）	11（1.09%）
桦皮岭景区	219（21.66%）	373（36.89%）	336（33.23%）	71（7.03%）	12（1.19%）
黑龙山森林公园	242（23.94%）	374（36.99%）	321（31.75%）	61（6.03%）	13（1.29%）
翠云山	195（19.29%）	350（34.62%）	384（37.98%）	70（6.92%）	12（1.19%）
小五台山	231（22.85%）	391（38.67%）	316（31.26%）	61（6.03%）	12（1.19%）
沽源坝上草原	374（36.99%）	424（41.94%）	179（17.71%）	23（2.27%）	11（1.09%）
张北草原	399（39.47%）	415（41.05%）	162（16.02%）	25（2.47%）	10（0.99%）
蔚县古城	288（28.49%）	414（40.95%）	260（25.72%）	35（3.46%）	14（1.38%）
五花草甸	266（26.31%）	400（39.56%）	277（27.4%）	54（5.35%）	14（1.38%）
油菜花地	253（25.02%）	338（33.43%）	307（30.37%）	92（9.1%）	21（2.08%）

第18题 请根据您的旅游经历，选择您对张家口市旅游以下方面的评价：[矩阵单选题]

题目\选项	非常满意	满意	一般	不满意	非常不满意
A. 旅游资源种类丰富度	97（28.36%）	154（45.03%）	85（24.85%）	6（1.76%）	0（0%）
B. 生态环境优良程度	105（30.7%）	177（51.75%）	50（14.62%）	8（2.35%）	2（0.58%）
C. 交通	70（20.47%）	136（39.77%）	117（34.21%）	16（4.67%）	3（0.88%）
D. 餐饮	58（16.96%）	132（38.6%）	129（37.72%）	21（6.14%）	2（0.58%）
E. 住宿	57（16.67%）	127（37.13%）	141（41.23%）	13（3.8%）	4（1.17%）
F. 治安状况	61（17.84%）	176（51.46%）	97（28.36%）	5（1.46%）	3（0.88%）
G. 服务人员态度	61（17.84%）	144（42.11%）	117（34.21%）	18（5.26%）	2（0.58%）
H. 旅游接待设施完善程度	60（17.54%）	120（35.09%）	137（40.06%）	20（5.85%）	5（1.46%）
I. 民俗文化吸引人程度	81（23.68%）	145（42.4%）	98（28.65%）	17（4.98%）	1（0.29%）
J. 体育旅游项目的质量	68（19.88%）	132（38.6%）	125（36.55%）	15（4.39%）	2（0.58%）
K. 张家口旅游宣传	72（21.05%）	129（37.72%）	120（35.09%）	16（4.68%）	5（1.46%）

第 19 题　您认为 2022 年冬奥会期间，张家口市展现给全世界的其核心特色应该是？
[单选题]

选项	小计	比例
古长城文化（大好河山）	418	41.35%
葡萄酒文化（宣化葡萄）	97	9.59%
中华三祖文化（炎帝黄帝蚩尤）	278	27.5%
泥河湾猿古文化（东方人类起源）	100	9.89%
剪纸文化（蔚县剪纸）	118	11.67%
本题有效填写人次	1011	

第 20 题　您认为相比全国其他旅游景点，来张家口市旅游最大的优势是什么？
[多选题]

选项	小计	比例
A. 空气质量优良	553	54.7%
B. 与首都北京距离近	490	48.47%
C. 涵盖京津冀晋多地风情	405	40.06%
D. 旅游资源数量和种类多	340	33.63%
E. 待开发所以贴近原始山水面貌	312	30.86%
F. 其他	16	1.58%
本题有效填写人次	1011	

第 21 题　您平时喜欢体育运动吗？　[单选题]

选项	小计	比例
A. 非常喜欢	242	23.94%
B. 喜欢	432	42.73%
C. 一般	295	29.18%
D. 不喜欢	35	3.46%
E. 非常不喜欢	7	0.69%
本题有效填写人次	1011	

第 22 题　您愿意尝试张家口市体育旅游产品（如滑雪、徒步、漂流等）吗？
[单选题]

选项	小计	比例
A. 非常愿意	417	41.25%
B. 愿意	463	45.8%
C. 一般	106	10.48%
D. 不愿意	18	1.78%

续表

选项	小计	比例
E. 非常不愿意	7	0.69%
本题有效填写人次	1011	

第 23 题　您愿意去张家口市参加哪种体育旅游活动？　　[多选题]

选项	小计	比例
A. 观赛类	533	52.72%
B. 健身类	586	57.96%
C. 极限类	260	25.72%
本题有效填写人次	1011	

第 24 题　您希望与谁一起尝试体育旅游项目？　　[多选题]

选项	小计	比例
A. 独自出游	160	15.83%
B. 和家人一起	719	71.12%
C. 和朋友一起	607	60.04%
D. 和同事一起	250	24.73%
E. 俱乐部组织	80	7.91%
F. 其他	5	0.49%
本题有效填写人次	1011	

第 25 题　您参与体育旅游项目最关心的是：　　[多选题]

选项	小计	比例
A. 刺激程度	312	30.86%
B. 安全	848	83.88%
C. 价格	512	50.64%
D. 时间	227	22.45%
E. 专业装备	308	30.46%
F. 教练水平	238	23.54%
G. 住宿	192	18.99%
H. 餐饮	132	13.06%
本题有效填写人次	1011	

第 26 题　您能接受的人均单项体育旅游项目（除滑雪）花费是：　　[单选题]

选项	小计	比例
A. 50 元以下	159	15.73%
B. 50 ~ 100 元	433	42.83%

续表

选项	小计	比例
C. 100～200 元	327	32.34%
D. 200～500 元	83	8.21%
E. 500 元以上	9	0.89%
本题有效填写人次	1011	

第 27 题　您能接受的人均滑雪项目花费是：　[单选题]

选项	小计	比例
A. 300 元以下	630	62.31%
B. 300～600 元	277	27.4%
C. 600～1000 元	78	7.72%
D. 1000～2000 元	15	1.48%
E. 2000 元以上	11	1.09%
本题有效填写人次	1011	

第 28 题　您希望在什么时间参加体育旅游项目：　[单选题]

选项	小计	比例
A. 平常日期	299	29.57%
B. 双休日	328	32.44%
C. 黄金周	133	13.16%
D. 寒暑假	234	23.15%
E. 竞赛日	17	1.68%
本题有效填写人次	1011	

第 29 题　您对张家口市哪些体育旅游产品感兴趣？　[矩阵单选题]

题目＼选项	非常感兴趣	感兴趣	一般	不感兴趣	非常不感兴趣	无
A. 滑雪	423（41.84%）	372（36.8%）	159（15.73%）	41（4.06%）	9（0.89%）	7（0.68%）
B. 滑冰	282（27.89%）	365（36.1%）	283（27.99%）	59（5.84%）	15（1.49%）	7（0.69%）
C. 草原徒步	325（32.15%）	389（38.48%）	207（20.47%）	63（6.23%）	16（1.58%）	11（1.09%）
D. 漂流	333（32.94%）	354（35.01%）	234（23.15%）	68（6.73%）	16（1.58%）	6（0.59%）
E. 骑马	358（35.41%）	366（36.2%）	208（20.57%）	53（5.24%）	18（1.79%）	8（0.79%）
F. 攀岩	231（22.85%）	280（27.7%）	297（29.38%）	145（14.34%）	38（3.75%）	20（1.98%）
G. 滑草	307（30.37%）	385（38.08%）	240（23.74%）	51（5.04%）	19（1.88%）	9（0.89%）
H. 滑沙	289（28.59%）	384（37.98%）	246（24.33%）	66（6.53%）	16（1.58%）	10（0.99%）
I. 马拉松	131（12.96%）	183（18.1%）	361（35.71%）	209（20.67%）	89（8.8%）	38（3.76%）
J. 山地车	199（19.68%）	278（27.5%）	343（33.93%）	125（12.36%）	43（4.25%）	23（2.28%）
K. 爬山	227（22.45%）	295（29.18%）	327（32.34%）	103（10.19%）	37（3.66%）	22（2.18%）
L. 高尔夫	182（18%）	263（26.01%）	323（31.95%）	155（15.33%）	49（4.85%）	39（3.85%）

第 30 题 您愿意体验张家口市文化旅游（如蔚县剪纸、泥河湾古人类遗址等）吗？ [单选题]

选项	小计	比例
A. 非常愿意	465	45.99%
B. 愿意	421	41.64%
C. 一般	108	10.68%
D. 不愿意	13	1.29%
E. 非常不愿意	4	0.4%
本题有效填写人次	1011	

第 31 题 您参与文化旅游项目最关心的是： [多选题]

选项	小计	比例
A. 内容丰富度	820	81.11%
B. 游览时长	319	31.55%
C. 价格	452	44.71%
D. 讲解	298	29.48%
E. 景点餐饮	257	25.42%
F. 其他	10	0.99%
本题有效填写人次	1011	

第 32 题 您能接受的人均单项文化旅游项目花费是： [单选题]

选项	小计	比例
A. 50 元以下	248	24.53%
B. 50～100 元	473	46.79%
C. 100～200 元	232	22.95%
D. 200～500 元	42	4.15%
E. 500 元以上	16	1.58%
本题有效填写人次	1011	

第 33 题 您希望在什么时间体验文化旅游景点： [单选题]

选项	小计	比例
A. 平常日期	319	31.55%
B. 双休日	328	32.44%
C. 黄金周	128	12.66%
D. 寒暑假	225	22.26%
E. 其他	11	1.09%
本题有效填写人次	1011	

第34题　您对张家口哪些文化旅游感兴趣？　［矩阵单选题］

题目/选项	非常感兴趣	感兴趣	一般	不感兴趣	非常不感兴趣
A. 蔚县剪纸	300（29.67%）	372（36.8%）	277（27.4%）	48（4.75%）	14（1.38%）
B. 蔚县窗花	270（26.71%）	379（37.49%）	291（28.78%）	59（5.84%）	12（1.18%）
C. 蔚县“打树花”	273（27%）	365（36.1%）	306（30.28%）	60（5.93%）	7（0.69%）
D. 蒙古大营	293（28.98%）	403（39.86%）	252（24.93%）	51（5.04%）	12（1.19%）
E. 涿鹿之战古遗址	251（24.83%）	396（39.17%）	281（27.79%）	70（6.92%）	13（1.29%）
F. 元中都遗址	245（24.23%）	385（38.08%）	310（30.66%）	56（5.55%）	15（1.48%）
G. 宣化古城	268（26.51%）	407（40.26%）	275（27.2%）	49（4.85%）	12（1.18%）
H. 代王城	239（23.64%）	387（38.28%）	326（32.25%）	50（4.95%）	9（0.88%）
I. 黄帝城	267（26.41%）	405（40.06%）	275（27.2%）	53（5.24%）	11（1.09%）
J. 察哈尔民主政府旧址	196（19.39%）	318（31.45%）	401（39.66%）	79（7.82%）	17（1.68%）
K. 丁玲纪念馆	174（17.21%）	312（30.86%）	416（41.15%）	87（8.62%）	22（2.18%）
L. 泥河湾古人类遗址	254（25.12%）	369（36.5%）	313（30.96%）	62（6.13%）	13（1.29%）
M. 怀来葡萄酒庄	270（26.71%）	376（37.19%）	292（28.88%）	61（6.03%）	12（1.19%）
N. 中华三祖堂	225（22.26%）	367（36.3%）	345（34.12%）	61（6.03%）	13（1.29%）
O. 野狐岭军事要塞	211（20.87%）	356（35.21%）	369（36.5%）	60（5.93%）	15（1.49%）
P. 大境门	208（20.57%）	341（33.73%）	381（37.69%）	68（6.73%）	13（1.28%）
Q. 地下长城	318（31.45%）	427（42.24%）	213（21.07%）	45（4.45%）	8（0.79%）

第35题　您的性别：　［单选题］

选项	小计	比例
A. 男	474	46.88%
B. 女	537	53.12%
本题有效填写人次	1011	

第36题　您的年龄：　［单选题］

选项	小计	比例
A. 18岁以下	21	2.08%
B. 18~30岁	545	53.90%
C. 31~40岁	207	20.47%
D. 41~50岁	179	17.71%
E. 51~60岁	47	4.65%
F. 61~70岁	8	0.79%
G. 71岁及以上	4	0.4%
本题有效填写人次	1011	

第 37 题 您来自： [单选题]

选项	小计	比例
A. 张家口市	81	8.01%
B. 京津冀晋区域（省/市）	437	43.22%
C. 其他（省/市）	469	46.39%
D. 港澳台	17	1.68%
E. 境外	7	0.69%
本题有效填写人次	1011	

第 38 题 您的职业： [单选题]

选项	小计	比例
A. 学生	283	27.99%
B. 教师/技术人员	155	15.35%
C. 政府公职人员	83	8.21%
D. 事业单位人员	180	17.8%
E. 公司人员	220	21.76%
F. 工人/农民/进城务工人员	34	3.36%
G. 退休人员	23	2.27%
H. 其他	33	3.26%
本题有效填写人次	1011	

第 39 题 您的受教育程度： [单选题]

选项	小计	比例
A. 未受过教育	5	0.49%
B. 初中及以下	23	2.27%
C. 高中/中专	82	8.11%
D. 大专及本科	576	56.98%
E. 硕士及以上	325	32.15%
本题有效填写人次	1011	

第 40 题 您的个人平均月收入： [单选题]

选项	小计	比例
A. 低于 3000 元	342	33.83%
B. 3000 ~ 6000 元	395	39.07%
C. 6000 ~ 1 万元	176	17.41%
D. 1 万 ~ 1.5 万元	64	6.33%
E. 1.5 万 ~ 2 万元	19	1.88%
F. >2 万元	15	1.48%
本题有效填写人次	1011	

第 41 题　您的身体状况：　　[单选题]

选项	小计	比例
A. 优	428	42.33%
B. 良好	518	51.24%
C. 一般	64	6.33%
D. 差	1	0.1%
本题有效填写人次	1011	